新时代马克思主义教育理论创新与发展研究丛书

总 主 编 靳 诺
执行主编 翟 博 张 剑

坚持优先发展教育事业

袁自煌 主编

中国人民大学出版社
·北京·

编 委 会

总 主 编 靳 诺

执 行 主 编 翟 博 张 剑

编委会成员（按姓氏音序排列）

蔡 春　樊 伟　冯玉军　顾昭明
胡百精　靳 诺　刘复兴　孟繁华
秦 宣　任 青　檀慧玲　唐景莉
王树荫　王庭大　吴潜涛　杨伟国
袁占亭　袁自煌　翟 博　张 剑
张晓京　郑水泉　周光礼　朱庆葆

总　序

（一）

党的十八大以来，以习近平同志为主要代表的中国共产党人高举马克思主义伟大旗帜，深入总结中国共产党成立 100 年来的历史经验，全面概括新中国成立 70 多年来我国建设社会主义的历史成就，系统汲取改革开放 40 多年来中国特色社会主义的理论营养，深刻揭示共产党执政规律、社会主义建设规律和人类社会发展规律，逐步发展、形成了习近平新时代中国特色社会主义思想。党的十九大把习近平新时代中国特色社会主义思想确立为我们党必须长期坚持的指导思想并庄严地写入党章。第十三届全国人民代表大会第一次会议通过宪法修正案，郑重地把习近平新时代中国特色社会主义思想载入宪法。习近平新时代中国特色社会主义思想，是新时代中国共产党的思想旗帜，是国家政治生活和社会生活的根本指针，是当代中国马克思主义、21 世纪马克思主义。

教育是国之大计、党之大计。习近平总书记高度重视教育在国家发展、民族复兴、人民幸福总体战略中的基础性、全局性、先导性作用，对教育的功能、地位、方向、属性、任务、改革、科研、评价、法治、保障、队伍建设、对外开放、信息化，以及研究生教育、在教育领域加强党的全面领导等许多重大的、带有根本性的问题都作出了科学、系统的论述，对推进教育改革发展作出了一系列重大决策，对教育改革创新作出了一系列重大部署，为中国特色社会主义教育事业的发展指明了方向。

2018年9月10日，全国教育大会在北京隆重召开。习近平总书记出席会议并发表了重要讲话。面对世界百年未有之大变局，面对新时代坚持和发展什么样的中国特色社会主义、怎样坚持和发展中国特色社会主义的重大时代课题，面对中国教育改革发展新的历史起点上的新的战略抉择，他旗帜鲜明地提出了教育"九个坚持"新理念新思想新观点，即坚持党对教育事业的全面领导，坚持把立德树人作为根本任务，坚持优先发展教育事业，坚持社会主义办学方向，坚持扎根中国大地办教育，坚持以人民为中心发展教育，坚持深化教育改革创新，坚持把服务中华民族伟大复兴作为教育的重要使命，坚持把教师队伍建设作为基础工作。

教育"九个坚持"对改革开放40多年来我们党领导中国特色社会主义教育事业改革发展的成功实践作出了科学总结，系统阐述了新时代关系我国教育事业改革发展的一系列方向性、全局性、战略性问题，是新时代习近平总书记关于教育工作的最集中、最全面、最系统的重要论述，集中反映了习近平总书记关于教育的重要论述的核心思想，是新时代我国教育事业改革发展的行动指南，是新时代马克思主义教育理论的创新与发展，把我们党对中国特色社会主义教育事业本质和规律的认识提升到了新的高度，为新时代我国深入推进教育领域综合改革、加快推进教育现代化、努力建设教育强国提供了科学思想指引和强大精神动力。

教育"九个坚持"全面体现了马克思主义理论和社会主义教育的历史逻辑，紧紧围绕培养什么人、怎样培养人、为谁培养人、谁来培养人这一根本问题，深刻回答了新时代坚持和发展什么样

总　序

的中国特色社会主义教育、怎样坚持和发展中国特色社会主义教育等重大课题，全面反映了社会主义教育的本质和规律。教育"九个坚持"从教育的地位和作用、人的全面发展、教育与生产劳动相结合等理论维度出发，创新发展了马克思主义教育思想，开辟了中国特色社会主义教育理论新境界。

（二）

中国人民大学是新中国成立后建立的第一所新型正规大学，在中国人文社会科学研究领域独树一帜，是中国共产党扎根中国大地创办的新型高等教育的杰出代表。我们党100年来办教育的经验表明，新中国成立70多年来教育改革发展的伟大成就表明，改革开放40多年来中国特色社会主义教育的伟大实践表明，新时代我国教育改革创新的伟大探索表明：坚持扎根中国大地办教育，必须坚持马克思主义的指导地位，努力把高校建设成为学习、研究、宣传马克思主义的坚强阵地；坚持扎根中国大地办教育，必须加强党对教育事业的全面领导，把党的教育方针全面贯彻到学校工作的各个方面；坚持扎根中国大地办教育，必须以人民为中心办教育，努力办好人民满意的教育；坚持扎根中国大地办教育，必须坚持中国特色社会主义教育发展道路，办具有中国特色、世界水平的现代教育；坚持扎根中国大地办教育，必须把立德树人作为根本任务，培养德智体美劳全面发展的社会主义建设者和接班人。

中国人民大学的教育学科有着悠久的历史传统，传承了延安时期中国共产党建设马克思主义教育学的红色基因。以吴玉章先生、成仿吾先生等为代表的中国共产党的红色教育家和教育学家是开创我们党在现代正规大学中建设教育学科事业的先驱者。1950年10月3日，以华北大学为基础合并组建的中国人民大学正式开办，设教育学教研室以及专修科教育班，在全国最早引进以马克思主义为指导的苏联教育家凯洛夫主编的《教育学》，招收了新中国第一届教育学硕士研究生。可以说，当时的中国人民大学是培养新中国马克思主义教育学家的摇篮，为新中国教育学科的建设与发展、马克思主义教育理论在中国的传播与研究作出了历史性贡献。长期以来，无论是在延安时期还是中华人民共和国成立以后，无论是在改革开放的新时期还是党的十八大以来的新时代，中国人民大学始终不忘历史，不忘初心，把继承我们党马克思主义教育学研究的历史传统、赓续红色血脉作为自己的重要使命。

在新时代，我们深入研究、学习和领会习近平总书记教育"九个坚持"新理念新思想新观点，能够更加深刻地解释并更加全面地解答新时代坚持和发展什么样的中国特色社会主义教育、怎样坚持和发展中国特色社会主义教育等重大课题，同时也能够在世界百年未有之大变局中寻找指导教育改革创新和对外开放的战略思路，推动中国特色社会主义教育"走出去"，为世界教育发展提供中国经验、中国智慧和中国方案。深入研究、学习和领会习近平总书记教育"九个坚持"新理念新思想新观点，必须把握好以下几个维度：一是历史的维度。"九个坚持"是在继承马克思主义教育思想，科学总结我国社会主义教育特别是中国特色社会主义教育改革发展历史经验的基础上提出来的，是习近平新时代中国特色社会主义思想的有机组成部分。我们要用历史的眼光来研究、学习和领会"九个坚持"。二是问题的维度。"九个坚持"从新时代我国教育的战略定位、根本任务、根本宗旨、发展道路、依靠力量、领导核心等方面，系统阐述了我国教育事业改革发展的一系列方向性、全局性、战略性问题。我们要从新时代中国特色社会主义教育改革发展的实际出发研究、学习和领会"九个坚持"。三是国际的维度。"九个坚持"从推动构建人类命运共同体和人类文明对话与互鉴的高度，充分借鉴了世界各国和国际组织先进的教育改革发展理论和经验，也为世界提供了教育改革发展的中国经验与中国方案。我们要从国际视野出发研究、学习和领会"九个坚持"。四是未来的维度。"九个坚持"面向"两个一百年"奋斗目标，立足于实现教育现代化，建设教育强国，把服务中华民族伟大复兴作为教育的重要使命。我们要从建设社会主义现代化强国的未来目标出发研究、学习和领会"九个坚持"。

（三）

"新时代马克思主义教育理论创新与发展研究丛书"正是我们深入研究、学习和领会习近平总书记教育"九个坚持"新理念新思想新观点的一套代表作品，是一套力图深刻揭示教育"九个坚持"中蕴含的习近平新时代中国特色社会主义思想基础和社会主义教育事业发展规律、反映新时代马克思主义教育理论研究新成果的丛书，是一套关于新时代中国特色社会主义教育理论的创新之作，对研究和阐释习近平总书记关于教育的重要论述和习近平新时代中国特色社会主义思想具有重要意义。该丛书可以为新时代中国特色社会主义教育改革创新提供理论参照，可以为以人民为中心发展教育、办好人民满意的教育提供理论支撑。

丛书共有九本，分别对坚持党对教育事业的全面领导、坚持把立德树人作为根本任务、坚持优先发展教育事业、坚持社会主义办学方向、坚持扎根中国大地办教育、坚持以人民为中心发展教育、坚持深化教育改革创新、坚持把服务中华民族伟大复兴作为教育的重要使命、坚持把教师队伍建设作为基础工作等"九个坚持"的核心要义的理论价值和实践意义进行了系统阐释。一是重点阐述了教育"九个坚持"的历史背景,二是系统研究、深刻理解和把握了教育"九个坚持"的科学内涵,三是概括和分析了教育"九个坚持"的历史逻辑、理论创新和时代价值,四是阐释了教育"九个坚持"对马克思主义的继承、发展与创新,五是研究和提出了贯彻落实教育"九个坚持"的手段和途径。

2021年是"十四五"规划的开局之年,是全面建设社会主义现代化国家新征程的开启之年,也恰逢中国共产党成立100周年。在这样一个特殊的历史时刻,希望"新时代马克思主义教育理论创新与发展研究丛书"的出版,能够全面总结我们党百年来的教育理论与实践经验,系统学习、研究习近平总书记关于教育的重要论述,重点展现新时代马克思主义教育理论研究的新成果,切实为支持与引领新时代我国的教育改革创新、发展新时代中国化马克思主义教育学作出新的理论贡献!

靳 诺

2021年5月12日

前　言

党的十八大以来，以习近平同志为核心的党中央着眼统筹推进"五位一体"总体布局和协调推进"四个全面"战略布局，对教育工作做出一系列重大决策部署，中国教育事业取得了历史性成就。习近平总书记在全国教育大会上提出教育"九个坚持"新理念新思想新观点，并多次深刻阐释优先发展教育战略思想。为系统研究、广泛宣传全国教育大会精神，中国教育报刊社《中国高等教育》杂志与中国人民大学教育学院组织全国有关高校编写了一套"新时代马克思主义教育理论创新与发展研究丛书"，本书《坚持优先发展教育事业》是该丛书之一。本书坚持以习近平新时代中国特色社会主义思想为指导，围绕坚持优先发展教育事业这一主题，努力阐释其战略要义、时代意蕴、理念遵循、重要原则、战略目标、实践要求等相关内容，力争系统回答好为什么、是什么、怎么做等问题，以帮助广大教育工作者和社会各界读者更全面地认识和理解这一重大问题。

百年大计，教育为本。习近平总书记指出："教育是提高人民综合素质、促进人的全面发展的重要途径，是民族振兴、社会进步的重要基石，是对中华民族伟大复兴具有决定性意义的事业。"学习领会习近平总书记关于教育的重要论述，我们必须从我国社会主义初级阶段基本国情出发，从中国特色社会主义进入新时代的新的历史方位出发，从实现"两个一百年"奋斗目标的历史高度，加深对新时代优先发展教育事业重要战略意义的认识。

坚持优先发展教育事业，是决胜全面建成小康社会的需要。党的十九大报告在我们党新世纪以来一系列重大部署的基础上，立足世情国情，紧扣我国社会主要矛盾变化，对决胜全面建成小康社会提出新的总体要求。而全面小康能否得到人民认可、经得起历史检验，一个重要方面要看教育的体系结构、教师素质、质量水平、制度建设能否得到新的提升，更好适应亿万学习者的多样化需求。为此，必须始终坚持教育优先发展战略地位，办人民满意的教育。

坚持优先发展教育事业，是开启全面建设社会主义现代化国家新征程的需要。教育发展周期长，要适应社会主义现代化国家建设多方面要求，必须提前做准备。习近平总书记深刻指出："当今世界的综合国力竞争，说到底是人才竞争，人才越来越成为推动经济社会发展的战略性资源，教育的基础性、先导性、全局性地位和作用更加突显。"党的十九大报告吹响了全面建设社会主义现代化国家的新号角。在从2020年到本世纪中叶两个阶段的时间表中，还要继续优先部署和完成教育现代化工作，努力提高全民族素质，为全面建成富强民主文明和谐美丽的社会主义现代化强国夯实人力资源基础。

坚持优先发展教育事业，是实现中华民族伟大复兴中国梦的需要。习近平总书记指出："'两个一百年'奋斗目标的实现、中华民族伟大复兴中国梦的实现，归根到底靠人才、靠教育。源源不断的人才资源是我国在激烈的国际竞争中的重要潜在力量和后发优势。"

前 言

党的十九大报告在坚持统筹推进"五位一体"总体布局和协调推进"四个全面"战略布局的进程中，特别明确提出："建设教育强国是中华民族伟大复兴的基础工程，必须把教育事业放在优先位置，深化教育改革，加快教育现代化，办好人民满意的教育。"党的十九大报告强调建设教育强国是中华民族伟大复兴的基础工程，对优先发展教育，服务于实现中华民族伟大复兴中国梦的大局提出了根本要求。

当前，世界正经历百年未有之大变局，我国发展的内部条件和外部环境正在发生深刻复杂变化，带来机遇的同时也带来了挑战。国与国之间综合国力的竞争归根到底是人才的竞争，谁能有更好的教育，谁能培养和吸引更多优秀的人才，谁就能在变革与变化中占据主动，始终立于不败之地。教育作为国之大计、党之大计，在人才强国战略中具有基础性、先导性、全局性作用。我们要认真学习领会习近平总书记在全国教育大会上的重要讲话精神，坚持把优先发展教育事业作为推动党和国家各项事业发展的重要先手棋，切实关心教育、重视教育、发展教育、投入教育，加快推进教育现代化、建设教育强国，不断使教育同党和国家事业发展要求相适应、同人民群众期待相契合、同我国综合国力和国际地位相匹配，筑牢建设教育强国这个中华民族伟大复兴的基础工程，不断培养一代又一代社会主义建设者和接班人。

目 录

坚持优先发展教育事业的战略要义 …………………………… 001
 一、中国共产党诞生百年来发展人民教育事业的
  辉煌历程 ………………………………………………… 003
 二、不断深化坚持优先发展教育事业的战略认识 ……… 013
 三、确立新时代优先发展教育事业的战略地位 ………… 032
 四、明确新时代优先发展教育事业的战略任务 ………… 043

坚持优先发展教育事业的时代意蕴 …………………………… 051
 一、明确导向：新时代优先发展教育事业要围绕
  立德树人根本任务 ……………………………………… 052
 二、明确要求：新时代优先发展教育事业要立足
  "四个服务"导向 ………………………………………… 061
 三、明确依靠：新时代优先发展教育事业要坚持和
  加强党的全面领导 ……………………………………… 068
 四、明确基础：新时代优先发展教育事业要持续加强
  教师队伍建设 …………………………………………… 074
 五、明确路径：新时代优先发展教育事业要开创
  高质量发展新局面 ……………………………………… 080

坚持优先发展教育事业的理念遵循 ……………………… 091
一、坚持建设教育强国目标观,确保优先发展教育事业有高度 ……………………………………… 092
二、坚持以人民为中心的宗旨观,确保优先发展教育事业有厚度 ……………………………………… 097
三、坚持扎根中国、融通中外发展观,确保优先发展教育事业有宽度 ……………………………… 102
四、坚持问题导向改革观,确保优先发展教育事业有精度 ……………………………………………… 113
五、坚持"强国一代、'四有'好老师"师生观,确保优先发展教育事业有效度 …………………… 118

坚持优先发展教育事业的基本任务(上):发展新时代公平而有质量的教育事业 ……………………… 129
一、发展公平而有质量的教育事业的历程与新内涵 …… 130
二、教育公平是社会公平的重要基础 ……………… 149
三、教育更高质量发展是新时代优先发展教育事业的核心任务 ……………………………………… 162
四、推动新时代教育事业向更加公平更高质量迈进 …… 172

坚持优先发展教育事业的基本任务(下):开启建设教育强国新征程 ……………………………………… 179
一、"基础"与"优先":建设教育强国的关键共识 …… 180
二、发展具有中国特色、世界水平的现代教育 ……… 192
三、优先发展教育事业,实现教育现代化 ……………… 197
四、优先发展教育事业,迈入教育强国行列 …………… 209

坚持优先发展教育事业的实践要求 …………………………… 217
 一、强化对教育事业的战略认识和总体设计，确保优先
   发展教育事业稳步推进 ………………………………… 218
 二、加强党的全面领导，确保优先发展教育事业方向坚定
   ………………………………………………………………… 224
 三、强化政府履行教育职责担当，确保优先发展教育事业
   落到实处 ………………………………………………… 227
 四、推进教育治理体系和治理能力现代化，确保优先发展
   教育事业保障有力 ……………………………………… 233
 五、加快推进教育现代化，确保优先发展教育事业
   行稳致远 ………………………………………………… 248

参考文献 …………………………………………………………… 254
后记 ………………………………………………………………… 259

坚持优先发展教育事业的战略要义

党的十八大以来，习近平总书记站在中国特色社会主义事业全局高度，深刻洞察教育的基础性、先导性、全局性作用，坚定不移实施科教兴国战略和人才强国战略，始终强调把教育摆在优先发展的战略地位。习近平总书记在党的十九大报告中指出："建设教育强国是中华民族伟大复兴的基础工程，必须把教育事业放在优先位置，深化教育改革，加快教育现代化，办好人民满意的教育。"[1] 这不仅提出了建设教育强国的战略目标和任务，同时也为我们深刻领会习近平总书记坚持优先发展教育事业的论断提供了很好的注脚。在全国教育大会上，习近平总书记又一次重申，坚持优先发展教育事业[2]。习近平总书记坚持优先发展教育事业的论断具有鲜明的时代特色和丰富的理论内涵，对于社会主义现代化强国建设、教育现代化及教育强国建设具有重要的指导作用和重大的现实意义。

坚持优先发展教育事业是习近平新时代中国特色社会主义思想中教育论述的最集中体现之一。它是继承和发展马克思主义教育思想的最新理论观点，是揭示和掌握新时代教育规律的现实观照，是描绘新时代教育发展图景的战略指向，是实现新时代教育布局的战略路线。

---

[1] 习近平．决胜全面建成小康社会 夺取新时代中国特色社会主义伟大胜利：在中国共产党第十九次全国代表大会上的报告．人民日报，2017-10-28.

[2] 习近平在全国教育大会上强调 坚持中国特色社会主义教育发展道路 培养德智体美劳全面发展的社会主义建设者和接班人．人民日报，2018-09-11.

一、中国共产党诞生百年来发展人民教育事业的辉煌历程

中华民族具有尊师重教的传统，教育在中华文明五千多年发展历程中发挥了十分重要的作用，但在长时期的剥削阶级统治下，受教育的仅是极少数人，广大人民群众受教育的权益得不到保障。1840年后中国逐步沦为半殖民地半封建社会。在西方坚船利炮之下，中国的旧式教育日渐式微，许多仁人志士希望通过教育来改变社会现状，虽然也有新的教育机构成立，但中国教育改革在1949年新中国成立前发展十分缓慢。

中国共产党于1921年诞生，这是开天辟地的大事件。中国共产党传承了中华民族尊师重教的传统，开启了百年来发展人民教育事业的辉煌历程。党自诞生起，就自觉地以马克思主义为行动指南，坚持从历史唯物主义基本观点出发，把实现劳苦大众的受教育权利作为奋斗的方向，把发展教育与无产阶级的历史任务紧密结合，把教育作为一项重要的革命事业和战略任务融入争取国家独立、挽救民族危亡的伟大事业中。

1922年7月，党的第二次全国代表大会在关于党的奋斗目标中指出："废除一切束缚女子的法律，女子在政治上、经济上、社会上、教育上一律享受平等权利"；"改良教育制度，实行教育普及"。

1931年，苏维埃革命根据地中央工农民主政府一成立就提出："工农劳苦群众不论男子和女子，在社会、经济、政治和教育上，完全享有同等的权利和义务"；"一切工农劳苦群众及其子弟，有享受国家免费教育之权，教育事业之权归苏维埃掌管"。第一次

坚持优先发展教育事业

全国工农兵苏维埃代表大会通过的《宪法大纲》规定:"中国苏维埃政权以保证工农劳苦民众有受教育的权利为目的,在进行阶级战争许可的范围内,应开始施行完全免费的普及教育。"根据当时的统计,在第二次国内革命战争期间,为使广大人民群众受教育的权利得以实现,在中国共产党领导的苏区建有列宁小学 2 052 所、学生 89 710 人,补习夜校 6 462 所、学生 94 517 人。此外,党还在苏区推行全民识字运动,提高广大劳苦群众的文化素质,粤赣两省有识字组 32 888 个,学龄儿童的入学率达到 60%,这是中国教育史上的首创。

1934 年 1 月,毛泽东同志在第二次全国工农兵苏维埃代表大会上正式提出了苏维埃文化教育建设的总方针,即"在于以共产主义的精神来教育广大的劳苦民众,在于使文化教育为革命战争与阶级斗争服务,在于使教育与劳动联系起来,在于使广大中国民众都成为享受文明幸福的人"。这一方针不仅是土地革命战争时期中国共产党的教育方针,更是规定了半个多世纪中国教育的基本走向,确定了中国教育的基本性质,证明中国共产党领导的教育是真正为人民服务的教育。

中国共产党在领导人民革命和夺取全国政权前,在各根据地进行的发展教育的实践,着眼于服务党领导的人民革命事业,这一阶段的教育不仅保障了革命事业对人才的需要,为建立新中国提供了充分的人才准备,也为新中国成立后党领导的人民教育事业的发展提供了有益经验。

新中国成立前,小学学校数最高年为 34.68 万所,在校学生 2 439.1 万人,仅为全国学龄儿童的 20%。普通中学最高年为 4 266 所(其中高中及完全中学 1 654 所,初级中学 2 612 所),在校学生 149.59 万人;中等专业学校校数最高年为 724 所,在校学生 137 040 人；师范学校校数最高年为 902 所，在校学生 245 609 人。新中国成立时，除台湾省外，全国共有高等学校 227 所（不含中国共产党创办的各类大学），学生 104 000 人。可以说，旧中国各级各类学校数量有限，教育发展水平低下，根本不能满足新中国社会主义建设对教育的需求。

1949 年，中华人民共和国成立。伴随着崭新的社会主义制度的建立，中国共产党从真正意义上使占人口绝大多数的劳动人民及其子女获得了受教育的权利，使受教育权在中国历史上第一次真正掌握在广大人民群众的手中。在党和政府的领导下，经过长期不懈的奋斗，我国建成了世界上规模最大的教育体系。

新中国成立后，按照中国人民政治协商会议第一届全体会议通过的《中国人民政法协商会议共同纲领》提出的关于教育工作的方针，我国迅速完成了对旧中国教育制度的改造，向工农敞开教育之门，保障广大人民群众受教育的基本权利。1951 年，政务院公布的《关于改革学制的决定》确立了各级各类学校面向学龄人口、劳动人民、工农干部服务的途径，明确在实施正规学校教育的同时，开展大规模扫盲和工农干部文化补习教育，规定了职业技术教育和业余教育在学制中的适当地位。1952 年，教育部以培养工业建设人才和师资为重点，进行全国高校院系调整。同时，新建钢铁、地质、航空、矿业、水利等专门学院，重视发展中等专业学校，培养了大批专业技术人才。

1954 年，一届全国人大一次会议通过《中华人民共和国宪法》。《宪法》第九十四条规定："中华人民共和国公民有受教育的权利。国家设立并且逐步扩大各种学校和其他文化教育机关，以保证公民享受这种权利。"这是新中国第一次以法律形式规定公民受教育权，意味着在人民当家作主后，全体公民受教育权利有了法律保障。

以完成对生产资料所有制的社会主义改造，特别是 1956 年召开的党的八大为标志，党领导全国各族人民实现了从新民主主义到社会主义的转变。为适应社会主义革命和建设的需要，1957 年毛泽东同志指出："我们的教育方针，应该使受教育者在德育、智育、体育几方面都得到发展，成为有社会主义觉悟的有文化的劳动者。"1958 年发布的《中共中央、国务院关于教育工作的指示》指出："党的教育工作方针，是教育为无产阶级的政治服务，教育与生产劳动结合……教育的目的，是培养有社会主义觉悟的有文化的劳动者。"这标志着新民主主义教育方针转变成社会主义教育方针，新中国教育开始走上社会主义教育发展道路。

新中国成立之初，全国人口中的 80% 是文盲，农村文盲率高达 95%。毛泽东同志提出"一定要消灭文盲"，党和政府在全国大面积地开展识字教育，仅 1949 年到 1965 年，全国就扫除文盲 10 272.3 万人，年均扫盲 604.3 万人。与此同时，各级各类教育得到了迅速的发展，不仅健全了从幼儿园到大学的学制体系，还设立了各级各类补习学校、函授学校和面向残疾人的特殊教育学校，为广大人民群众创造了各种受教育的机会。

到 1965 年底，全国全日制高等学校达到 434 所，比新中国成立前最高的 1947 年增长 1.1 倍，在校生 67.4 万人，比 1947 年增长 3.3 倍。中等学校在校学生达到 1 432 万人，比新中国成立前最多的 1946 年增长 6.9 倍。小学在校生 11 626.9 万人，比 1946 年增长 3.9 倍。学龄儿童入学率达到 85%。成人高等学校学生达到 41 万人，成人中等学校学生达到 854 万人，成人初等学校（包括扫盲班）学生达到 2 960 万人，还向国外派出大批留学人员。

到 1978 年，全国在园儿童约 788 万人，学前教育毛入园率 10.6%；小学在校生 14 624 万人，小学学龄儿童净入学率 94%；初中在校生约 4 995 万人，初中阶段毛入学率 66.4%；中等职业教育在校生占高中阶段在校生总数的比例为 7.6%；在高等教育阶段，全国各类高等教育在学总规模达 228 万人，高等教育毛入学率 2.7%。经过新中国成立后前 30 年的努力，我国初步建立了各级各类、体系完整的教育体系，为改革开放新时期打下了深厚的人力资源基础。

1978 年 12 月召开的党的十一届三中全会，实现了新中国成立以来党的历史上具有深远意义的伟大转折，开启了改革开放和社会主义现代化建设的新时期，确立了教育在社会主义现代化建设中的优先发展战略地位。

1982 年，党的十二大把教育作为实现 20 年国民经济翻两番的重要保证，首次把教育放在现代化建设战略重点位置。

1983 年，邓小平同志提出"教育要面向现代化，面向世界，面向未来"的战略方针。"三个面向"深刻揭示了社会主义现代化建设对教育的客观要求，高度概括了国内外教育改革和发展的基本规律与经验，成为指导我国教育改革发展的战略方针。

1985 年，改革开放以来的第一次全国教育工作会议召开，颁布了《中共中央关于教育体制改革的决定》，与同期经济、科技体制改革相匹配，选取教育体制改革作为突破点，要求把发展基础教育责任交给地方，有组织有步骤地实施九年制义务教育，大力发展职业教育，改变政府对高校统得过多的体制，扩大高校办学自主权等，确立了"教育必须为社会主义建设服务，社会主义建设必须依靠教育"的重要共识。邓小平同志在会上指出："忽视教育的领导者，是缺乏远见的、不成熟的领导者，就领导不了现代化建设。各级领导要像抓好经济工作那样抓好教育工作。"① 改革开放新时期的教育改革和发展翻开新的一页。

1987年，党的十三大进一步提出"百年大计，教育为本"，这标志着教育在国家经济社会发展中的战略地位有了明显的提高。

1992年召开的党的十四大报告提出："我们必须把教育摆在优先发展的战略地位，努力提高全民族的思想道德和科学文化水平，这是实现我国现代化的根本大计。"1993年，中共中央、国务院发布《中国教育改革和发展纲要》。1994年，改革开放以来的第二次全国教育工作会议召开，确立到2000年基本普及义务教育和基本扫除青壮年文盲的国家级目标。

1995年全国人大通过的《中华人民共和国教育法》第四条从法律上明确了教育的地位："教育是社会主义现代化建设的基础，国家保障教育事业优先发展。"同年5月，中共中央、国务院做出《关于加速科学技术进步的决定》，第一次提出了要"坚定不移地实施科教兴国战略"。5月26日，江泽民同志在全国第三次科技大会上首次阐述了科教兴国的含义，指出要"全面落实科学技术是第一生产力的思想，坚持教育为本，把科技和教育摆在经济社会发展的重要位置，增强国家的科技实力及向现实生产力转化的能力，提高全民族的科技文化素质"。9月28日，党的十四届五中全会通过的《中共中央关于制定国民经济和社会发展"九五"计划和2010年远景目标的建议》，正式把"实施科教兴国战略，促进科技、教育与经济紧密结合"作为实现未来15年国民经济和社会发展的指导方针。

1999年，改革开放以来的第三次全国教育工作会议召开，颁

---

① 邓小平. 邓小平文选：第3卷. 北京：人民出版社，1993：121.

布《中共中央、国务院关于深化教育改革,全面推进素质教育的决定》。先后启动"211工程"和"985工程",实施高校扩招,深化管理体制改革,中央部门原属高校共建调整合作合并,形成中央和地方两级管理、以地方管理为主的新格局。2002年,党的十六大报告对党的教育方针做出新阐述,明确"坚持教育为社会主义现代化建设服务,为人民服务,与生产劳动和社会实践相结合,培养德智体美全面发展的社会主义建设者和接班人"。

党的十六大以后,在科学发展观的指导下,人才强国战略全面启动实施,与科教兴国战略融为一体。从区域教育发展不平衡和革命老区、民族地区、边疆地区、贫困地区实际出发,党中央更加重视促进教育公平,重点补教育发展短板,农村义务教育学生最先免收学杂费,提供免费教科书和贫困寄宿生补贴,再扩展到城镇地区,不断完善教育投入体制,财政性教育经费逐年增加,非义务教育成本分担和多渠道筹资制度基本建立。

根据2007年党的十七大报告关于优先发展教育、建设人力资源强国的重大决策,在相继制定科技和人才两个十年规划纲要的同时,2010年召开改革开放以来的第四次全国教育工作会议,颁布《国家中长期教育改革和发展规划纲要(2010—2020年)》,对标2020年全面建成小康社会,确定各级各类教育事业发展目标,并就创新人才培养体制、办学体制、教育管理体制,改革质量评价和考试招生制度,建设现代学校制度等做出重要部署。

在改革开放新时期,为适应社会主义现代化建设新要求,我国教育事业发展步伐大大加快。到2012年,全国共有幼儿园18.13万所,在园幼儿(包括附设班)3 685.76万人,学前教育毛入园率达到64.5%;全国共有义务教育阶段学校28.2万所,全国义务教育阶段共招生3 285.43万人,在校生14 458.96万人,

坚持优先发展教育事业

九年义务教育巩固率91.8%，专任教师908.98万人；全国高中阶段教育（包括普通高中、成人高中、中等职业学校）共有学校26 868所，在校学生4 595.28万人，高中阶段毛入学率85.0%；全国各类高等教育总规模达到3 325万人，高等教育毛入学率达到30%。2012年国家财政性教育经费为22 236.23亿元，占GDP比例为4.28%。中国教育发展取得了举世瞩目的成就。

党的十八大以来，以习近平同志为核心的党中央更加高度重视教育事业，围绕统筹推进"五位一体"总体布局和协调推进"四个全面"战略布局，在党的十八届三中、四中、五中、六中全会的文件中，对全面深化教育改革、全面推进依法治教、教育更好服务全面建成小康社会、加强教育系统党的建设相继提出多方位的要求。特别是党的十八届六中全会，总结了我们党开展党内政治生活的历史经验，分析了全面从严治党面临的形势和任务，认为办好中国的事情，关键在党，关键在党要管党、从严治党。这对教育事业的定位具有重要意义。党中央将重大教育决策层级上移，从成立中央全面深化改革领导小组到组建中央教育工作领导小组，统筹深化教育领域综合改革，推进教育治理现代化法治化，构建政府、学校、社会之间的新型关系，在改革考试招生制度、提高基础教育质量、完善现代职业教育体系、创建一流大学和一流学科、加强教师队伍建设等方面取得许多突破性成果，教育事业在提高质量、促进公平、优化结构等方面进展显著，我国教育事业取得新的历史性成就，亿万人民群众对教育改革发展的获得感持续增强。

据统计，2017年，全国各级各类学校达到51.38万所，各级各类学历教育在校生2.70亿人，专任教师1 626.89万人。全国共有义务教育阶段学校21.89万所，招生3 313.78万人，在校生

1.45亿人，专任教师949.36万人，九年义务教育巩固率93.8%。全国各类高等教育在学总规模达到3 779万人，高等教育毛入学率达到45.7%。各级各类教育全面发展，九年义务教育得到优质均衡发展，职业教育、高等教育体系更加健全，中国建成全球最大教育规模的教育体系，教育事业发展迈上了新征程。

党的十九大以来，教育朝着更加公平和更高质量发展目标迈进。党的十九大报告做出"中国特色社会主义进入新时代，我国社会主要矛盾已经转化为人民日益增长的美好生活需要和不平衡不充分的发展之间的矛盾"的重大论断，明确坚持和发展中国特色社会主义，总任务是实现社会主义现代化和中华民族伟大复兴，在全面建成小康社会的基础上分两步走，在本世纪中叶建成富强民主文明和谐美丽的社会主义现代化强国。相应地，党的十九大报告确定了新时代优先发展教育事业、加快教育现代化、建设教育强国的战略部署，坚持以人民为中心的发展思想，提出办好人民满意教育的新要求新举措，更加重视全面增强教育系统自身实力和服务"五位一体"总体布局的能力，更加重视教育的高质量发展，促进教育向更加公平更高质量发展的目标迈进。

2018年9月，党中央召开新时代首次全国教育大会。习近平总书记强调在党的坚强领导下，全面贯彻党的教育方针，坚持马克思主义指导地位，坚持中国特色社会主义教育发展道路，坚持社会主义办学方向，立足基本国情，遵循教育规律，坚持改革创新，以凝聚人心、完善人格、开发人力、培育人才、造福人民为工作目标，培养德智体美劳全面发展的社会主义建设者和接班人，加快推进教育现代化、建设教育强国、办好人民满意的教育。

为贯彻落实习近平新时代中国特色社会主义思想和习近平总书记关于教育的重要论述，2019年2月，中共中央、国务院印发了《中国教育现代化 2035》，中共中央办公厅、国务院办公厅印发了《加快推进教育现代化实施方案（2018—2022 年)》。《中国教育现代化 2035》提出了推进教育现代化的指导思想、基本理念和基本原则，明确了当前和今后一段时期推进教育现代化的总体要求，明确了推进教育现代化的战略任务。教育现代化总体目标：到 2020 年，全面实现"十三五"发展目标，教育总体实力和国际影响力显著增强，劳动年龄人口平均受教育年限明显增加，教育现代化取得重要进展，为全面建成小康社会做出重要贡献。在此基础上，再经过 15 年努力，到 2035 年，总体实现教育现代化，迈入教育强国行列，推动我国成为学习大国、人力资源强国和人才强国，为到本世纪中叶建成富强民主文明和谐美丽的社会主义现代化强国奠定坚实基础。2035 年主要发展目标是：建成服务全民终身学习的现代教育体系、普及有质量的学前教育、实现优质均衡的义务教育、全面普及高中阶段教育、职业教育服务能力显著提升、高等教育竞争力明显提升、残疾儿童少年享有适合的教育、形成全社会共同参与的教育治理新格局。

教育现代化是中国进入新时代教育高水平发展的要求，是对传统教育的超越，是教育发展理念、发展方式、体系制度等全方位的转变。习近平总书记强调，教育是国之大计、党之大计。教育是全党全社会的共同事业，加快教育现代化、建设教育强国是一个长期的过程，必须一张蓝图绘到底，持之以恒，久久为功。从现在到 2035 年，随着我国教育现代化持续提速和规划目标到位，社会主义现代化教育强国建设目标必将实现，教育为建设社会主义现代化服务的能力必将提升到崭新的水平。

综观中国共产党成立百年来中国教育事业发展的辉煌历程可以看出，它是从半殖民地半封建的教育向新民主主义教育和社会主义教育发展并实现根本性质转变的百年；是教育规模不断由小到大迅速发展的百年；是教育结构不断由简单到系统、由单一到全面发展的百年；是教育质量和教育效益不断提高的百年；是对教育的认识不断深化、教育功能不断增强和健全的百年；是从只有剥削阶级专享受教育权利转向全体人民都享有受教育权利的百年；是中国共产党带领中国人民不断改革探索，中国特色社会主义教育理论不断完善的百年；是中国共产党带领中国人民振兴教育，教育服务于人民，推动整个社会不断进步，进而实现中华民族伟大复兴的百年；是彻底甩掉"文盲大国"帽子，使中国教育从极端落后转变为不仅具有中国特色，而且阔步赶上世界教育发达水平的百年；是党创新发展人民教育事业、取得新辉煌的百年。

教育的发展，人民受教育权益的充分实现，引领、推动中国从人口大国成为人力资源大国，正向着人力资源强国阔步迈进。从人民教育事业发展这个视角回望我们党诞生以来的百年，可以说，是大力发展人民教育事业的百年，是优先发展人民教育事业的百年，是持之以恒坚持优先发展人民教育事业的百年，是实现中国教育新辉煌的百年。

二、不断深化坚持优先发展教育事业的战略认识

党的十八大以来，以习近平同志为核心的党中央始终坚持把优先发展教育事业作为推动党和国家各项事业发展的重要先手棋，始终坚持"教育第一"，把教育摆在前所未有的战略高度，不断推进教育综合改革，加快补齐教育短板。习近平总书记关于教育优先发展的一系列重要论述是办好人民满意的教育的根本遵循。深

刻理解习近平总书记关于坚持优先发展教育事业的重要论述的理论来源、深化过程，对加快教育现代化、建设教育强国、办好人民满意的教育具有重大意义。

习近平总书记关于坚持优先发展教育事业的重要论述，深刻阐释了教育的基础性、先导性、全局性作用，不仅提升了社会各界对教育的认识水平，而且在新中国教育史上具有历史性意义。这一思想转化为党和国家的理念和政策，必将对我国教育事业发展起到强有力的指导作用，对中华民族伟大复兴的中国梦和"两个一百年"奋斗目标的实现产生巨大的推动力。

（一）马克思主义教育思想的继承、丰富和发展

马克思主义是立党立国的根本指导思想，是党和人民事业不断发展的根本，是党和人民不断奋进的源泉。马克思主义是科学的理论、人民的理论、实践的理论、不断发展的开放的理论，是我们党和国家的指导思想。马克思和恩格斯站在整个社会革命和全人类解放的高度，运用辩证唯物主义和历史唯物主义的立场、观点和方法，创立了科学社会主义，提出了许多教育方面的重要思想。习近平总书记关于优先发展教育事业的战略思想，始终坚持马克思主义关于教育的阶级性本质、教育的人民立场和促进人的全面发展的教育根本目的、教育与生产劳动实践相结合的基本原则等基本观点，内在延续和继承了马克思主义教育思想的根本立场、基本观点和理论精髓，集中体现了马克思主义的精神实质和价值追求，闪耀着马克思主义的真理光辉。

一是坚持以人民为中心发展教育，彰显了马克思主义教育理论的人民立场。马克思主义认为，人民群众是社会物质财富的创造者，是社会精神财富的创造者，是社会变革的决定力量。"人

民，只有人民，才是创造世界历史的动力。"[1] 马克思主义强调："人的本质不是单个人所固有的抽象物，在其现实性上，它是一切社会关系的总和。"[2] 社会主义教育的目的，是指向每个人自由而全面的发展，是实现"人的最后解放"；同时也强调教育促进个体自由而全面的发展是促进社会进步和人类解放的重要条件。从根本上说，马克思主义是关于人的学说，是为人类谋幸福、实现人类解放的学说。马克思主义认为，社会的发展最终就是为了实现人的全面发展，整个世界历史也是为"人作为人"做准备的历史，离开这个目标，所有发展都会失去价值和意义。唯物史观告诉我们，人民群众是历史的创造者，任何事业的发展都必须坚持以人民为中心。

人民性是马克思主义政党和社会主义国家教育的本质特性，我们党自成立以来始终坚持代表最广大人民的根本利益，坚持群众路线，坚持教育工作的人民性。我们的教育是为人民服务、为中国特色社会主义服务、为改革开放和社会主义现代化建设服务的。这一论断彰显了鲜明的人民立场，蕴含着深厚的人民情怀，充分体现了我们党全心全意为人民服务的根本宗旨。回顾改革开放以来40多年的伟大实践，一条重要的宝贵经验就是：坚持以人民为中心，尊重人民主体地位，发挥群众首创精神，紧紧依靠人民推动改革，以改革来促进人的全面发展。

党的十八大以来，以习近平同志为核心的党中央坚持以人民为中心发展教育，把办好人民满意的教育作为初心和使命，明确了社会主义办学方向，体现了人民的需求和社会主义的本质要求；坚持改革的"人民"属性，把"人民有所呼，改革有所应"作为

---

[1] 毛泽东. 毛泽东选集：第3卷.2版. 北京：人民出版社，1991：1031.
[2] 马克思，恩格斯. 马克思恩格斯选集：第1卷.3版. 北京：人民出版社，2012：139.

全面深化改革的价值遵循,充分体现了我们党"一切为了人民"的立党初心,充分体现了人民利益高于一切的马克思主义价值观,充分体现了人民是推动发展的根本力量的唯物史观;坚持使最广大人民群众共享教育发展成果,着眼于通过教育从根本上改善民生,通过教育公平改善社会公平,充分体现了我们党发展教育事业的初心是为了人民,目标是造福人民,体现出深刻的为民情怀,彰显了人民至上的价值取向,为中国教育事业发展树立了以人民为中心的发展方向,延续并发展了中国特色社会主义教育的人民性。

习近平在联合国"教育第一"全球倡议行动一周年纪念活动上指出:"始终把教育摆在优先发展的战略位置,不断扩大投入,努力发展全民教育、终身教育,建设学习型社会,努力让每个孩子享有受教育的机会,努力让13亿人民享有更好更公平的教育,获得发展自身、奉献社会、造福人民的能力。"[①] 习近平的讲话彰显了鲜明的人民立场,蕴含着深厚的人民情怀,充分体现了我们党全心全意为人民服务的根本宗旨。

习近平总书记鲜明指出:"以凝聚人心、完善人格、开发人力、培育人才、造福人民为工作目标,培养德智体美劳全面发展的社会主义建设者和接班人,加快推进教育现代化、建设教育强国、办好人民满意的教育。"[②] 习近平总书记关于教育的重要论述的核心要义是一切为了人民,一切依靠人民,一切成果由人民共享,不断满足人民日益增长的优质多样的教育需要。这一核心要

---

① 习近平主席在联合国"教育第一"全球倡议行动一周年纪念活动上发表视频贺词. 人民日报,2013-09-27.
② 习近平在全国教育大会上强调 坚持中国特色社会主义教育发展道路 培养德智体美劳全面发展的社会主义建设者和接班人. 人民日报,2018-09-11.

义坚持了人民主体地位,明确了教育工作的新使命。

二是坚持扎根中国大地办教育,体现了马克思主义教育理论的阶级立场。按照历史唯物主义原理,教育作为一种社会现象,具有经济基础和上层建筑双重属性。教育的阶级立场,就是教育要为无产阶级政治服务,这是马克思主义教育思想的根本观点。马克思和恩格斯在《共产党宣言》中批判资产阶级教育时一针见血地指出:"你们的教育不也是由社会决定的吗?不也是由你们进行教育时所处的那种社会关系决定的吗?不也是由社会通过学校等等进行的直接的或间接的干涉决定的吗?共产党人并没有发明社会对教育的作用;他们仅仅是要改变这种作用的性质,要使教育摆脱统治阶级的影响。"[1] 马克思和恩格斯进一步指出,共产党人的目的是"使无产阶级形成为阶级,推翻资产阶级的统治,由无产阶级夺取政权。"[2] 也就是说无产阶级要获得彻底解放,必须首先建立一个独立的无产阶级政党。共产党人就是要使教育摆脱资产阶级作为统治阶级的影响。马克思的阶级学说和历史唯物主义是内在一致的。马克思认为,教育是上层建筑的组成部分,教育的内容、目的和方法等都是由经济基础决定的,最终是由特定的生产力水平决定的。这意味着任何教育无论看起来多么具有"普遍性",都必然代表着特定阶级通常即统治阶级的根本利益。

习近平总书记继承和坚定马克思主义教育理论的阶级立场,并鲜明地指出:"办好中国的世界一流大学,必须有中国特色。没

---

[1] 马克思,恩格斯.马克思恩格斯选集:第1卷.3版.北京:人民出版社,2012:418.
[2] 同[1]413.

有特色，跟在他人后面亦步亦趋，依样画葫芦，是不可能办成功的。"① "我们要认真吸收世界上先进的办学治学经验，更要遵循教育规律，扎根中国大地办大学。"② 中华民族有着重视教育的优良传统和悠久历史，并形成了有教无类、因材施教等科学的教育理念，对提高民族素质产生了重要影响，在世界教育史上都具有非常重要的地位。我国不但是有悠久教育传统的国家，而且是中国共产党领导的社会主义国家，建设社会主义现代化教育强国是我国的重要目标之一。因此，我国教育事业的发展，必须坚持以马克思主义为指导，必须坚持正确的政治方向，以立德树人为根本任务，培养社会主义建设者和接班人。

习近平总书记基于对中外教育发展历史规律的深刻把握，在全国高校思想政治工作会议上强调："扎根中国、融通中外，立足时代、面向未来，坚定不移走自己的路。"③ 扎根中国大地办教育并不等于关起门来排斥国外先进的教育思想和理念。习近平总书记重视借鉴人类文明的一切优秀成果，这体现了实事求是与解放思想在教育领域的有机统一。

习近平总书记在进一步总结中国特色社会主义教育发展规律的基础上指出："古今中外，每个国家都是按照自己的政治要求来培养人的，世界一流大学都是在服务自己国家发展中成长起来的。我国社会主义教育就是要培养社会主义建设者和接班人。"④ 要坚持教育为人民服务，为中国共产党治国理政服务，为巩固和发展中国特色社会主义制度服务，为改革开放和社会主义现代化建设

---

①② 习近平. 青年要自觉践行社会主义核心价值观：在北京大学师生座谈会上的讲话. 人民日报，2014-05-05.

③ 习近平在全国高校思想政治工作会议上强调 把思想政治工作贯穿教育教学全过程 开创我国高等教育事业发展新局面. 人民日报，2016-12-09.

④ 习近平. 在北京大学师生座谈会上的讲话. 人民日报，2018-05-03.

服务。要做到"在党的坚强领导下，全面贯彻党的教育方针，坚持马克思主义指导地位，坚持中国特色社会主义教育发展道路，坚持社会主义办学方向"①。

三是坚持党对教育工作的全面领导，强化了马克思主义教育理论的党性原则。马克思和恩格斯认为，教育是上层建筑的，其性质决定于社会关系的发展变化。一定社会的教育必然体现一定阶级的意志，不同社会性质的教育向受教育者传播不同的思想观念，从而培养和造就不同类型的人。《共产党宣言》指出："共产党人并没有发明社会对教育的作用；他们仅仅是要改变这种作用的性质，要使教育摆脱统治阶级的影响。"② 因此，在恩格斯的战斗生涯中，他特别强调理论斗争和理论教育的意义，强调共产党一分钟也不能忽略教育工人阶级明确地意识到与资产阶级之间的对立，并反复告诫工人阶级在与资产阶级的斗争中要表现出更大的勇气、决心和毅力，"如果放弃在政治领域中同我们的敌人作斗争，那就是放弃了一种最有力的行动手段，特别是组织和宣传的手段"③。

中国共产党的领导是中国特色社会主义最本质的特征，是做好党和国家各项工作的根本保证，也是马克思主义教育理论最终落实和教育事业得以发展的根本保障，是新时代中国教育事业的根本所在、命脉所在。

党的十八大以来，以习近平同志为核心的党中央高度重视发展教育事业，重视党的建设对于保证教育事业发展的极端重要性。

---

① 习近平在全国教育大会上强调 坚持中国特色社会主义教育发展道路 培养德智体美劳全面发展的社会主义建设者和接班人.人民日报，2018-09-11.
② 马克思，恩格斯.马克思恩格斯选集：第1卷.3版.北京：人民出版社，2012：418.
③ 马克思，恩格斯.马克思恩格斯选集：第3卷.3版.北京：人民出版社，2012：40.

以高等教育为例，习近平总书记既高屋建瓴又细致周到地围绕如何使高校发展做到治理有方、管理到位、风清气正做了一系列指示。中国共产党是执政党，是实现中华民族伟大复兴的领导者，是国家各项事业的掌舵者，在实现科教兴国、教育强国的道路上，只有坚持党的领导不动摇，才能坚持教育的人民性，保证教育事业的稳步发展。

以习近平同志为核心的党中央深入基层、深入实际，深入开展全面从严管党治党，高度重视党在教育事业中的领导能力建设，重视保持各类学校的各级党组织的先进性与纯洁性。党的十八大以来党中央部署对高校党委进行全面巡视，就是对高校党的工作进行的一次全面政治体检，通过不断深化政治巡视，坚持"发现问题、形成震慑、推动改革、促进发展"，建立巡视巡察上下联动监督网，层层压实全面从严治党主体责任，有力推动了教育系统全面从严治党向纵深发展。习近平总书记提出的一系列理论和我们党采取的相应举措旨在保障党对教育事业的领导，是马克思主义政党建设的最新成果，也是马克思主义教育理论中国化的创举。

习近平总书记高度重视党对教育事业的全面领导，在考察北京市八一学校时指出："各级党委和政府要坚持把教育放在优先发展的战略位置，强化责任意识，及时研究解决教育改革发展的重大问题和群众关心的热点问题。"[1] 习近平总书记深刻把握教育规律，把握从严治党的规律，着力提高党的领导能力和执政能力，保持党的先进性和纯洁性，这也就保障了党对教育事业的领导能力。习近平总书记关于全面从严治党思想的提出与实践，增强了我们党从严治党的系统性、预见性、创造性、实效性，增强了我

---

[1] 习近平在北京市八一学校考察时强调　全面贯彻落实党的教育方针　努力把我国基础教育越办越好.人民日报，2016-09-10.

们党自我净化、自我完善、自我革新、自我提高的能力,这是新时代我国教育事业得以持续健康发展的根本原因。

四是坚持深化教育改革创新,拓展了马克思主义教育理论的方法论。马克思在著作中多次强调教育与生产劳动相结合的问题,认为"生产劳动和教育的早期结合是改造现代社会的最强有力的手段之一"①。就是说,与生产劳动的结合要从早期教育开始,而不是等到受教育者的人格和身体都成熟之后。什么是教育?马克思说:"我们把教育理解为以下三件事:第一,**智育**。第二,**体育**……第三,**技术培训**……"② 这三种教育都应该与生产劳动结合起来。马克思关于教育与生产劳动相结合的观点,是深化教育改革创新、促使生产关系与生产力相适应的依据与遵循。

全面整体的改革观是马克思主义教育理论的方法论,也是新时代中国特色社会主义教育事业发展的出发点。习近平总书记指出:"继续大力推动教育改革发展,使我国教育越办越好、越办越强。"③ 全面整体的改革是教育发展的内在驱动力,是中国教育事业不断取得新的伟大成就的根本原因。习近平总书记坚持运用马克思主义的世界观与方法论指导教育工作,在实践中坚持通过全面整体的改革促进教育发展,以统筹联系的思路谋划教育布局,注重发挥人的主观能动性,构建和谐有序的教育体系。

习近平总书记在北京市八一学校考察时特别强调:"及时研究解决教育改革发展的重大问题和群众关心的热点问题。要深化办学体制、管理体制、经费投入体制、考试招生及就业制度等方面

---

① 马克思,恩格斯.马克思恩格斯文集:第3卷.北京:人民出版社,2009:449.
② 马克思,恩格斯.马克思恩格斯全集:第21卷.2版.北京:人民出版社,2003:270.
③ 习近平.做党和人民满意的好老师:同北京师范大学生代表座谈时的讲话.人民日报,2014-09-10.

的改革，深化学校内部管理制度、人事薪酬制度、教学管理制度等方面的改革，深化人才培养模式、教学内容及方式方法等方面的改革，使各级各类教育更加符合教育规律、更加符合人才成长规律。"[1] 必须通过全面整体的教育改革才能真正解决在教育发展过程中不断涌现的新问题，在实践中不断检验和调适教育政策，使教育发展符合当今世界潮流的新趋势。

习近平总书记强调，教育深化改革必须坚持正确的方向，"要全面贯彻党的教育方针，落实立德树人根本任务，发展素质教育，推进教育公平"[2]。他还在思想政治教育、高等教育、青少年教育、职业教育、家庭教育、对外开放教育、教育信息化等方面做出一系列的重要论述。他强调，教育改革面临一系列重大问题，人民最关注的热点问题主要是促进教育公平和提升教育质量。

习近平总书记从治国理政的全局出发，运用辩证唯物主义和历史唯物主义的方法，清晰阐释教育系统内部的有机联系，并通过统筹协调安排，促进彼此之间的有机联系和相互作用，使教育系统运行更加优化。他坚持两点论与重点论的统一，提倡在全面整体改革中突出重点，发挥教育工作的引领作用。在实践中，我国坚持以思想政治教育为重点，在社会主义大方向中实现立德树人；以素质教育为核心，不断提升个人的全面发展；以基础教育为基础，推动学校、家庭和社会共同营造良好的教育环境；以高等教育为标识，努力增强教育发展整体能力；以职业教育等为重要补充，构建多样化、多层次的现代化教育体系。

---

[1] 习近平在北京市八一学校考察时强调　全面贯彻落实党的教育方针　努力把我国基础教育越办越好．人民日报，2016-09-10．

[2] 习近平．决胜全面建成小康社会　夺取新时代中国特色社会主义伟大胜利：在中国共产党第十九次全国代表大会上的报告．人民日报，2017-10-28．

五是坚持加快教育现代化，体现了马克思主义教育理论的时代特征。与时俱进是马克思主义的鲜明特征。马克思主义认为，事物的发展是一个过程，一切事物只有经过一定的过程才能实现自身的发展。自然界、人类社会和思维领域中的一切现象都是作为一个过程而向前发展的。恩格斯指出："世界不是既成**事物**的集合体，而是**过程**的集合体。"[①] 马克思和恩格斯进一步指出，人类社会也是一个不断发展的过程，在社会历史领域，新事物是社会上先进的、富有创造力的人们创造性活动的产物，它从根本上符合人民群众的利益和要求，能够得到人民群众的拥护，因而必然战胜旧事物。马克思主义关于事物不断发展的思想也同样适用于教育。教育要实现永续发展，就必须不断革新，不断深化教育事业改革和加快教育现代化建设。

马克思主义教育理论是发展的理论，因此鲜明的时代性是马克思主义教育理论的基本特征。习近平总书记在继承和发展马克思主义教育理论的基础上，结合新的历史方位，从历史发展、国际发展和国内发展等层面回答了马克思主义教育理论的时代之问。习近平总书记深刻指出："教育决定着人类的今天，也决定着人类的未来。""教育传承过去、造就现在、开创未来，是推动人类文明进步的重要力量。"[②] 新媒体时代的迅速到来，使知识以前所未有的速度更新换代，教育的与时俱进特质日益成为影响教育事业的根本性因素。随着时代的发展，知识的递进效应和共享模式越来越成为教育的主旋律，全球性的知识积累极大地促进了全人类的共同发展。习近平总书记提出了人类命运共同体的伟大构

---

① 马克思，恩格斯.马克思恩格斯选集：第4卷.3版.北京：人民出版社，2012：250.
② 清华大学苏世民学者项目启动仪式在京举行　习近平奥巴马致贺信.人民日报，2013－04－22.

想，论述了教育在未来社会培养人才、促进人类和平与发展的作用，这是对马克思"全世界无产者，联合起来"思想的一次重大飞跃。

党的十八大以来，在以习近平同志为核心的党中央正确领导下，中国特色社会主义教育事业取得历史性成就，并正发生着历史性的巨大变革。党始终要求现代化建设必须坚持优先发展教育，同时要求教育现代化水平不断提高。在全国教育大会上，习近平总书记再次强调教育现代化建设的重要性和紧迫性，提出要"加快推进教育现代化、建设教育强国、办好人民满意的教育"[①]。习近平总书记进一步指出："我们要抓住机遇、超前布局，以更高远的历史站位、更宽广的国际视野、更深邃的战略眼光，对加快推进教育现代化、建设教育强国作出总体部署和战略设计，坚持把优先发展教育事业作为推动党和国家各项事业发展的重要先手棋，不断使教育同党和国家事业发展要求相适应、同人民群众期待相契合、同我国综合国力和国际地位相匹配。"[②]

（二）中国特色社会主义教育的规律性认识不断深化

在新中国教育发展的辉煌历史进程中，中国共产党努力探索社会主义教育发展规律，不断积累实践经验，不断进行理论创新，不断深化对我国社会主义教育事业发展规律的认识，取得了十分重要的理论成果。

中国人民政治协商会议第一届全体会议通过的《中国人民政治协商会议共同纲领》强调，"中华人民共和国的文化教育为新民主主义的，即民族的、科学的、大众的文化教育"，保证广大劳动

[①②] 习近平在全国教育大会上强调　坚持中国特色社会主义教育发展道路　培养德智体美劳全面发展的社会主义建设者和接班人. 人民日报, 2018-09-11.

人民的受教育权，培养新中国建设急需的人才。1949 年 12 月，第一次全国教育工作会议召开，谋划和确定了我国教育大政方针和发展蓝图。1950 年，毛泽东同志在《人民教育》创刊号上题词："恢复和发展人民教育是当前重要任务之一。"毛泽东同志提出要发展民族的、科学的、大众的教育，强化党对教育工作的全面领导，坚持社会主义办学方向，强调教育与生产劳动相结合，培养有社会主义觉悟的有文化的劳动者。

党的十一届三中全会做出把党和国家工作中心转移到经济建设上来、实行改革开放的历史性决策。邓小平同志以极富战略性的眼光指出："忽视教育的领导者，是缺乏远见的、不成熟的领导者，就领导不了现代化建设。"[①] 邓小平同志加强党对教育工作的领导，坚持社会主义办学方向，开创性地把教育摆在现代化建设中优先发展的战略地位，提出"三个面向"战略思想，培养德智体美全面发展的社会主义"四有"新人，强调尊重知识、尊重人才，注重提高教师待遇。邓小平同志着眼建设中国特色社会主义的全局，从社会主义历史命运的高度论述教育问题；在讨论教育问题时，从来不是孤立地就教育论教育，而是将对教育的论述与对改革开放和社会主义现代化建设的论述融为一体，对教育问题作出全局性、战略性的思考和谋划，把教育与国家前途和命运联系起来，从而准确地为教育定位，提出要确立教育优先发展的战略思想。

以江泽民同志为主要代表的中国共产党人，根据国内外形势和党的历史方位的新变化，进一步回答了"什么是社会主义、怎样建设社会主义"的问题，创造性地回答了"建设什么样的党、

---

① 邓小平. 邓小平文选：第 3 卷. 北京：人民出版社，1993：121.

怎样建设党"的问题，形成了"三个代表"重要思想，把党的建设新的伟大工程同中国特色社会主义伟大事业紧密联系起来，赋予党的性质、宗旨、指导思想和任务丰富的时代内容，深化了中国特色社会主义的认识。江泽民同志强调党对教育工作的领导，坚持社会主义办学方向，注重思想政治教育，坚持教育为社会主义服务、为人民服务，坚持教育与社会实践相结合，推动教育优先发展战略，努力培养德智体全面发展的"四有"新人，在全社会大力弘扬尊师重教的良好风尚。

胡锦涛同志在新世纪召开的全国教育工作会议上提出了"五个必须"：一是教育是国家和民族发展最根本的事业，必须坚持党对教育工作的领导，明确政府发展和管理教育的责任，落实教育优先发展的战略地位，实现教育和经济社会协调发展，充分发挥教育在党和国家事业中的基础性、先导性、全局性地位和作用。二是教育的根本目的是培养德智体美全面发展的社会主义建设者和接班人，必须全面贯彻党的教育方针，把促进学生健康成长作为学校一切工作的出发点和落脚点。三是教育事业发展的生机活力在改革开放，必须始终按照面向现代化、面向世界、面向未来的要求，立足社会主义初级阶段基本国情，坚持继承和创新相结合，不断深化教育体制改革和教育教学改革。四是教育是改善民生、促进社会和谐的重要途径，必须坚持以人为本，促进教育公平，保障公民依法享有受教育的权利。五是教育事业发展的关键在教师，必须紧紧依靠广大教师和教育工作者，遵循教育规律办学教学，不断提高教师政治和业务素质，弘扬尊师重教的社会风气。

习近平总书记关于教育的重要论述是在新的时代背景和实践条件下创立并不断发展起来的。党的十八大以来，以习近平同志为核心的党中央,统揽伟大斗争、伟大工程、伟大事业、伟大梦想,贯彻落实创新、协调、绿色、开放、共享的新发展理念,推动党和国家事业发生了历史性变革。中国特色社会主义事业取得的全方位、开创性成就,催生和孕育了习近平新时代中国特色社会主义思想,同时也为习近平总书记关于教育的重要论述提供了更强的实践广度、现实深度和历史厚度。教育作为中国特色社会主义事业的重要领域,也在党的十八大以来取得了显著成就,展现了中国特色社会主义教育事业发展的新气象,为促进经济发展、社会和谐、文化繁荣做出重要贡献。

习近平总书记在全国教育大会上明确指出,党的十八大以来,我们"全面加强党对教育工作的领导,坚持立德树人,加强学校思想政治工作,推进教育改革,加快补齐教育短板,教育事业中国特色更加鲜明,教育现代化加速推进,教育方面人民群众获得感明显增强,我国教育的国际影响力加快提升,13亿多中国人民的思想道德素质和科学文化素质全面提升"[①]。我国教育进入提高质量、促进公平的新阶段。习近平总书记关于教育的重要论述正是在上述教育实践中逐渐发展形成的。

习近平总书记提出的教育"九个坚持"是探索社会主义教育发展规律的新成果,丰富和发展了中国共产党对社会主义教育规律的理论认识。在新时代中国特色社会主义建设的视野中,教育不仅是决胜全面建成小康社会、建设人力资源强国的重要途径,而且是建设社会主义现代化强国的坚实基础,不仅是扩大生产资源的手段,而且是促进社会公平、实现可持续发展的关键因素;在经济社会发展全局中应确立教育的战略地位,在经济社会发展

---

① 习近平在全国教育大会上强调 坚持中国特色社会主义教育发展道路 培养德智体美劳全面发展的社会主义建设者和接班人.人民日报,2018-09-11.

规划中应突出教育的发展，优先发展教育应作为经济社会发展的一个重要指导方针。我们必须全面把握习近平新时代中国特色社会主义思想的科学内涵和精神实质，全方位转变教育发展理念、发展方式、体系制度等，实现传统教育的超越，着力解决制约教育前行的突出问题，把习近平总书记关于教育的重要论述精神贯彻落实到教育改革发展的各个方面，推进教育事业的科学发展，建设社会主义现代化教育强国。

（三）习近平新时代中国特色社会主义思想的发展成果

中国共产党是一贯重视理论指导而又勇于理论创新的政党。我国建成世界最大规模的教育体系，正在开启加快教育现代化、建设教育强国的新征程。正是我们党坚持理论创新，给中国特色社会主义教育事业注入了强大的生机和活力，才取得了从文盲大国向教育大国，并开启实现从教育大国向教育强国迈进的历史性转变。唯有理论创新，才能增强理论自信。教育"九个坚持"从根本上回答了"培养什么人、怎样培养人、为谁培养人"等重大问题，构成了科学的教育理论体系。

坚持党对教育事业的全面领导，明确党是领导中国教育事业发展的核心力量，是中国特色社会主义教育制度的最大优势，是办好教育的根本保证。必须牢牢掌握党对教育工作的领导权，始终坚持马克思主义指导地位，把思想政治工作贯穿学校教育管理全过程，教育领域必须成为坚持党的全面领导的坚强阵地。

坚持把立德树人作为根本任务，明确社会主义教育的首要问题，继承和发扬了中华民族崇德的传统，突出了教育的主责主业，把社会主义核心价值观教育融入立校办学、育人育才全过程，有助于学生树立正确的世界观、人生观、价值观，培养社会主义合格建设者和可靠接班人。立德树人关系党的事业后继有人，关系国家前途命运。必须把立德树人成效作为检验学校一切工作的根本标准，把师德师风作为评价教师队伍素质的第一标准，全力培养社会主义建设者和接班人，培养社会发展、知识积累、文化传承、国家存续、制度运行所要求的人。不管什么时候，为党育人的初心不能忘，为国育才的立场不能改。

坚持优先发展教育事业，强调全面落实教育优先发展战略，是推动党和国家事业发展的重要先手棋。全面部署加快教育现代化、建设教育强国的战略路线和规划，以教育现代化支撑国家现代化，不断使教育同党和国家事业发展要求相适应、同人民群众期待相契合、同我国综合国力和国际地位相匹配。

坚持社会主义办学方向，坚持以习近平新时代中国特色社会主义思想为指导，全面贯彻党的教育方针，把思想政治工作贯穿教育教学全过程，实现全员育人、全过程育人、全方位育人，为学生一生成长奠定良好的思想基础，使他们成为德才兼备、全面发展的人才。更加突显社会主义教育方向，必须坚持教育为人民服务、为中国共产党治国理政服务、为巩固和发展中国特色社会主义制度服务、为改革开放和社会主义现代化建设服务。

坚持扎根中国大地办教育，体现中国特色，更好地走向世界。中国的教育必须按照中国的特点、中国的实际办，必须坚持中国特色社会主义教育发展道路，扎根中国、融通中外、立足时代、面向未来，发展具有中国特色、世界水平的现代教育。

坚持以人民为中心发展教育，把办好人民满意的教育作为总要求，体现教育为人民服务的宗旨，坚持人民主体地位，把人民对美好生活的向往作为奋斗目标，依靠人民创造历史伟业。其核心要义是落实一切为了人民，一切依靠人民，一切成果由人民共享。让每个孩子享有受教育的机会，让14亿多中国人享有更好更公平的教育，让人民群众有更多获得感、幸福感、成就感，不断满足人民日益增长的优质多样的教育需要。

坚持深化教育改革创新，冲破思想观念的束缚，突破利益固化的藩篱，坚决破除各方面体制机制弊端，解放和激发内在活力，增强教育发展动力，使我国教育越办越好、越办越强。改革是教育事业发展的根本动力。必须更加注重教育改革的系统性、整体性、协同性，及时研究解决教育改革发展的重大问题和群众关心的热点问题，以改革激活力、增动力。

坚持把服务中华民族伟大复兴作为教育的重要使命，把建设教育强国作为中华民族伟大复兴的基础工程，更加明确教育的战略地位。重视教育才能赢得未来，我们要培养实现中华民族伟大复兴中国梦的有理想、有本领、有担当的时代新人。围绕统筹推进"五位一体"总体布局、协调推进"四个全面"战略布局，更加注重加强教育和提升人力资源素质，把教育同党和国家事业发展一起谋划、一起部署、一起检查，推动教育高质量发展。

坚持把教师队伍建设作为基础工作，落实教育大计，以教师为本，体现兴国必先强师的理念，把教师作为教育发展的第一资源，把教师工作置于教育事业发展的重点支持战略领域，突显教师队伍的基础性作用。优先谋划教师工作，优先保障教师工作投入，优先满足教师队伍建设需要，大幅提升教师综合素质、专业化水平和创新能力，以"四有好老师"为目标，做好学生发展的引路人，促进社会形成优秀人才争相从教、教师人人尽展其才、好教师不断涌现的良好局面。

习近平总书记始终从中国国情出发，不断推动马克思主义教育思想的发展创新。习近平总书记关于教育"九个坚持"的重要论述，坚持加强党对教育事业的全面领导，这是对教育发展政治保证的新论断；立足中国特色社会主义事业长治久安和兴旺发达，在培养什么人、怎样培养人的基础上，特别强调人才培养的规格和层次，提出"培养德智体美劳全面发展的社会主义建设者和接班人"[1]，"培养担当民族复兴大任的时代新人"[2]，这是对教育根本任务的新认识；提出"教育是对中华民族伟大复兴具有决定性意义的事业"[3]，必须把优先发展教育事业作为推动党和国家各项事业发展的重要先手棋，这是对教育战略地位、时代使命的新定位；强调"教育要坚持以人民为中心的发展思想"，这是对教育价值追求的新阐释；基于对中外教育发展历史规律的深刻把握，强调要扎根中国大地，发展具有中国特色、世界水平的现代教育[4]，这是对教育发展道路的新要求；聚焦中国教育改革发展的重大问题和群众关心的热点问题，提出要"深化教育体制改革、扭转不科学的教育评价导向"[5]，从根本上解决教育评价指挥棒问题，这是对教育发展动力的新部署；等等。这些新思想新论断新表达，从根本上廓清了新时代中国特色社会主义教育发展方向、道路、方针、原则等一系列根本性问题，开拓了马克思主义教育思想的新境界。

---

[1] 习近平在全国教育大会上强调 坚持中国特色社会主义教育发展道路 培养德智体美劳全面发展的社会主义建设者和接班人. 人民日报, 2018-09-11.

[2] 习近平. 决胜全面建成小康社会 夺取新时代中国特色社会主义伟大胜利：在中国共产党第十九次全国代表大会上的报告. 人民日报, 2017-10-28.

[3] 习近平. 做党和人民满意的好老师：同北京师范大学师生代表座谈时的讲话. 人民日报, 2014-09-10.

[4] 习近平向全国广大教师致慰问信. 人民日报, 2013-09-10.

[5] 教育部课题组. 深入学习习近平关于教育的重要论述. 北京：人民出版社, 2019：58.

三、确立新时代优先发展教育事业的战略地位

习近平总书记在全国教育大会上强调:"教育是国之大计、党之大计。"[①] 2020 年 9 月 22 日,在教育文化卫生体育领域专家代表座谈会上,习近平总书记再一次强调了教育的国之大计、党之大计的战略地位,指出要从党和国家事业发展全局的高度,全面贯彻党的教育方针,坚持优先发展教育事业,坚守为党育人、为国育才,努力办好人民满意的教育。

(一)"国之大计"与"党之大计"是辩证统一的有机整体

培养什么人,是教育的首要问题。习近平总书记在北京大学师生座谈会上明确指出:"培养社会发展所需要的人,说具体了,就是培养社会发展、知识积累、文化传承、国家存续、制度运行所要求的人。所以,古今中外,每个国家都是按照自己的政治要求来培养人的,世界一流大学都是在服务自己国家发展中成长起来的。我国社会主义教育就是要培养社会主义建设者和接班人。"[②] 这一重要论述深刻揭示了人才培养的普遍规律,坚持和发展了马克思主义关于"教育为无产阶级政治服务"的基本观点。"为党育人、为国育才"是"两个大计"内在逻辑关系的根本出发点和落脚点。

"为党育人"是教育作为"党之大计"的重要体现。培养一代又一代拥护中国共产党领导和我国社会主义制度、立志为中国特

[①] 习近平在全国教育大会上强调 坚持中国特色社会主义教育发展道路 培养德智体美劳全面发展的社会主义建设者和接班人.人民日报,2018-09-11.

[②] 习近平.在北京大学师生座谈会上的讲话.人民日报,2018-05-03.

色社会主义奋斗终身的有用人才，是教育工作的根本任务，也是教育现代化的方向目标。习近平总书记在学校思想政治理论课教师座谈会上强调指出："我们党立志于中华民族千秋伟业，必须培养一代又一代拥护中国共产党领导和我国社会主义制度、立志为中国特色社会主义事业奋斗终身的有用人才。在这个根本问题上，必须旗帜鲜明、毫不含糊。"[①] 中国共产党办教育，要培养的是具有共产主义远大理想和中国特色社会主义共同理想的社会主义建设者和接班人。

"为国育才"是教育作为"国之大计"的重要体现。培养不出一流人才的教育，一定不是好的教育。习近平总书记指出："人才资源作为经济社会发展第一资源的特征和作用更加明显，人才竞争已经成为综合国力竞争的核心。谁能培养和吸引更多优秀人才，谁就能在竞争中占据优势。"[②] 党的十八大以来，我国教育事业发展取得了全方位、开创性的历史性成就，教育改革不断深入，教育现代化加速推进，教育国际影响力加快提升，教育总体发展水平进入世界中上行列，为经济发展、科技创新、文化繁荣、社会进步、民生改善做出了重大贡献。教育大发展带来人才总供给能力不断增强，人才国际竞争力明显提高，为新时代实施创新驱动发展战略等国家重大发展战略提供了坚实的人才支撑。党的十九大提出一系列战略目标和任务，比如建设科技强国、质量强国、航天强国、网络强国、交通强国、数字中国、智慧社会等。这些目标和任务的实现，需要教育培养造就一大批高水平科技人才、哲学社会科学人才和技能人才。

---

① 习近平主持召开学校思想政治理论课教师座谈会强调 用新时代中国特色社会主义思想铸魂育人 贯彻党的教育方针落实立德树人根本任务. 人民日报，2018 - 03 - 19.
② 习近平. 在欧美同学会成立100周年庆祝大会上的讲话. 人民日报，2013 - 10 - 22.

坚持优先发展教育事业

"为党育人"与"为国育才"是一个问题的两个方面。我国是中国共产党领导的社会主义国家，我们的教育在为国家培养德智体美劳全面发展的社会主义建设者和接班人的同时，也在为中国共产党长期执政培养接班人。"为党育人"与"为国育才"的辩证统一关系，决定了"党之大计"与"国之大计"紧密联系、相互贯通，两者构成不可分割的统一整体。

（二）教育是推动党和国家各项事业优先发展的重要先手棋

在全国教育大会上，习近平总书记强调："坚持把优先发展教育事业作为推动党和国家各项事业发展的重要先手棋。"[①] 当前，我们正处在实现中华民族伟大复兴中国梦的伟大进程中，比历史上任何时期都更加接近中华民族伟大复兴的目标，对教育的期待比以往任何时候都更加迫切，对科学知识和卓越人才的渴求也比以往任何时候都更加强烈。实践证明，重视教育就是重视未来，重视教育才能赢得未来。教育是一项具有决定性意义的事业，必须始终强调教育的基础性、先导性和全局性地位。

在教育与民族复兴、国家富强的关系上，习近平总书记从谋万世谋全局的战略高度强调教育是基础。党的十八大以来，以习近平同志为核心的党中央做出一系列战略部署，在制定战略决策时，习近平总书记强调一方面要站位高远、统揽全局，另一方面要认清形势、注重实际。习近平总书记多次引用"自古不谋万世者，不足谋一时；不谋全局者，不足谋一域"这句话，强调谋万世，就要眼光长远，高瞻远瞩；谋全局，就要站位高远，统揽全

---

① 习近平在全国教育大会上强调　坚持中国特色社会主义教育发展道路　培养德智体美劳全面发展的社会主义建设者和接班人. 人民日报, 2018-09-11.

局。"社会主义初级阶段是当代中国的最大国情、最大实际。我们在任何情况下都要牢牢把握这个最大国情,推进任何方面的改革发展都要牢牢立足这个最大实际。"① 战略决策区别于一般决策的最大特点就是全局性和长远性。习近平总书记正是在谋万世和谋全局的战略思维下,紧紧抓住社会主义初级阶段这个最大实际,在不同的场合多次强调,要实现中国梦的伟大愿景,教育要发挥基础性、先导性和全局性作用,坚持把教育作为对中华民族伟大复兴具有决定性意义的事业。

2014年9月9日,习近平总书记在与北京师范大学师生代表座谈时指出:"'两个一百年'奋斗目标的实现、中华民族伟大复兴中国梦的实现,归根到底靠人才、靠教育。我国正处于历史上发展最好的时期,但要实现'两个一百年'奋斗目标、实现中华民族伟大复兴的中国梦,必须更加重视教育,努力培养出更多更好能够满足党、国家、人民、时代需要的人才。"② "教育是提高人民综合素质、促进人的全面发展的重要途径,是民族振兴、社会进步的重要基石,是对中华民族伟大复兴具有决定性意义的事业。"③ 只有实现教育现代化,才能实现人的现代化;只有实现人的现代化,才能实现国家和民族的现代化。"时代越是向前,知识和人才的重要性就愈发突出,教育的地位和作用就愈发凸显"④,"教育决定着人类的今天,也决定着人类的未来"⑤,"重视教育就

---

① 习近平. 习近平谈治国理政:第1卷. 2版. 北京:外文出版社,2018:10.
②③ 习近平. 做党和人民满意的好老师:同北京师范大学师生代表座谈时的讲话. 人民日报,2014-09-10.
④ 习近平在北京市八一学校考察时强调 全面贯彻落实党的教育方针 努力把我国基础教育越办越好. 人民日报,2016-09-10.
⑤ 清华大学苏世民学者项目启动仪式在京举行 习近平奥巴马致贺信. 人民日报,2013-04-22.

是重视未来，重视教育才能赢得未来"[①]，"教育兴则国家兴，教育强则国家强"[②]，通过教育让"青年一代有理想、有担当，国家就有前途，民族就有希望"[③]。从这些论述中我们看到，两个"决定"，两个"途径"，两个"靠"，两个"基"，两个"未来"，两个"兴"，两个"强"，三个"现代化"，等等，其中的逻辑，分析下来是"只有……才能……"的必要条件句式推演，这些句式简洁而有力地道出了教育与人才、民族复兴、国家富强以及人类未来之间先决性的条件关系，阐明了教育具有的基础性、先导性、全局性的无比重要的战略地位。

中华民族要实现伟大复兴的中国梦必须走中国道路，必须形成中国理论，必须是中国制度，必须弘扬中华文化、中国精神。这四条途径都仰赖教育。习近平总书记要求中国梦的实现必须和弘扬中国精神结合起来，实现中国梦需要从社会主义核心价值观里吸取坚定的精神动力。习近平总书记多次强调，中国梦的实现与教育的本质，以及教育培养什么人、怎样培养人这两个根本问题密不可分。教育是强国富民之本，是中华民族伟大复兴之本。一个国家的繁荣，不取决于国库之殷实、城堡之坚固、公共设施之华丽，而取决于公民所受教育如何。归根结底，教育是一项具有决定性意义的事业。

（三）教育是功在当代、利在千秋的德政工程，关系党长期执政兴国的大局

古人说："敬教劝学，建国之大本；兴贤育才，为政之先务。"

[①②] 习近平在全国高校思想政治工作会议上强调 把思想政治工作贯穿教育教学全过程 开创我国高等教育事业发展新局面. 人民日报，2016-12-09.

[③] 习近平. 在同各界优秀青年代表座谈时的讲话. 人民日报，2013-05-05.

2019年3月18日，习近平总书记在学校思想政治理论课教师座谈会上指出："教育是民族振兴、社会进步的重要基石，是功在当代、利在千秋的德政工程，对提高人民综合素质、促进人的全面发展、增强中华民族创新创造活力、实现中华民族伟大复兴具有决定性意义。"[①]

"德政工程"深刻揭示了党和国家办教育与人民群众教育获得感之间的关系，是对"两个大计"的最佳注脚。民心是最大的政治。习近平总书记将"德政"与"教育"联系在一起，强调党和国家要通过大力发展教育事业来凝聚人心、造福人民。党和国家办教育就是在施"德政"，就是要把教育办成有益于人民的事业，让广大人民群众都能共享教育改革发展成果，不断增强人民群众的教育获得感。"德政工程"的提法，集中体现了中国共产党全心全意为人民服务的价值追求，充分彰显了社会主义条件下国家需要与人民需要在根本上的一致性。

党和国家历来高度重视教育，特别是改革开放以来，强调教育在经济社会发展中的基础性、先导性、全局性作用，对教育功能的认识和定位历经经济、文化、科技和社会视野的全面提升，党的十二大报告提出把教育作为"经济发展的战略重点"，党的十五大报告提出把教育作为"文化建设的基础工程"，党的十六大报告指出"教育是发展科学技术和培养人才的基础"，党的十七大报告指出"办好人民满意的教育"，党的十八大报告指出"努力办好人民满意的教育"，党的十九大报告指出"办好人民满意的教育"。习近平总书记在全国教育大会上的讲话强调，教育是功在当代、利在千秋的德政工程，明确了教育以凝聚人心、完善人格、开发人力、培育人

[①] 习近平主持召开学校思想政治理论课教师座谈会强调　用新时代中国特色社会主义思想铸魂育人　贯彻党的教育方针落实立德树人根本任务. 人民日报，2018-03-19.

才、造福人民为工作目标，更加凸显了发展教育在党执政兴国大局中的重要性。

全心全意为人民服务是中国共产党的最高宗旨，为人民谋幸福是中国共产党人的初心。习近平总书记多次强调，我们要时刻不忘初心，永远把人民对美好生活的向往作为奋斗目标。人民对美好生活的需要非常广泛，教育是其中的重要方面。并且，教育是促进人的全面发展的主要途径，是创造美好生活的根本途径。以习近平同志为核心的党中央，坚持以人民为中心发展教育，把优先发展教育事业摆在民生保障和社会建设的首位，在幼有所育、学有所教方面不断取得新进展，办好人民满意的教育，使人民的获得感、幸福感、安全感更加充分、更有保障、更可持续。办好教育是最大的民生工程，民生连着民心，民心牵系国运。

治国者德政，必重器教育。传统的儒家文化强调，治理国家重要的是道德的引导，而不在于刑罚的严酷。而现代国家治理是法治与德治的有机统一，依法治国和以德治国相结合，才能实现国家的长治久安。正如习近平总书记2016年12月在中共中央政治局第三十七次集体学习时所指出的，国家治理需要法律和道德协同发力。教育引导作为基础性工作，在提高全体人民道德素质，提高全社会文明程度，培育人们的法律信仰、法治观念、规则意识，营造全社会讲法治、守法治的文化环境中发挥着重要作用。同时，我国是人民当家作主的社会主义国家，人民是国家的主人，是国家的管理者，提高公民更好地参与和管理国家的素质与能力，必须通过法治教育和德治教育来实现。发展教育是促进依法治国和以德治国相结合目标实现的必要途径，事关社会和谐稳定，事关党和国家长治久安。

发展是第一要务，人才是第一资源，创新是第一动力。习近平总书记在党的十九大报告中指出:"实现'两个一百年'奋斗目标、实现中华民族伟大复兴的中国梦,不断提高人民生活水平,必须坚定不移把发展作为党执政兴国的第一要务。"① 发展是解决我国一切问题的基础和关键。当前,中国特色社会主义进入新时代,经济发展处在转变发展方式、优化经济结构、转换增长动力的攻关期,而实现高质量发展已经不可能像以往那样主要依靠要素投入的增加,必须转到更多依靠科技进步、劳动者素质提高和管理创新上来。作为一个大国,自主创新才能撑起民族的脊梁,才能真正掌握竞争和发展的主动权。创新驱动实质上是人才驱动,而人才的培养,根本靠教育。深化教育改革创新,加快形成一支规模宏大、富有创新精神、敢于承担风险的创新型人才队伍,将在承担和实现中华民族伟大复兴的历史使命中发挥决定性作用。

(四)教育是民族振兴、社会进步的重要基石,是对中华民族伟大复兴具有决定性意义的事业

"教育兴则国家兴,教育强则国家强。"② 2020 年 1 月 19 日至 21 日,习近平总书记在云南考察调研时指出:"教育同国家前途命运紧密相连。我们教育的目的就是培养社会主义建设者和接班人。要坚持正确办学方向,落实党的教育方针,加强高素质教师队伍建设,培养有历史感责任感、志存高远的时代新人,为实现中华民族伟大复兴提供有力人才保障。"③

---

① 习近平. 决胜全面建成小康社会 夺取新时代中国特色社会主义伟大胜利:在中国共产党第十九次全国代表大会上的报告. 人民日报,2017-10-28.
② 习近平在全国高校思想政治工作会议上强调 把思想政治工作贯穿教育教学全过程 开创我国高等教育事业发展新局面. 人民日报,2016-12-09.
③ 习近平向全国各族人民致以美好的新春祝福 祝各族人民生活越来越好 祝祖国欣欣向荣. 人民日报,2020-01-22.

坚持优先发展教育事业

教育是一个民族最根本的事业。教育作为一种培养人的社会活动，传承文明和知识，以文化人，延续民族命脉。党的十七大报告提出："教育是民族振兴的基石。"[①] 党的十八大报告提出："教育是民族振兴和社会进步的基石。"[②] 2014年9月，习近平总书记在同北京师范大学师生代表座谈时指出，教育"是民族振兴、社会进步的重要基石，是对中华民族伟大复兴具有决定性意义的事业"[③]，强调教育是"重要基石"及其"对中华民族伟大复兴的决定性意义"。在全国教育大会上，习近平总书记更是具体强调了教育对"增强中华民族创新创造活力"的重要意义，凸显了教育在民族振兴、社会进步中的基础性、动力性和决定性作用，明确提出"坚持把服务中华民族伟大复兴作为教育的重要使命"，将教育地位和作用提到一个前所未有的新高度。

中华民族伟大复兴首先是文化复兴，以中华文化发展繁荣为条件。习近平总书记在党的十九大报告中强调："没有高度的文化自信，没有文化的繁荣兴盛，就没有中华民族伟大复兴。"[④] 唯有经济崛起与文化复兴双轮驱动，物质文明和精神文明比翼双飞，建设中国特色社会主义文化强国，推动中华优秀传统文化创造性转化、创新性发展，铸就中华文化新辉煌，为人类文明进步做出独特的贡献，中华民族以更加昂扬的姿态屹立于世界民族之林，才是实现中华民族伟大复兴的重要标志。

---

① 胡锦涛. 高举中国特色社会主义伟大旗帜　为夺取全面建设小康社会新胜利而奋斗：在中国共产党第十七次全国代表大会上的报告. 北京：人民出版社，2007：37.
② 胡锦涛. 坚定不移沿着中国特色社会主义道路前进　为全面建成小康社会而奋斗：在中国共产党第十八次全国代表大会上的报告. 北京：人民出版社，2012：35.
③ 习近平. 做党和人民满意的好老师：同北京师范大学师生代表座谈时的讲话. 人民日报，2014-09-10.
④ 习近平. 决胜全面建成小康社会　夺取新时代中国特色社会主义伟大胜利：在中国共产党第十九次全国代表大会上的报告. 人民日报，2017-10-28.

培育中华民族共同的精神家园，汇聚起民族团结奋进的磅礴力量，点亮人类命运共同体的思想火炬，教育重任在肩。正如习近平总书记2014年3月在联合国教科文组织总部的演讲中所指出的："让教育为文明传承和创造服务。"[①] 中国特色社会主义进入新时代，持续接力实现民族复兴的中国梦，对教育的期待比以往任何时候都更加迫切，对科学知识和卓越人才的渴求也比以往任何时候都更加强烈。人才兴则民族兴，教育强则国家强，建设教育强国是中华民族伟大复兴的基础工程，服务中华民族伟大复兴是教育的重要使命。

坚持优先发展教育事业，深化教育改革，加快教育现代化，办好人民满意的教育，这不仅是中国特色社会主义新时代赋予的新的历史使命，更是关乎国家富强、民族振兴、社会发展的关键一步。

（五）教育肩负着培养社会主义建设者和接班人的根本任务，关系党和国家事业薪火相传、后继有人

办好中国的事情，关键在党，关键在人，关键在人才。我们党历来重视培养人的问题，教育不仅关系中华民族和国家的未来，也关系党的事业发展后继有人。

习近平总书记在讲话中把"培养什么人"作为教育的首要问题，指出："我国是中国共产党领导的社会主义国家，这就决定了我们的教育必须把培养社会主义建设者和接班人作为根本任务，培养一代又一代拥护中国共产党领导和我国社会主义制度、立志为中国特色社会主义奋斗终身的有用人才。这是教育工作的根本

---

① 习近平在联合国教科文组织总部发表演讲 强调让中华文明同世界丰富多彩的文明一道为人类提供正确的精神指引和强大的精神动力. 人民日报，2014-03-28.

任务，也是教育现代化的方向目标。"① 立德树人，为党育人、为国育才，是中国特色社会主义教育的根本任务。

成就大业，首在育人。中国共产党能够不断从胜利走向胜利，关键在于能够适应时代发展和形势任务要求，与时俱进地教育人、培养人、塑造人，形成了一代又一代契合时代、满足事业发展需要的人才队伍。我们党在改造旧社会、建设新社会的历史进程中，始终把培养一代新人作为重要任务。根据不同时代的历史背景和社会主要矛盾提出历史使命，根据不同性质和特点的历史使命提出培养什么人的总目标总要求。

一个时代有一个时代的主题，一代人有一代人的使命。要实现"两个一百年"奋斗目标、实现中华民族伟大复兴的中国梦，人是决定性因素，这一生命主体只有在思想觉悟、道德水准、文明素养等方面符合新时代要求，才能肩负起民族复兴的大任。2018年8月，习近平总书记在全国宣传思想工作会议上强调，要把培养担当民族复兴大任的时代新人作为重要职责。在全国教育大会上，习近平总书记进一步明确了"培养德智体美劳全面发展的社会主义建设者和接班人"的时代内涵和具体措施，就是要在坚定理想信念上下功夫，在厚植爱国主义情怀上下功夫，在加强品德修养上下功夫，在增长知识见识上下功夫，在培养奋斗精神上下功夫，在增强综合素质上下功夫②。

教育决定着人类的今天，也决定着人类的未来，重视教育就是重视未来，重视教育才能赢得未来。今天的学生是"未来实现中华民族伟大复兴中国梦的主力军"。只有培养出一代又一代拥护中国共产党领导和我国社会主义制度、立志为中国特色社会主义

---

①② 习近平在全国教育大会上强调 坚持中国特色社会主义教育发展道路 培养德智体美劳全面发展的社会主义建设者和接班人．人民日报，2018-09-11.

奋斗终身的有用人才，才能不断增强党的执政能力、巩固党的执政地位，让党的事业后继有人、兴旺发达，顺利进行伟大斗争、建设伟大工程、推进伟大事业、实现伟大梦想。

坚持优先发展教育事业是党和国家的坚定意志，重视教育、发展教育不仅是我们党的一贯传统，更是中国共产党对人民和社会的郑重承诺，是党和国家提出并长期坚持的一项重大方针，是推动党和国家各项事业发展的重要先手棋，为加快推进教育现代化、建设教育强国、办好人民满意的教育提供了根本遵循和基本路径，更体现了新时代党对中国特色社会主义教育的新定位，体现了党对共产党执政规律、社会主义建设规律、人类社会发展规律的深刻认识，是党的理论和党的教育思想的新发展。

四、明确新时代优先发展教育事业的战略任务

2017年10月，习近平总书记在党的十九大报告中指出："建设教育强国是中华民族伟大复兴的基础工程，必须把教育事业放在优先位置，深化教育改革，加快教育现代化，办好人民满意的教育。要全面贯彻党的教育方针，落实立德树人根本任务，发展素质教育，推进教育公平，培养德智体美全面发展的社会主义建设者和接班人。"[①] 在2018年9月召开的全国教育大会上，习近平总书记再一次从党和国家事业发展全局的战略高度，系统总结了我国教育事业发展的成就与经验，深刻分析了教育工作面临的新形势新任务，对加快推进教育现代化、建设教育强国、办好人民

---

① 习近平．决胜全面建成小康社会 夺取新时代中国特色社会主义伟大胜利：在中国共产党第十九次全国代表大会上的报告．人民日报，2017-10-28.

满意的教育做出全面部署。这一重要论断把教育摆在了前所未有的战略地位，把教育与国家的前途命运、党的前途命运紧紧联系在一起，丰富和发展了中国特色社会主义教育理论，是做好新时代教育工作的行动指南。

（一）强国之思：加快教育现代化和建设教育强国的重大战略部署

第一，优先发展教育事业是建设创新型国家和人才强国的重要前提。社会主义现代化强国需要数以亿计的人才来建设，需要强大的人才队伍来支撑。因此，强国必须先强教育，社会主义现代化强国必须有现代化的教育为支撑；要实现国家现代化，必须率先实现教育现代化。优先发展教育事业是建设现代化经济体系的基础。习近平总书记指出："创新是引领发展的第一动力，是建设现代化经济体系的战略支撑。"[①] 建设教育强国、培养创新人才，是实现中国"强起来"的重要力量。奋力实现中华民族伟大复兴中国梦的新时代，是中华民族从"富起来"迈向"强起来"的时代，这种历史性变革首先体现在经济方面。实施创新驱动发展战略根本要靠人才。培养创新人才，归根结底还是要靠教育，教育质量决定了人才培养质量的高低。为经济转型升级培育新动能，离不开教育；为建立现代化经济体系提供人才和智力支撑，更离不开教育。坚持优先发展教育事业，推动我国从教育大国向教育强国迈进，是夯实中华民族伟大复兴经济根基的基础工程。

党的十八大以来，我们坚持把促进人的全面发展、适应社会需要作为衡量教育质量的根本标准，切实把教育资源配置和学校

---

① 习近平. 决胜全面建成小康社会　夺取新时代中国特色社会主义伟大胜利：在中国共产党第十九次全国代表大会上的报告. 人民日报，2017-10-28.

工作重点集中到强化教学环节、提高教育质量上来。深化基础教育人才培养模式改革，努力培养学生的创新精神和实践能力。大力发展现代职业教育，支撑"中国制造"走向"中国智造"。深化高校创新创业教育改革，培养了一大批创新能力和实践能力强、适应经济社会发展需要的高质量各类型人才。

第二，优先发展教育事业是提升国民素质的必然选择。一个国家的政治文明、物质文明、精神文明、社会文明、生态文明，归根结底都是建立在国民素质基础上的，国民素质是一个国家的核心竞争力。教育是提高国民素质、增强国家竞争力的有效途径。劳动者素质对一个国家、一个民族的发展至关重要。习近平总书记指出："我们要始终高度重视提高劳动者素质，培养宏大的高素质劳动者大军。提高包括广大劳动者在内的全民族文明素质，培养宏大的高素质劳动者大军。"[1]

近年来，全国各级各类教育事业发展取得巨大成就、稳步提升，2019年又取得了新进展。比如，2019年全国各级各类学校53.01万所，在校生2.82亿，各级教育普及程度达到或超过中高收入国家平均水平。学前教育毛入园率达83.4%，九年义务教育巩固率达94.8%，高中阶段教育毛入学率达89.5%。完成高职扩招任务，高等教育毛入学率达51.6%，进入普及化阶段。全民终身学习的现代教育体系初步建成，学习型社会建设取得重要进展。2016—2019年，高校毕业生累计达3 200多万，中高职毕业生累计达3 400多万。2019年劳动年龄人口平均受教育年限达10.7年，新增劳动力中有50.9%接受过高等教育，平均受教育年限达

---

[1] 习近平. 在庆祝"五一"国际劳动节暨表彰全国劳动模范和先进工作者大会上的讲话. 人民日报，2015-04-29.

坚持优先发展教育事业

13.7年①。中国是人口大国，要把我国从人力资源大国建设成为人力资源强国，关键在教育。习近平总书记指出："千秋基业，人才为先。实现中华民族伟大复兴，人才越多越好，本事越大越好。"②

第三，优先发展教育事业是提升我国综合国力和国际竞争力的重要战略举措。教育发展水平决定一个国家的核心竞争力。习近平总书记指出："当今世界，综合国力竞争日趋激烈……综合国力竞争说到底是人才竞争。人才资源作为经济社会发展第一资源的特征和作用更加明显，人才竞争已经成为综合国力竞争的核心。"③ 教育，特别是高等教育，直接关系着国家战略目标和综合国力的实现，打造具有中国特色、世界水平的现代教育体系，推动一批高水平大学和学科进入世界一流行列或前列，成为习近平总书记新时代教育战略思想的宏大目标。

在同北京师范大学师生代表座谈时，习近平总书记指出："当今世界的综合国力竞争，说到底是人才竞争，人才越来越成为推动经济社会发展的战略性资源，教育的基础性、先导性、全局性地位和作用更加突显。'两个一百年'奋斗目标的实现、中华民族伟大复兴中国梦的实现，归根到底靠人才、靠教育。"④ 习近平总书记将人才竞争视作综合国力竞争的根本，强调教育在综合国力竞争中的基础性、先导性、全局性地位，将优先发展教育放在整个治国理政的总体格局中去把握，放在我国综合国力与国际地位

---

① 陈宝生．开启建设教育强国历史新征程．人民日报，2020-09-10．
② 习近平．在中国科学院第十七次院士大会、中国工程院第十二次院士大会上的讲话．人民日报，2014-06-10．
③ 习近平．在欧美同学会成立100周年庆祝大会上的讲话．人民日报，2013-10-22．
④ 习近平．做党和人民满意的好老师：同北京师范大学师生代表座谈时的讲话．人民日报，2014-09-10．

坚持优先发展教育事业的战略要义

的高度去强调。

(二) 教育之思:坚定实施科教兴国战略的重大战略部署

在教育与国家未来发展的关系上,习近平总书记始终强调科教强国。习近平总书记铿锵有力地指出:"教育兴则家国兴,教育强则国家强。"① 习近平总书记进一步强调:"高等教育发展水平是一个国家发展水平和发展潜力的重要标志。"② 办好高等教育,事关国家发展、事关民族未来。

优先发展教育是党坚定实施科教兴国战略、关乎国家发展和民族未来的重大战略部署。教育,特别是高等教育,是科技这个"第一生产力"和人才这个"第一资源"的重要结合点。习近平总书记对高等教育对于国家未来发展的重要作用给予了前所未有的强调,并对战略目标、办学方向做出了重要指示。"实现中华民族伟大复兴,教育的地位和作用不可忽视。我们对高等教育的需要比以往任何时候都更加迫切,对科学知识和卓越人才的渴求比以往任何时候都更加强烈。"③ 党中央做出加快"建设世界一流大学和一流学科"的战略决策,就是要提高我国高等教育发展水平,增强国家核心竞争力。习近平总书记强调:"我国有独特的历史、独特的文化、独特的国情,决定了我国必须走自己的高等教育发展道路,扎实办好中国特色社会主义高校。"④

教育与科技密不可分。科技创新的基础在于教育。习近平总书记指出,中国的科技发展要迎头赶上世界科技创新大潮,科技

---

① 习近平. 在北京大学师生座谈会上的讲话. 人民日报,2018-05-03.
② 习近平. 习近平谈治国理政:第2卷. 北京:外文出版社,2017:376.
③ 习近平在全国高校思想政治工作会议上强调 把思想政治工作贯穿教育教学全过程 开创我国高等教育事业发展新局面. 人民日报,2016-12-09.
④ 同②.

创新已成为中国经济发展的根本动力。2016年，党中央颁布了《国家创新驱动发展战略纲要》，明确了到新中国成立100年时要使我国成为世界科技强国的发展目标。2016年5月，习近平总书记在"科技三会"的讲话中指出："科技是国之利器，国家赖之以强，企业赖之以赢，人民生活赖之以好。中国要强，中国人民生活要好，必须有强大科技。新时期、新形势、新任务，要求我们在科技创新方面有新理念、新设计、新战略。"[1] 要"成为世界科技强国，成为世界主要科学中心和创新高地，必须拥有一批世界一流科研机构、研究型大学、创新型企业，能够持续涌现一批重大原创性科学成果"[2]。实现中国梦，必须坚持走中国特色自主创新道路，面向世界科技前沿、面向经济主战场、面向国家重大需求，加快各领域科技创新，把握全球科技竞争先机。这是我们提出建设世界科技强国的出发点。归根结底，教育强才能国家强，科技兴才能民族兴。

优先发展教育事业是党应对百年未有之大变局、扩大教育对外开放的重大战略部署。面对百年未有之大变局，面向各国组成的人类命运共同体，教育应该顺此大势，站在更加宏大的战略背景下，坚决扩大教育对外开放，坚决推动人类命运共同体构建。习近平总书记在致清华大学苏世民学者项目启动的贺信中指出："今天的世界是各国共同组成的命运共同体。战胜人类发展面临的各种挑战，需要各国人民同舟共济、携手努力。教育应该顺此大势，通过更加紧密的互动交流，促进对人类各种知识和文化的认知，对各民族现实奋斗和未来愿景的体认，以促进各国学生增进相互了解、树立世界眼光、激发创新灵感，确立为人类和平与发

---

[1] 习近平. 习近平谈治国理政：第2卷. 北京：外文出版社，2017：267.
[2] 同[1]270.

展贡献智慧和力量的远大志向。"① 经过长期奋斗，我们迎来了从站起来、富起来到强起来的伟大飞跃，我们的国家正大步走近世界舞台的中央。新时代的到来意味着对我国教育与世界关系的认知和实践也应当因时而新、因势而进。

新时代教育对外开放肩负着更加重大的使命。国之交在于民相亲，民相亲在于心相通。心相通的深层基础是文化，关键在优先发展教育，将教育作为国家的重大战略部署。习近平总书记在国际国内反复阐明要以文明交流超越文明隔阂、以文明互鉴超越文明冲突、以文明共存超越文明优越，推动各国相互理解、相互尊重、相互信任。在新时代，国际教育交流合作肩负着更加重大的使命。优先发展教育事业，统筹国内国外两个大局，在教育对外开放中取得先机，是构建人类命运共同体视野下树立新时代教育对外开放观的战略部署。

（三）人才之思：坚定实施人才强国战略的重大战略部署

2016年12月，习近平总书记在全国高校思想政治工作会议上指出："高等教育发展水平是一个国家发展水平和发展潜力的重要标志。世界各国都把办好大学、培养人才作为实现国家发展、增强综合国力的战略举措。我国是人口大国，要从人口大国迈向人才强国，实现中华民族伟大复兴，教育的地位和作用不可忽视。"② 在2016年考察中国科学技术大学时以及致清华大学建校105周年贺信中，习近平总书记都反复强调了高等教育在培育创

---

① 清华大学苏世民学者项目启动仪式在京举行　习近平奥巴马致贺信．人民日报，2013-04-22.
② 习近平在全国高校思想政治工作会议上强调　把思想政治工作贯穿教育教学全过程　开创我国高等教育事业发展新局面．人民日报，2016-12-09.

新人才、深度参与创新驱动发展战略实施中的重要作用："高校作为科技创新的生力军，要创新人才培养机制和教育方法，为国家现代化建设培养造就更多的合格人才、创新人才。"[1]

优先发展教育事业推动我国成为学习大国、人力资源强国和人才强国。习近平总书记深刻指出："教育兴则国家兴，教育强则国家强。"[2] 教育是一个民族最根本的事业，建设教育强国是中华民族伟大复兴的基础工程，教育现代化必将先于国家现代化而实现。教育与社会相互促进、相得益彰、协同发展，共同服务于人民日益增长的美好生活需要。中国是个发展中的人口大国，要把我国从人力资源大国建设成为人力资源强国，关键在教育。习近平总书记高屋建瓴地指出："千秋基业，人才为先。实现中华民族伟大复兴，人才越多越好，本事越大越好。我国是一个人力资源大国，也是一个智力资源大国，我国13亿多人大脑中蕴藏的智慧资源是最可宝贵的。知识就是力量，人才就是未来。"[3]

优先发展教育事业为科教兴国、人才强国、创新驱动发展等国家重大战略服务。改革开放以来，特别是党的十八大以来，我国提出了人才强国、科技兴国、文化强国等一系列强国建设的战略目标和任务。而无论什么强国，都需要强大的人力资本、强有力的人才队伍来支撑，都需要教育强国来支撑。习近平总书记指出："我们对高等教育的需要比以往任何时候都更加迫切，对科学知识和卓越人才的渴求比以往任何时候都更加强烈。"[4]

---

[1] 习近平春节前夕赴江西看望慰问广大干部群众 祝全国各族人民健康快乐吉祥 祝改革发展人民生活蒸蒸日上. 人民日报，2016-02-04.

[2] 习近平. 在北京大学师生座谈会上的讲话. 人民日报，2018-05-03.

[3] 习近平. 在中国科学院第十七次院士大会、中国工程院第十二次院士大会上的讲话. 人民日报，2014-06-10.

[4] 习近平在全国高校思想政治工作会议上强调 把思想政治工作贯穿教育教学全过程 开创我国高等教育事业发展新局面. 人民日报，2016-12-09.

坚持优先发展教育事业的时代意蕴

时代，是一个历史概念，是指历史上以经济、政治、文化等状况为依据而划分的时期。不同时代所面临的社会发展状况不尽相同，坚持优先发展教育事业的时代意蕴也必显现鲜明的时代特征。坚持优先发展教育事业是国家战略，是一个不断发展的历史过程，在新时代有其特定的时代意蕴和时代解读。党的十八大以来，以习近平同志为核心的党中央高度重视教育工作，围绕培养什么人、怎样培养人、为谁培养人这一根本问题提出一系列富有创见的新理念新思想新观点，系统回答了一系列方向性、全局性、战略性重大问题，为新时代教育事业发展指明了发展方向、提供了根本遵循。

把握坚持优先发展教育事业的时代意蕴，是立足新时代历史方位的"教育之思"，是立足新思想的"教育之问"，是奋进新征程的"教育之责"。中国特色社会主义进入新时代，必须深入认识坚持优先发展教育事业在新时代"围绕什么、为了什么、坚持什么、依靠什么、指向什么"的问题，是新时代坚持优先发展教育事业的核心问题。

一、明确导向：新时代优先发展教育事业要围绕立德树人根本任务

习近平总书记视察北京大学时强调："人无德不立，育人的根本在于立德。这是人才培养的辩证法。办学就要尊重这个规律，否则就办不好学。"[①] 党的十九大报告强调："要全面贯彻党的教

[①] 习近平. 在北京大学师生座谈会上的讲话. 人民日报，2018-05-03.

育方针，落实立德树人根本任务，发展素质教育，推进教育公平，培养德智体美全面发展的社会主义建设者和接班人。"[①] 在新时代，坚持优先发展教育事业的根本任务是立德树人，即教育要深刻回答培养什么人、怎样培养人、为谁培养人这一根本问题。

（一）立德树人是新时代优先发展教育事业的坐标指向

习近平总书记指出，"古今中外，每个国家都是按照自己的政治要求来培养人的，世界一流大学都是在服务自己国家发展中成长起来的。我国社会主义教育就是要培养社会主义建设者和接班人"[②]，"而不是旁观者和反对派"[③]。习近平总书记的这一重要论述明确阐明了在新时代我们的教育要培养什么人、不培养什么人，立场坚定、观点鲜明，毫不含糊地指出了教育承担的职责任务。

坚持立德树人，是新时代优先发展具有鲜明时代特征的教育的根本任务。培养符合自身社会发展所需要的人才，是古今中外不同社会中教育对于人才培养目标的共识，也是不同思想教育流派对于教育的根本任务的共识。我国是中国共产党领导的社会主义国家，我们的教育是社会主义教育，国家和社会对人才培养的基本要求，就是要培养出符合社会主义建设和发展需要的人才，培养中国特色社会主义事业的建设者和接班人，这既体现了一切教育培养人的共性和普遍性，也体现出每个国家教育培养符合自己需要人才的特殊性。

中国近代以来的历史已经证明，只有中国共产党才能救中国，

[①] 习近平. 决胜全面建成小康社会 夺取新时代中国特色社会主义伟大胜利：在中国共产党第十九次全国代表大会上的报告. 北京：人民出版社，2017：45.
[②] 习近平. 在北京大学师生座谈会上的讲话. 人民日报，2018－05－03.
[③] 习近平会见清华大学经济管理学院顾问委员会海外委员和中方企业家委员. 人民日报，2017－10－31.

坚持优先发展教育事业

只有中国特色社会主义才能发展中国。中国特色社会主义发展道路是实现社会主义现代化、满足人民对美好生活向往的必由之路，中国特色社会主义理论是指导党和人民改革和发展、实现中华民族伟大复兴的正确理论，中国特色社会主义制度是符合我国国情、确保实现人的自由而全面发展的根本制度，中国特色社会主义文化是凝聚全党全国各族人民的智慧、激励广大人民团结奋进的精神力量，推进中国特色社会主义道路自信、理论自信、制度自信和文化自信的伟大事业需要一代又一代人的接续奋斗。教育作为培养人的事业，对提高人民综合素质、促进人的全面发展具有决定性意义。当今世界正经历百年未有之大变局，作为中国特色社会主义事业有机构成的新时代中国教育，必须承担起自己的历史使命，把培养一代又一代拥护中国共产党领导和我国社会主义制度、立志为中国特色社会主义事业奋斗终身的建设者和接班人作为根本目标。

坚持立德树人，是培养担当民族复兴大任的时代新人的必然要求。在新时代，围绕立德树人根本任务，就是要培养担当民族复兴大任的德智体美劳全面发展的中国特色社会主义时代新人，这是立德树人的内核所在，是整个教育事业的目标所向，也是中国特色社会主义事业的发展所向。

立德树人的根本任务就是完成培养时代新人这一目标指向。时代新人的内涵包含马克思主义对"时代新人"思考的丰富历史逻辑。

在马克思和恩格斯那里，共产主义"新人"是自由发展的人。马克思和恩格斯认为在共产主义社会，人可以不受特殊活动范围的限制，可以自由从事自己所喜欢的事业。马克思和恩格斯在《德意志意识形态》中就直接形象地指出："在共产主义社会里，任何人都没有特殊的活动范围，而是都可以在任何部门内发展，社会调节着整个生产，因而使我有可能随自己的兴趣今天干这事，明天干那事，上午打猎，下午捕鱼……"① 马克思在《1844年经济学哲学手稿》中也指出："人都懂得按照任何一个种的尺度来进行生产，并且懂得处处都把固有的尺度运用于对象；因此，人也按照美的规律来构造。"② 共产主义"新人"是全面发展的人。马克思和恩格斯通过与资本主义社会制度下人的"异化"进行对比分析，认为资本主义社会下私有制和社会分工是人的异化的根源，共产主义社会的人则复归人性、全面占有人的本质。

毛泽东强调，社会主义接班人要"又红又专"。毛泽东立足于新中国所面临的主要矛盾，提出了个性鲜明的"又红又专"的思想。他指出："政治和经济的统一，政治和技术的统一，这是毫无疑义的，年年如此，永远如此，这就是又红又专。"③ "红"是在政治上的要求，特别要求拥护社会主义制度，拥护中国共产党的领导，这是防止迷失方向的根本前提。"专"是指知识和技能的要求，就是要求能为社会主义建设贡献自己力量的能力。二者之间是辩证统一的关系。

邓小平强调："我们在建设具有中国特色的社会主义社会时，一定要坚持发展物质文明和精神文明，坚持五讲四美三热爱，教育全国人民做到有理想、有道德、有文化、有纪律。"④ 江泽民提出，青年一代要"坚持学习科学文化与加强思想修养的统一，坚持学习书本知识与投身社会实践的统一，坚持实现自身价值与服

---

① 马克思，恩格斯. 马克思恩格斯选集：第1卷. 3版. 北京：人民出版社，2012：165.
② 同①57.
③ 毛泽东. 毛泽东文集：第7卷. 北京：人民出版社，1999：351.
④ 邓小平. 邓小平文选：第3卷. 人民出版社，1993：110.

务祖国人民的统一,坚持树立远大理想与进行艰苦奋斗的统一"①。"四个统一"新人标准进一步回答了社会主义青年价值观培养和价值实现途径等一系列根本问题。胡锦涛提出"四个一代"的社会主义人生观,指出青年要"努力成为有远大理想的一代、勤奋学习的一代、艰苦创业的一代和道德高尚的一代"。

青年是祖国的未来、民族的希望。习近平总书记十分重视青年工作、关心青年成长,特别是大学生群体。2013年5月2日,习近平总书记在给北京大学考古文博学院2009级本科团支部全体同学的回信中写道:"希望你们珍惜韶华、奋发有为,勇做走在时代前面的奋进者、开拓者、奉献者,努力使自己成为祖国建设的有用之才、栋梁之材,为实现中国梦奉献智慧和力量。"② 2013年5月4日,习近平总书记在同各届优秀青年代表座谈时就讲过:"青年一代有理想、有担当,国家就有前途,民族就有希望,实现我们的发展目标就有源源不断的强大力量。"③ 2016年7月1日,习近平总书记在庆祝中国共产党成立95周年大会上再次强调:"勇做走在时代前列的奋进者、开拓者、奉献者,让青春在为祖国、为人民、为民族的奉献中焕发出绚丽光彩!"④ 2017年8月15日,习近平总书记提出:"祖国的青年一代有理想、有追求、有担当,实现中华民族伟大复兴就有源源不断的青春力量。"⑤ 2020年2月21日,习近平总书记给在首钢医院实习的西藏大学医学院学

---

① 江泽民. 江泽民文选: 第3卷. 北京: 人民出版社, 2006: 483.
② 中共中央文献研究室. 习近平关于青少年和共青团工作论述摘编. 北京: 中央文献出版社, 2017: 45.
③ 习近平. 在同各界优秀青年代表座谈时的讲话. 人民日报, 2013-05-05.
④ 同①54.
⑤ 习近平回信勉励第三届中国"互联网+"大学生创新创业大赛"青年红色筑梦之旅"的大学生: 扎根中国大地了解国情民情 用青春书写无愧于时代无愧于历史的华彩篇章. 人民日报, 2017-08-16.

生回信，肯定青年学生献身西藏医疗卫生事业的志向，勉励他们练就过硬本领、服务基层人民。2020年3月15日，习近平总书记回信勉励北京大学援鄂医疗队全体"90后"党员"在为人民服务中茁壮成长、在艰苦奋斗中砥砺意志品质、在实践中增长工作本领"。2020年5月17日，习近平总书记给北京科技大学全体巴基斯坦留学生回信，鼓励留学生"多同中国青年交流，同世界各国青年一道，携手为促进民心相通、推动构建人类命运共同体贡献力量"。2020年6月27日，习近平总书记在给复旦大学《共产党宣言》展示馆党员志愿服务队全体队员回信中，勉励全体队员"传播马克思主义理论"，"面向未来，走好新时代的长征路"，"坚定理想信念、矢志拼搏奋斗"。2020年7月7日，习近平总书记给中国石油大学（北京）克拉玛依校区毕业生的回信，肯定毕业生到基层工作的选择"志存高远、脚踏实地，不畏艰难险阻，勇担时代使命，把个人的理想追求融入党和国家事业之中，为党、为祖国、为人民多作贡献"。

时代新人是德智体美劳全面发展的社会主义建设者和接班人。习近平总书记指出："培养什么人，是教育的首要问题。我国是中国共产党领导的社会主义国家，这就决定了我们的教育必须把培养社会主义建设者和接班人作为根本任务，培养一代又一代拥护中国共产党领导和我国社会主义制度、立志为中国特色社会主义奋斗终身的有用人才。这是教育工作的根本任务，也是教育现代化的方向目标。"[①]"德智体美劳全面发展的社会主义建设者和接班人"的提出，深刻揭示了"时代新人"的政治内涵和政治要求，既体现了新时代育人目标与以往我们党和国家育人目标的一致性，

---

① 习近平在全国教育大会上强调 坚持中国特色社会主义教育发展道路 培养德智体美劳全面发展的社会主义建设者和接班人．人民日报，2018-09-11．

又体现了新时代育人目标的新特点。

(二) 立德树人是新时代优先发展教育事业的中心环节

习近平总书记指出:"教育决定着人类的今天,也决定着人类的未来。人类社会需要通过教育不断培养社会需要的人才,需要通过教育来传授已知、更新旧知、开掘新知、探索未知,从而使人们能够更好认识世界和改造世界、更好创造人类的美好未来。"[①] 实现中华民族伟大复兴,需要一代又一代为之奋斗的社会主义人才。没有教育的先行一步,人的素质就不能得到代际之间的提高;没有人的素质代际之间的提高,也就无法实现生产力水平的提高、社会的发展和文明的进步。新时代的教育承载着传播知识、传播思想、传播真理,塑造灵魂、塑造生命、塑造新人的时代重任。

"立德",是新时代优先发展教育的工作前提。社会发展需要何种人才,与国家制度、社会运行机制密切相关。习近平总书记指出:"古今中外,关于教育和办学,思想流派繁多,理论观点各异,但在教育必须培养社会发展所需要的人这一点上是有共识的。培养社会发展所需要的人,说具体了,就是培养社会发展、知识积累、文化传承、国家存续、制度运行所要求的人。"[②] 教育是社会按照一定的需要培养合格的社会成员的社会活动。狭义的教育专指学校教育,即在学校内,按一定的社会要求,有目的、有计划、有组织地培养人们尤其是青少年的思想品德,传授知识与技能,发展智力和体力的社会实践活动。广义的教育是指社会上一切影响人们的思想品德、知识技能、智力体力的活动。从教育的

---

①② 习近平. 在北京大学师生座谈会上的讲话. 人民日报,2018-05-03.

综合概念中不难看出,作为一种社会实践活动,其内容受到社会环境的影响与制约。换言之,教育在一定程度上与一定的社会关系密切相关,为一定的社会阶级服务。在我国,教育最终要培养社会主义接班人和建设者,这"是我们党的教育方针,是我国各级各类学校的共同使命"[①]。只有在新时代教育工作中坚持立德为先,注重把个人的"德"、社会的"德"和国家的"德"的培育相统一,才能培养出服务于社会主义建设的人才。

"树人",是新时代优先发展教育的工作落脚点。习近平总书记在同北京师范大学师生代表座谈时就曾指出:"当今世界的综合国力竞争,说到底是人才竞争,人才越来越成为推动经济社会发展的战略性资源,教育的基础性、先导性、全局性地位和作用更加突显。"[②] 新时代优先发展教育事业的目的与落脚点就是要把我国充足的人力资源转化为人才资源。从宏观层面而言,高质量发展要求深化要素市场化配置改革,完善现代产权制度,创造鼓励创新的制度和环境,激发各类市场主体的创新活力。完善国企国资改革方案,推动国有企业完善现代企业制度,提升国有企业的创新动力,同时大力支持民营企业发展,落实保护产权政策,破除歧视性限制和各种隐性障碍,充分发挥民营企业的创新能力。从微观层面来讲,高质量发展要充分发挥企业的市场主体作用,激励企业家精神,同时企业在管理运营中应大力营造创新文化氛围,积极完善激励制度,不断激发员工的创新潜能。经济社会的高质量发展需要以充足的人才储备为支撑,产业结构的优化升级要求相应的高素质人力资本结构相匹配,这些充分反映出高素质

---

① 习近平. 在北京大学师生座谈会上的讲话. 人民日报,2018-05-03.
② 习近平. 做党和人民满意的好老师:同北京师范大学师生代表座谈时的讲话. 人民日报,2014-09-10.

人才在国家发展中起着愈来愈重要的作用。新时代优先发展教育事业的落脚点就在于"树人",塑造有理想、有道德、有能力、有担当的社会主义时代新人。

立德与树人辩证统一于新时代优先发展教育的工作中。只有坚持立德为先,才能确保新时代教育所培养的人才符合中国特色社会主义建设的需要;只有坚持树人为重,才能培养出担当民族复兴大任的时代新人。

(三) 立德树人是新时代优先发展教育事业的重中之重

习近平总书记指出:"道德之于个人、之于社会,都具有基础性意义,做人做事第一位的是崇德修身。"[1] 人无德不立,国无德不兴。实现中华民族伟大复兴的中国梦,需要不断培养符合社会要求的思想道德素质与科学文化素质的人才。立德树人,就是要突出思想道德在人才培养中的基础性作用,坚持社会主义核心价值观导向,深入开展理想信念教育、爱国主义教育、中华优秀传统文化教育和革命传统教育,加强法治教育、国防教育和可持续发展教育,促使学生将其内化为精神需求、外化为行动自觉,是新时代优先发展教育事业、培养合格社会主义人才的铸魂工程。

思想道德在人才培养中起着把关定向的基础性作用。为中国人民谋幸福,为中华民族谋复兴,是中国共产党人的初心和使命。中国近代以来的历史已经证明,只有坚持中国共产党人百年以来接力探索开创的集道路、理论、制度和文化于一体的中国特色社会主义,才能把我国建设成为社会主义现代化强国,实现中华民族伟大复兴。在党的领导下坚持和发展中国特色社会主义,是亿

---

[1] 中共中央文献研究室.十八大以来重要文献选编:中.北京:中央文献出版社,2016:7.

万人民为之共同奋斗的事业，也是当代中国社会生活的主题。坚持好、发展好中国特色社会主义，把我国建设成为社会主义现代化强国，是一项长期任务，在这一重要历史进程中需要一代又一代人接续奋斗。"我们的今天就是这样走过来的，我们的明天需要青年人接着奋斗下去，一代接着一代不断前进。"① 推动中国特色社会主义伟大事业持续发展壮大的主导力量，就是一代又一代的青年。

习近平总书记强调，必须用新时代中国特色社会主义思想铸魂育人，贯彻党的教育方针落实立德树人根本任务②。新时代优先发展教育，就是要把培养社会主义建设者和接班人作为根本任务和方向目标，以凝聚人心、完善人格、开发人力、培育人才、造福人民为工作目标，培养德智体美劳全面发展的社会主义建设者和接班人，为新时代坚持和发展中国特色社会主义提供可靠的人才保障。只有在教育事业中坚持立德树人、德育为先，用新时代中国特色社会主义思想教育青年、武装青年，才能培养出明大德、守公德、严私德的社会主义人才，使青年积极投身于实现中华民族伟大复兴的征程之中。

二、明确要求：新时代优先发展教育事业要立足"四个服务"导向

新时代优先发展教育事业方向指向哪里、目标指向何处？习近平总书记明确指出："新时代贯彻党的教育方针，要坚持马克思

---

① 习近平. 在北京大学师生座谈会上的讲话. 人民日报，2018-05-03.
② 习近平主持召开学校思想政治理论课教师座谈会强调 用新时代中国特色社会主义思想铸魂育人 贯彻党的教育方针落实立德树人根本任务. 人民日报，2018-03-19.

主义指导地位，贯彻新时代中国特色社会主义思想，坚持社会主义办学方向，落实立德树人的根本任务，坚持教育为人民服务、为中国共产党治国理政服务、为巩固和发展中国特色社会主义制度服务、为改革开放和社会主义现代化建设服务，扎根中国大地办教育。"① 这为我们坚持优先发展教育事业指明了方向、明确了目标。教育事业是凝心聚力造福人民、促进社会公平正义、全面提升国民素质进而实现人民美好生活追求的民生工程和重要途径。中国共产党成立以来的长期奋斗实践，就是坚持以人民为中心，为人民谋福利、为民族谋复兴的过程。新时代优先发展教育事业，必须坚持"四个服务"的根本要求。

（一）为人民服务是新时代优先发展教育事业的宗旨所在

人民性是马克思主义最鲜明的品格。为中国人民谋幸福，为中华民族谋复兴，是中国共产党人的初心和使命。以人民为中心，更是新时代新发展理念的核心。党的十八大以后，习近平总书记明确提出："我们的人民热爱生活，期盼有更好的教育、更稳定的工作、更满意的收入、更可靠的社会保障、更高水平的医疗卫生服务、更舒适的居住条件、更优美的环境，期盼孩子们能成长得更好、工作得更好、生活得更好。人民对美好生活的向往，就是我们的奋斗目标。"② 习近平总书记始终秉持优先发展教育为人民服务的理念，把"教育"作为"人民群众最关心的"事情之首，强调"把为人民造福的事情真正办好办实"③，着力破解教育发展

---

① 习近平主持召开学校思想政治理论课教师座谈会强调 用新时代中国特色社会主义思想铸魂育人 贯彻党的教育方针落实立德树人根本任务. 人民日报，2019-03-19.
② 习近平在十八届中共中央政治局常委同中外记者见面时强调 人民对美好生活的向往就是我们的奋斗目标. 人民日报，2012-11-16.
③ 国家主席习近平发表二〇一八年新年贺词. 人民日报，2018-01-01.

面对的不平衡不充分问题，实现人民对美好生活的向往，办好人民满意的教育，不断开辟中国特色社会主义教育事业发展的新局面。

坚持优先发展教育，是解决教育发展不平衡不充分的矛盾，实现社会公平正义的工作抓手。从中国教育发展现状的整体来看，人民群众对高质量教育的迫切需求和教育发展不平衡不充分之间存在矛盾。一方面，区域教育发展、教育层次结构、不同学习教育群体和教育改革力度等不平衡，教育质量提升、新技术综合应用、学术成果转化等不充分，这些都是现实存在的。另一方面，人们从要求"有学上"到追求"上好学"的提升，社会从看重"有学历"到注重"有潜力"的转变，学生从被动"要我学"到主动"我要学"的迭代，对各级各类教育提出了不同以往的新需求。从矛盾的两个方面来看，都需要我们将优先发展教育事业作为指向现实的应对战略。实现社会公平既是为人民服务的深刻体现，也是中国共产党治国理政、发展中国特色社会主义制度、改革开放和社会主义现代化的成果体现。教育是奠定社会公平的基石之一，教育公平是人生公平的起点，是社会的基础性公平，也是有效缩小收入差距、帮扶处境不利群体阻断贫困代际传递的重要手段。接受公平而有质量的教育，能够显著地改善人的生存状态，是缩小、消除甚至超越每个人先天性差距的最有效手段，是实现社会公平的重要工具。党的十八大以来，习近平总书记高度重视革命老区、民族地区、边远地区、贫困地区的教育问题，持续深化教育体制改革，加快教育结构调整，促进教育资源的均衡分布，强调要加大落后地区的教育投入，保证办学经费，健全资助体系，让教育发展成果更多、更公平惠及全体人民。

坚持优先发展教育，是提高人民综合素质的根本途径。习近平总书记指出："面对日趋激烈的国际竞争，一个国家发展能否抢占先机、赢得主动，越来越取决于国民素质特别是广大劳动者素质。"①国民素质现代化是国家现代化的重要基石，没有人的现代化，就没有真正的现代化，也就没有中华民族的伟大复兴。提高国民素质，关键是教育，只有通过教育，国民素质才能进一步提高，国家才会有发展的动力。坚持优先发展教育事业，为提升广大群众的政治素养和道德修养，培养德才兼备、全面发展的社会主义现代化建设的合格人才，为让广大人民群众"筑牢信仰之基、补足精神之钙、把稳思想之舵"②，继续推进马克思主义中国化时代化大众化，为全面提高国民素质、建设人力资源强国目标奠定了坚实基础。

（二）为中国共产党治国理政服务是新时代优先发展教育事业的责任担当

教育作为一种社会存在，具有鲜明的阶级性。我国是中国共产党领导的社会主义国家，我国的国家性质决定了我们必须扎根中国大地办教育。中国近代以来的历史证明，只有坚持中国共产党百年来接力探索开创的集道路、理论、制度和文化于一体的中国特色社会主义，才能把我国建设成为社会主义现代化强国，实现中华民族伟大复兴。中国共产党是中国特色社会主义伟大事业的领导核心，中国共产党的性质和执政地位决定了新时代优先发展教育事业要坚持中国共产党的领导，积极为中国共产党治国理

---

① 习近平. 在庆祝"五一"国际劳动节暨表彰全国劳动模范和先进工作者大会上的讲话. 人民日报，2015－04－28.

② 习近平在"不忘初心、牢记使命"主题教育工作会议上强调 守初心担使命找差距抓落实 确保主题教育取得扎扎实实的成效. 人民日报，2019－06－01.

政服务，这是新时代优先发展教育事业义不容辞的责任担当。

习近平总书记站在党和国家事业发展全局的战略高度，立足于社会主义现代化强国建设的战略考量和培养担当实现民族复兴大任时代新人的现实考量，在全国教育大会上强调"优先发展教育事业"，"对加快推进教育现代化、建设教育强国作出总体部署和战略设计"，"坚持把优先发展教育事业作为推动党和国家各项事业发展的重要先手棋"[1]，体现了党和国家对教育事业的高度重视。从治国理政再到治学兴业，教育始终发挥着主导性作用，社会的各行各业都需要人才，而人才的培养有赖于教育。"教育通过知识和文化的传承创新，培养具备更高素养和能力的人才，从而达到塑造未来的历史性功能。社会发展的基础是生产力水平的提高，而生产力水平的提高最主要的是依靠掌握新知识和高技术的人才。"[2] 优先发展教育事业，也必将成为推动中华民族伟大复兴进程中的重要力量，立足新时代中国特色社会主义发展的现实需求，引领新时代教育文化发展潮流，培育新时代发展预备人才，推动经济社会长远发展。

（三）为巩固和发展中国特色社会主义制度服务是优先发展教育事业的价值取向

中国特色社会主义制度是符合我国国情、确保实现人的自由而全面发展的根本制度，巩固和发展中国特色社会主义制度需要一代又一代人的接续奋斗。作为中国特色社会主义事业有机组成部分的当代中国教育，必须承担起自己的历史使命，把培养一代

---

[1] 习近平在全国教育大会上强调 坚持中国特色社会主义教育发展道路 培养德智体美劳全面发展的社会主义建设者和接班人. 人民日报, 2018－09－11.

[2] 韩震. 坚持优先发展教育事业 奠定民族复兴坚固基石. 中国高等教育, 2018 (19).

又一代拥护中国共产党领导和我国社会主义制度、立志为中国特色社会主义奋斗终身的建设者和接班人作为价值取向。

当今世界正经历百年未有之大变局，随着世界多极化、经济全球化的深入发展，国际经济格局发生新变化，综合国力竞争和各种力量较量更趋激烈，知识越来越成为推动经济社会发展的战略性资源，人才培养与储备成为各国在竞争与合作中抢占有利位置乃至制高点的重要手段。中国的未来发展、中华民族的伟大复兴，归根到底靠人才，而人才培养的基础在教育。优先发展教育事业，建设教育强国，目的在于培养德智体美劳全面发展的社会主义建设者和接班人，关键在于培养为巩固和发展中国特色社会主义制度服务的人才。

发展我国教育事业，必须坚持"四个服务"，扎根中国大地办中国特色的现代教育。中国特色，"特"就特在党对教育事业的全面领导，"特"就特在社会主义办学方向，"特"就特在中华优秀传统文化和教育传统。扎根中国大地办教育，必须坚持社会主义办学方向，坚持教育的民族性与世界性、本土化与国际化的统一。在发展具有中国特色、世界水平的社会主义现代教育过程中要始终坚持中国特色，不断促进我国各级各类教育高质量发展，开创教育对外开放新格局，形成具有中国特色、世界水平的中国模式和中国方案，为世界教育发展贡献力量。办教育既要借鉴，又要弘扬。习近平总书记要求我们，"要认真吸收世界上先进的办学治学经验，更要遵循教育规律"[1]，"面向世界、勇于进取，树立自信、保持特色"[2]。我国有独特的历史、独特的文化、独特的国情，决定了我国必须走自己的教育发展道路。发展中国特色教育

---

[1] 习近平. 在北京大学师生座谈会上的讲话. 人民日报，2018-05-03.
[2] 习近平致信祝贺清华大学建校105周年. 人民日报，2016-04-23.

要深深扎根于我国独特的历史和文化，立足于我国的国情民情，致力于实现教育现代化、建设教育强国，服务于实现中华民族伟大复兴的中国梦。

（四）为改革开放和社会主义现代化建设服务是优先发展教育事业的现实要求

改革开放是强国之路。我国的教育事业在改革开放中发展壮大，在改革开放中走向世界。优先发展教育事业、建设现代化教育、建设教育强国是中华民族伟大复兴的基础工程。教育现代化与国家现代化同向而行、紧密相连。当今世界的竞争，关键在科技，基础在教育。教育是培养人才的根本途径，为党和国家事业发展提供强大的人力人才资源和知识技能支撑，是教育职责使命所在。新时代的历史背景对未来优秀人才提出了新的要求。具有国际视野的中国现代化人才，必须是德智体美劳全面发展的社会主义建设者和接班人，必须是参照世界水平培养的具有核心竞争力的国际化人才。中国特色的现代化教育，培养的是坚持终身学习、全面发展的人才，是有中国灵魂、世界眼光的现代人才。为此，教育不仅要培育和践行社会主义核心价值观，促进学生德智体美劳全面发展，也要集中力量培养学生的创新能力、拓宽学生的国际视野，培养能够为中国特色社会主义建设添砖加瓦的新时代人才。

坚持优先发展教育事业将有力推进教育现代化，逐步建成教育强国，为民族文化振兴和文化软实力的提升提供持久动力。优先发展教育事业必须坚持把服务民族复兴、培养担当民族复兴大任的时代新人作为重要使命，努力构建德智体美劳全面发展的教育体系，形成更高水平的人才培养体系。民族的振兴是文化和价值观的崛起，这是一个民族道德的升华和影响力的历史性迸发。优先发展教育事业将增强中华民族创新创造活力，加快实施科教兴国战略，为建成社会主义现代化强国提供可靠保障。

当前，以信息科学、信息技术、空间科学、人工智能、生命科学为主要标志的世界科技革命方兴未艾，知识经济已经大大改变了人类文明发展的历史进程，现代科学包括哲学社会科学给社会生产、社会交往和生活方式带来深刻变化。科学技术进步已经成为经济发展的决定性因素，国民思想文化素质和科学技术实力成为衡量一个国家综合国力强弱的重要标志，文化软实力已经成为国家影响力的重要组成部分。所有这些都需要教育事业的优先发展，都需要在教育领域下先手棋。通过优先发展教育，引导广大人民加强对国家、中华民族、中华文化和中国道路所持有的肯定性认知、态度、情感及信念，使大家自觉明确国家意识和身份意识、国家认同和身份认同，将这种认同意识内化为个人的思想素质，并使之不断固化和提升，进而上升为一种理性的价值追求、催人奋进的理想信念，进一步把实现中华民族伟大复兴作为自己的价值追求，成为个人事业奋斗的精神动力。

三、明确依靠：新时代优先发展教育事业要坚持和加强党的全面领导

教育对国家和民族来说是利在当代、关乎未来的事业，加强党的领导是发展教育事业的根本保证。实现中华民族伟大复兴，归根结底靠人才、靠教育；走好中国道路，办好中国教育，关键在党。习近平总书记从党和国家事业发展全局出发，突出强调了加强党的领导对于做好教育工作的极端重要性，对加强党对教育

工作的全面领导提出了明确要求，为加快推进教育现代化、建设教育强国、办好人民满意的教育指明了正确政治方向、提供了根本遵循。认真学习贯彻落实习近平总书记的重要讲话精神，坚持党对教育事业的全面领导，坚持立德树人，我们就一定能培养出德智体美劳全面发展的社会主义建设者和接班人，为实现中华民族伟大复兴提供坚强政治保障和有力人才支撑。

（一）强化党的政治领导，把牢新时代优先发展教育事业的正确前进方向

党的领导是引领新时代优先发展教育事业的最大政治优势，是办好具有中国特色、世界水平的现代教育的根本政治保证。习近平总书记在党的十九大报告中指出："党政军民学，东西南北中，党是领导一切的。"[①] 中国共产党是中国特色社会主义事业的领导核心，处在总揽全局、协调各方的地位，这从根本上决定了我们的教育事业是党领导下的教育事业，是中国特色社会主义教育事业；我们的学校是党领导下的学校，是中国特色社会主义学校。

我们党自诞生之日起，就把人民群众在政治经济以及文化教育上的彻底解放作为崇高的使命，始终把教育工作与党在各个时期的中心工作紧密联系在一起。百年来，在党的坚强领导下，我国教育事业走过了波澜壮阔、气势恢宏的光辉历程。回顾百年的光辉历程，我们党领导人民在创建和发展新民主主义教育、探索和实践社会主义教育的基础上，开辟了一条中国特色社会主义教育发展道路。这条道路，就是在中国共产党领导下，坚持以马克

---

① 习近平. 决胜全面建成小康社会 夺取新时代中国特色社会主义伟大胜利：在中国共产党第十九次全国代表大会上的报告. 人民日报，2017-10-28.

思列宁主义、毛泽东思想、邓小平理论、"三个代表"重要思想、科学发展观和习近平新时代中国特色社会主义思想为指导，深入贯彻优先发展教育战略，全面贯彻党的教育方针，立足基本国情，遵循教育规律，推进教育事业科学发展，培养德智体美劳全面发展的社会主义建设者和接班人，办好人民满意的教育，建设人力资源强国。这条道路，既坚持了马克思主义教育理论，又体现了中国国情；既坚持了社会主义教育基本原则，又借鉴了人类文明优秀成果；既继承了我国教育优良传统，又具有鲜明的时代特征，从根本上回答了"培养什么人、怎样培养人""办什么样的教育、怎样办教育"等重大问题，有力推动了中国特色社会主义教育事业的蓬勃发展。

我们党在开辟中国特色社会主义教育发展道路的过程中，带领人民建立了中国特色社会主义教育体系，形成了学历教育和非学历教育协调发展、职业教育和普通教育相互配合、职前教育和职后教育有效衔接、公办教育和民办教育共同发展的格局，切实保障了亿万人民群众受教育的权利，创造了人类教育史上的奇迹。在党的领导下，我国各级各类教育得到长足发展，初步建立了较为完善的现代国民教育体系，构建了体现党的宗旨和社会主义制度优越性的教育公平体系，形成了与社会主义市场经济体制相适应的教育管理和学校办学制度体系，建立了支撑教育事业持续健康发展的教师队伍建设体系。

我们党领导人民建立起来的中国特色社会主义教育体系，符合中国国情，适应党和人民事业发展需要，极大地提高了全民族素质，实现了我国由人口大国向人力资源强国的转变，推进了科技创新、文化繁荣，为国家经济发展、社会进步和民生改善做出了不可替代的重大贡献，为中华民族的伟大复兴奠定了坚实基础。

（二）强化党的思想领导，夯实新时代优先发展教育事业的共同思想基础

坚持党对教育事业的全面领导，首先是坚持党的思想政治领导。马克思主义是我们立党立国的根本指导思想，必须始终坚持马克思主义指导地位，把思想政治工作贯穿学校教育管理全过程，使教育领域成为坚持党的领导的坚强阵地。

中国近代以来的历史已经证明，只有坚持中国共产党人百年来接力探索开创的集道路、理论、制度和文化于一体的中国特色社会主义，才能把我国建设成为社会主义现代化强国，实现中华民族伟大复兴。在党的领导下坚持和发展中国特色社会主义，成为亿万人民为之共同奋斗的事业，成为当代中国社会生活的主题。中国特色社会主义发展道路是实现社会主义现代化、满足人民对美好生活向往的必由之路，中国特色社会主义理论是指导党和人民改革和发展、实现中华民族伟大复兴的正确理论，中国特色社会主义制度是符合我国国情、确保实现人的自由而全面发展的根本制度，中国特色社会主义文化是凝聚全党全国各族人民的智慧、激励广大人民团结奋进的精神力量，推进中国特色社会主义道路自信、理论自信、制度自信和文化自信的伟大事业需要一代又一代人的接续奋斗。教育作为培养人的事业，对提高人民综合素质、促进人的全面发展具有决定性意义。

习近平总书记强调："思想政治理论课是落实立德树人根本任务的关键课程。青少年阶段是人生的'拔节孕穗期'，最需要精心引导和栽培。我们办中国特色社会主义教育，就是要理直气壮开好思政课，用新时代中国特色社会主义思想铸魂育人，引导学生增强中国特色社会主义道路自信、理论自信、制度自信、文化自

信，厚植爱国主义情怀，把爱国情、强国志、报国行自觉融入坚持和发展中国特色社会主义事业、建设社会主义现代化强国、实现中华民族伟大复兴的奋斗之中。"① 作为中国特色社会主义事业有机组成部分的当代中国教育，必须承担起自己的历史使命，把培养一代又一代拥护中国共产党领导和我国社会主义制度、立志为中国特色社会主义奋斗终身的建设者和接班人作为根本任务。

（三）强化党的组织领导，做好新时代优先发展教育事业的坚强组织保证

党的十八大以来，以习近平同志为核心的党中央高度重视教育事业，坚持把教育摆在优先发展战略地位，对教育工作做出一系列重大决策部署。习近平总书记明确指出，牢牢掌握党对高校工作的领导权，关键是要确保高校始终成为"坚持党的领导的坚强阵地"和"培养社会主义事业建设者和接班人的坚强阵地"②。要着力加强教育系统党的思想建设、组织建设、作风建设、反腐倡廉建设、制度建设，增强政治意识、大局意识、核心意识、看齐意识，强化基层党组织的创造力、凝聚力、战斗力，为教育改革发展提供坚强的政治保证和组织保障。

党对教育的领导是重大政治原则，更是根本性制度安排，我们要毫不动摇、一以贯之地坚持党对高校工作的政治领导、思想领导和组织领导，使高校始终成为培养社会主义建设者和接班人的坚强阵地。党的领导需要贯穿到高校办学治校、教书

---

① 习近平主持召开学校思想政治理论课教师座谈会强调 用新时代中国特色社会主义思想铸魂育人 贯彻党的教育方针落实立德树人根本任务. 人民日报，2018-03-19.
② 习近平在全国高校思想政治工作会议上强调 把思想政治工作贯穿教育教学全过程 开创我国高等教育事业发展新局面. 人民日报，2016-12-09.

育人全过程，培育和践行社会主义核心价值观需要融入教书育人全过程。而制度是工作规范化、条理化、经常化的标志，是思想政治工作得以正常开展的可靠保证。党建工作常态化制度化，为教育事业改革发展稳定提供了坚强有力的政治、思想和组织保证。基层党组织是党的全部工作和战斗力的基础。基层党组织能够为全面落实和践行党的服务宗旨提供良好的平台，从高校的教育实践出发，以广大师生的根本利益为落脚点，更好地落实党的服务宗旨。

基层党组织发挥着学校教书育人的战斗堡垒作用，在教育对外开放战略目标制定、人才培养、干部管理等各项工作中具有领导作用。事实证明，哪个地方党的领导体系越健全，哪个地方的教育干部、群众就越有战斗力，教育改革创新就越容易出成绩。党的各级组织和广大党员解放思想、实事求是、与时俱进、开拓创新，在改革开放和社会主义现代化建设的实践中充分体现党的先进性，为推进社会主义现代化建设提供了可靠保证。学校党组织具有领导核心作用，对学校工作实行全面领导，承担着管党治党、办学治校主体责任，履行着把方向、管大局、做决策、促落实的职能职责。基层党组织承担着团结群众、动员群众、组织群众的重要职责，通过高校基层服务型党组织建设可密切党群关系，营造和谐的校园文化，推动高校教育改革和发展，为社会贡献智力和人力资源，助力区域发展和和谐社会建设。

基层党组织的发展能够促进党员队伍的发展，使党员的先进性得到充分的体现，有助于激发高校党员发挥先锋模范作用。学生党员一直是高校的先锋进步分子，是践行我党理论的主要群体，具有较强的感召力，对其他学生的思想和行为起着积极的示范和引导作用。学生党员通过组织活动、巡回演讲等方式，宣传社会主义制度的优越性，引导其他青年学生正确面对社会热点问题，分辨是非、抵抗诱惑，坚定理想信念、激发爱国热情。教师是教育发展的第一资源，是国家富强、民族振兴、人民幸福的重要基石。党员教师作为教师队伍中的模范带头分子，其言行不仅潜移默化地教育影响着学生，还在很大程度上教育影响着周围的广大教师。而党的基层组织是党执政的组织基础，担负着直接教育党员、管理党员、监督党员的重要职责。注重发展优秀中青年教师和学术骨干入党，认真做好在高校学生中发展党员工作，进一步提高新发展党员的政治素质，就能更好地发挥党对教育事业的组织保障作用。

四、明确基础：新时代优先发展教育事业要持续加强教师队伍建设

中国特色社会主义进入新时代，必须大力加强创新型国家建设，而人才是创新的根基，是创新的核心要素。培养人才，最根本的就是要依靠教育。新中国成立以来，党和国家领导人高度重视办好中国特色社会主义教育，始终把教育摆在优先发展的战略地位，站在增强综合国力和国际竞争力的高度，从中国现代化进程的全局出发来认识和把握教育，将教育发展与人力资源开发作为首要任务，作为经济和社会发展的优先领域，严格落实"三个优先"要求，即经济社会发展规划要优先安排教育发展、财政资金要优先保障教育投入、公共资源要优先满足教育和人力资源开发需要，以教育现代化支撑国家现代化。教师队伍建设是教育事业的根本依靠和源头活水，具有基础性、先导性、全局性地位和作用。

（一）教师是打造中华民族"梦之队"的筑梦人

"国将兴，必贵师而重傅；贵师而重傅，则法度存。"习近平总书记强调："教师是立教之本、兴教之源，承担着让每个孩子健康成长、办好人民满意教育的重任。"① 没有高素质、高水平的教师队伍，就不能培养出真正的人才。国家能不能下决心解决好教师的尊严、地位、待遇问题，让教师成为全社会令人羡慕的职业，是检验各级党委政府是否真正重视教育的重要标尺。党的十八大以来，党和国家始终把教师队伍建设作为最重要的基础性工程，以改革为主线，坚持问题导向，努力为教师想办法、做实事、办好事，全力打造一支肩负建设教育强国重任的专业化教师队伍。围绕切实提高师资水平，习近平总书记强调，努力培养造就一大批一流教师，不断提高教师队伍整体素质，是当前和今后一段时间我国教育事业发展的紧迫任务②。

建设高素质、高水平的教师队伍，建设教育强国，是推进国家富强、实现人民富裕的持久动力，是实现"两个百年"奋斗目标、实现全体人民的共同发展、实现伟大的中国梦的基础性战略工程。建成高素质、高水平的教师队伍，建设教育强国，全面提升国民整体素质，建设一个教育综合实力和服务能力强大的国家，不仅可以形成具有世界先进水平的现代教育，使国家更强大、更文明、更富强，对中华民族伟大复兴产生重大影响，也将改变世界的教育格局和人力资源开发版图，提升整个人类的知识、能力和创造力水平。

---

① 习近平向全国广大教师致慰问信. 人民日报，2013-09-10.
② 习近平. 做党和人民满意的好老师：同北京师范大学师生代表座谈时的讲话. 人民日报，2014-09-10.

"教师重要，就在于教师的工作是塑造灵魂、塑造生命、塑造人的工作。"① 在北京市八一学校考察时，习近平总书记指出："一个人遇到好老师是人生的幸运，一个学校拥有好老师是学校的光荣，一个民族源源不断涌现出一批又一批好老师则是民族的希望。"② 今天的学生是未来实现中华民族伟大复兴中国梦的主力军，广大教师就是打造这支中华民族"梦之队"的筑梦人。广大教师要努力成为"有理想信念、有道德情操、有扎实学识、有仁爱之心"的好老师，要做学生锤炼品格的引路人，做学生学习知识的引路人，做学生创新思维的引路人，做学生奉献祖国的引路人。新时代教师队伍建设必须确保中国特色社会主义办学方向，以落实立德树人根本任务、培养社会主义合格建设者和可靠接班人为出发点和落脚点，努力造就党和人民满意的高素质专业化创新型教师队伍。坚持党管干部、党管人才，坚持依法治教、依法执教，坚持严格管理监督与激励关怀相结合，充分发挥党组织的领导和把关作用，确保党牢牢掌握教师队伍建设的领导权，保证教师队伍建设正确的政治方向。

（二）教师在教育事业发展中具有基础性作用

现代教育之所以存在，是因为在现代经济社会条件下个体只有接受系统而完备的教育，才能实现完善自身素质与服务社会的有机统一。具体说，现代教育之所以自产生后不断向专业化、系统化、制度化、终身化方向发展，主要是因为在社会分工出现、

---

① 习近平. 做党和人民满意的好老师：同北京师范大学师生代表座谈时的讲话. 人民日报，2014-09-10.

② 习近平在北京市八一学校考察时强调　全面贯彻落实党的教育方针　努力把我国基础教育越办越好. 人民日报，2016-09-10.

人类社会知识与经验积累越来越多、学科门类不断分化等客观情况下，借助一定的社会保障体系和制度并由众多术有专攻、学有所长者向新生一代系统传递、科学施教、严格训练，以增进新生一代的知识和技能并积极影响他们的认识与品德，以实现个体的社会化与社会发展进步的有机统一。事实证明，无论是人类最初的生存需要，还是现代个体发展与社会发展相统一的客观要求，都要求必须发展教育、提高教育。

教育的存在与发展，首要前提就是要有一支数量充足、结构合理、素质优良的教师队伍。只有有了这支教师队伍，教育活动才能组织、才能进行、才能提高、才能发展。需要指出的是，在经济发展与产业升级主要依靠科技创新、科技创新又主要依靠人才、人才培养又主要依靠教育的现代经济社会条件下，教育在国家发展、民族振兴、民生改善、技术创新中的基础性、先导性、全局性地位愈加重要，作用日益凸显。这也就是习近平总书记强调的"教育强则国家强"的根本缘由所在。因此，通过制定积极有效的公共政策来不断促进教育事业的改革与发展早已成为世界各国的共同重要战略选择。教师队伍在教育发展前行中的决定性作用日益凸显，这也启示在优先发展教育战略布局中，要优先发展教师队伍建设，并使之成为教育事业改革和发展的重要基础与必要前提。

在改革开放之初，为彰显教师特别是中小学教师的基础性、战略性价值功能，党中央批准设立"教师节"，并通过"特级教师"评选、不断增加教师工资等一系列政策措施，在全社会营造了尊师重教的良好社会氛围，促进了教师队伍的发展壮大。在新世纪，为吸引优秀人才长期从教、终身从教，我国又开始实施免费师范生培养计划与农村教师特设岗位计划，使大批素质优良、学有所长的有志青年不断加入到教师队伍之中,成为我国教育事业改革与发展的生力军,有力推动了教育事业的发展与提高。

当今世界正经历百年未有之大变局,随着世界多极化、经济全球化的深入发展,国际经济格局发生新变化,综合国力竞争和各种力量较量更趋激烈,知识越来越成为推动经济社会发展的战略性资源,人才培养与储备成为各国在竞争与合作中抢占有利位置乃至制高点的重要手段。中国的未来发展、中华民族的伟大复兴,归根到底靠人才,而人才培养的基础在教育。"教育决定着人类的今天,也决定着人类的未来。人类社会需要通过教育不断培养社会需要的人才,需要通过教育来传授已知、更新旧知、开掘新知、探索未知,从而使人们能够更好认识世界和改造世界、更好创造人类的美好未来。"[①] 优先发展教育事业,建设教育强国,走人才强国之路,是增强我国综合国力和国际竞争力,实现中华民族伟大复兴的战略选择,是中国特色社会主义新时代赋予的新的历史使命。教育工作的首要问题是育人,教育工作的根本任务也是育人,育人是学校的首要工作,这项工作的直接承担者就是教师,教师队伍建设是优先发展教育事业的基础性工作。

无论是从历史还是从现实看,也无论是从基础教育还是从高等教育看:要发展与提高教育,就必须发展与提高教师素质;要办一流的教育,就必须造就一流的教师队伍。因此,在新时代,要推动教育优先发展,就必须以更加高度的政治自觉与更加有力的政策措施,确保教师队伍建设优先发展。加强教师队伍建设,让广大教师在岗位上有幸福感、事业上有成就感、社会上有荣誉感,让教师成为让人羡慕的职业,这对于全面提高教育质量、深

---

① 清华大学苏世民学者项目启动仪式在京举行 习近平奥巴马致贺信.人民日报,2013-04-22.

化教育教学改革，加快推进教育现代化、建设教育强国、办好人民满意的教育，具有非同寻常的意义。

（三）教师队伍建设是新时代优先发展教育事业的关键任务

百年大计，教育为本；教育大计，教师为本。教师是教育教学的指导者、引路人，教师素质的优劣直接影响着教学的成效和学生的发展。教育事业承担着为新时代中国特色社会主义事业培养德智体美劳全面发展的社会主义建设者和接班人的重任，应努力为实现教育现代化，建设教育强国，为夺取新时代中国特色社会主义伟大胜利、实现中华民族伟大复兴的中国梦提供源源不断的人才支持。教育培养出什么样的人才，未来社会就由什么样的人才来发展建设，因此加强教师队伍建设有利于提升人才培养质量，为实现"两个一百年"奋斗目标提供强大人才支撑。"一个人遇到好老师是人生的幸运，一个学校拥有好老师是学校的光荣，一个民族源源不断涌现出一批又一批的好老师则是民族的希望。"[①] 建设一支具有良好政治业务素质、结构合理、相对稳定的教师队伍，是教育改革和发展的根本大计。新时代实现高质量内涵式发展成为我国教育关键发展方向，为不断促进教育事业的改革与发展，推动教育事业科学化发展，加强教师队伍建设，提升教师队伍专业化水平和素养，推动教学改革，提高教学成效，具有重要意义。

在人类为社会发展、文明传承、技术进步、素质提升、道德完善而组织进行的现代教育事业中，教师是一切教育活动的主体与主导者，是一切教育行为的实践与变革者。在层次众多、类型多样、学科众多的现代教育体系中，无论是推进因材施教还是做

---

① 习近平．做党和人民满意的好老师：同北京师范大学师生代表座谈时的讲话．人民日报，2014－09－10．

到有教无类，无论是追求人格陶冶还是重视知识完备，无论是促进学生全面发展还是面向全体学生，无不需要教师具有完整的知识结构、高超的教学能力、高尚的师德修养、不懈的专业追求、无私的奉献精神，才能真正实现教书育人的根本目的。教师是发展教育事业的第一资源，是国家繁荣、民族振兴、人民幸福的重要基石。据统计，截至2019年，我国各级各类专任教师共1 732.03万人[①]。正是这个庞大的职业群体支撑起了世界上最大规模的教育体系。广大教师从事的是传播知识、传播思想、传播真理的工作，致力的是塑造灵魂、塑造生命、塑造人的事业，教师队伍的思想政治素质和职业道德水平在发展教育事业中具有重要位置。

进入新的历史发展时期，党中央将教师工作摆在前所未有的重要地位，教师队伍建设迎来了新的历史机遇和发展契机。党的十九大报告提出了习近平新时代中国特色社会主义思想，明确了治国理政的基本方略，描绘了全面建设社会主义现代化国家的宏伟蓝图，强调要优先发展教育事业，特别强调加强师德师风建设，培养高素质教师队伍，倡导全社会尊师重教。国运兴衰，系于教育，根本在教师。建成富强民主文明和谐美丽的社会主义现代化强国，实现中华民族伟大复兴，加快教育现代化，办好人民满意的教育，建设教育强国，都离不开教师的贡献。

五、明确路径：新时代优先发展教育事业要开创高质量发展新局面

新时代优先发展教育事业必须遵循高质量发展的现实要求。

---

① 中国政府网.2019年全国教育事业发展统计公报.［2020－05－20］. http://www.gov.cn/xinwen/2020－05/20/content_5513250.htm.

质量是教育的"生命线",建设教育强国不仅仅是在教育资源数量和规模上取得优势,更是在优质的教育资源和教育成果上取得突破和进展。今天,中国教育拥有前所未有的发展机遇,我们正在从教育大国向教育强国迈进,优先发展教育,提高教育质量,纵深推进教育改革,我们责无旁贷、使命在肩。在以习近平同志为核心的党中央坚强领导下,要大力发展更高质量更加公平的教育,不断做大做优新时代教育,源源不断地释放教育改革红利,努力让每一个人在新时代奋斗拼搏的舞台上都有人生出彩的机会,中国教育的发展必将开拓新局面。

(一)提高质量是新时代优先发展教育事业的内在要求

习近平总书记在党的十九大报告中围绕"优先发展教育事业"这一问题做出了全面部署,明确提出:"建设教育强国是中华民族伟大复兴的基础工程,必须把教育事业放在优先位置,深化教育改革,加快教育现代化,办好人民满意的教育。"[1] 这为我们在中国特色社会主义新时代不断推进教育改革发展、提升教育质量、提高国民素质指明了前进方向。

提高教育质量是落实立德树人根本任务的必然要求。习近平总书记在党的十九大报告中指出:"青年一代有理想、有本领、有担当,国家就有前途,民族就有希望。"[2] 大学生作为新时代中国特色社会主义现代化建设的接力者、奋进者,他们能否坚定中国特色社会主义道路自信、理论自信、制度自信、文化自信,对于中华民族伟大复兴能否汇聚力量、攻坚克难至关重要。高校思想政治理论课是立德树人的重要课程,高校思想政治教育者要利用

---

[1][2] 习近平.决胜全面建成小康社会 夺取新时代中国特色社会主义伟大胜利:在中国共产党第十九次全国代表大会上的报告.人民日报,2017-10-28.

好主渠道，将党的教育方针贯通贯彻，积极引导大学生坚定"四个自信"，将爱国之情、强国之志、报国之行融入中国特色社会主义事业、建设社会主义现代化强国、实现中华民族伟大复兴的奋斗之中。立德树人揭示了教育的本质，是对教育本质的最新认识。党的十八大把立德树人作为教育的根本任务，充分彰显了我们党对于教育价值指向的准确判断，也进一步明确了中国特色社会主义教育事业的核心命题。而要真正落实立德树人根本任务，就必须提高教育质量。

提高教育质量是培养社会主义建设者和接班人的现实需要。习近平总书记指出："培养什么人，是教育的首要问题。我国是中国共产党领导的社会主义国家，这就决定了我们的教育必须把培养社会主义建设者和接班人作为根本任务，培养一代又一代拥护中国共产党领导和我国社会主义制度、立志为中国特色社会主义奋斗终身的有用人才。"[①] 优先发展教育事业，培养祖国伟大事业的接班人，必须注重教育的质量和水平，才能够为国家建设提供高质量的人才保障。我们强调优先发展社会主义教育事业，国家和社会对教育的支持都集中到一点，就是把每位学生都培养成为德智体美劳全面发展的中国特色社会主义事业建设者和接班人。对此，习近平总书记在对历史考察的基础上，以社会客观规律为依据，从维护中国人民根本利益和实现中华民族伟大复兴的高度对我国教育发展的目标做了阐述："古今中外，每个国家都是按照自己的政治要求来培养人的，世界一流大学都是在服务自己国家发展中成长起来的，我国社会主义教育就是要培养社会主义建设者和接班人"[②]，"而不是旁观

[①] 习近平在全国教育大会上强调 坚持中国特色社会主义教育发展道路 培养德智体美劳全面发展的社会主义建设者和接班人.人民日报，2018-09-11.

[②] 习近平.在北京大学师生座谈会上的讲话.人民日报，2018-05-03.

者和反对派"①。习近平总书记的这一重要论述阐明了我们的教育要培养什么人、不培养什么人，立场坚定，观点鲜明，毫不含糊。优先发展教育事业以培养社会主义建设者和接班人为方向目标是与我国的社会主义政治制度相一致的，是教育工作与不断完善的中国特色社会主义制度相适应的客观要求，也是古今中外在教育目的认识问题上的共同遵循。

提高教育质量是实现教育现代化发展的时代课题。习近平总书记指出："教育决定着人类的今天，也决定着人类的未来。人类社会需要通过教育不断培养社会需要的人才，需要通过教育来传授已知、更新旧知、开掘新知、探索未知，从而使人们能够更好认识世界和改造世界、更好创造人类的美好未来。"② 当今教育已经冲破了"传道授业解惑"的历史围栏，与"更新开掘探索"联系在一起，也就是说，教育越来越与经济和社会发展交织在一起，全面提升教育水平，才会有力促进经济和社会的全面发展，为经济社会创新驱动发展注入新的要素和内在动力源。

《中国教育现代化2035》提出优先发展教育目标，大力推进教育理念、体系、制度、内容、方法、治理现代化，着力提高教育质量，促进教育公平，优化教育结构，为实现新时代中国特色社会主义发展的奋斗目标提供有力支撑。我们要抓住机遇、超前布局，以更高远的历史站位、更宽广的国际视野、更深邃的战略眼光，对加快推进教育现代化、建设教育强国做出总体部署和战略设计。没有高质量的教育，人的素质就不可能得到代际的提高；

---

① 习近平会见清华大学经济管理学院顾问委员会海外委员和中方企业家委员. 人民日报, 2017-10-31.

② 清华大学苏世民学者项目启动仪式在京举行 习近平奥巴马致贺信. 人民日报, 2013-04-22.

没有人的素质代际的提高,也就无法实现生产力水平的提高、社会的发展和文明的进步。必须坚持发展高质量教育发展道路,不断推进教育改革和教育创新,促进教育向更加公平、更加普惠、更高质量转变,推动教育从规模增长向质量提升转变,促进区域、城乡和各级各类教育均衡发展,努力造就一批创新型的人才队伍,让各类人才的能力竞相迸发、聪明才智充分涌流,为创造人类美好未来贡献源源不断的动力,以教育现代化支撑国家现代化。

(二)提高质量是新时代优先发展教育事业的必然选择

习近平总书记指出:"教育是提高人民综合素质、促进人的全面发展的重要途径,是民族振兴、社会进步的重要基石,是对中华民族伟大复兴具有决定性意义的事业。"[①] 我们必须从我国社会主义初级阶段基本国情出发,在中国特色社会主义进入新时代的新的历史方位上,从实现"两个一百年"奋斗目标的历史高度,大力提升国家教育质量,加深对新时代优先发展教育事业重要战略意义的认识。

提升国民素质是提高教育质量的必然要求。国民素质是一个民族的灵魂,也是强国之本、兴国之基,国民素质的高低,关系着国家和民族的复兴与发展。"不学礼,无以立。"国民素质事关公民意识的觉醒、民族素质的提高、民族文化精神的弘扬乃至中华民族的复兴大业。我国是一个人口大国,是最大的发展中国家,人民生活水平发展不平衡。这就要求不断提升公民道德水准和个人素质,提升我国的综合国力,从而促进中华民族的伟大复兴。国民素质现代化是国家现代化的重要基石,没有人的现代化,就

---

① 习近平. 做党和人民满意的好老师:同北京师范大学师生代表座谈时的讲话. 人民日报,2014-09-10.

没有真正的现代化。

习近平总书记指出："面对日趋激烈的国际竞争，一个国家发展能否抢占先机、赢得主动，越来越取决于国民素质特别是广大劳动者素质。"[1] 提高国民素质，关键是教育，只有通过教育，国民素质才能进一步提高，国家才会有发展的动力。教育是提高国民素质的根本途径。不断促进人的全面发展，既是中华民族伟大复兴的前提，也是国家强大的重要目标。在新时代中国特色社会主义建设的伟大征程中，人才培养始终是最重要的基础。在深化国民素质研究中，一方面要充分肯定我国国民素质提升方面的显著成绩，增强中国特色社会主义道路、理论、制度和文化自信，另一方面要依据改革开放和社会主义现代化建设的实践要求，加大马克思主义理论尤其当代中国的马克思主义、21世纪马克思主义的学习研究宣传工作，让广大人民群众"筑牢信仰之基、补足精神之钙、把稳思想之舵"[2]，继续推进马克思主义中国化时代化大众化，坚持不懈提升广大群众的政治素养和道德修养，培养德才兼备、全面发展的社会主义现代化建设的合格人才，为全面提高国民素质、建设人力资源强国目标奠定坚实基础。

促进经济社会发展是提高教育质量的重要前提。中国特色社会主义进入新时代，教育的基础性、先导性、全局性地位和作用更加凸显。伴随着我国经济发展的新形势，注重有质量的内涵式发展成为经济社会发展的必然要求。对中国而言，要从教育大国走向教育强国，就必须注重与经济社会的协调发展，把关注点放

---

[1] 习近平. 在庆祝五一国际劳动节暨表彰全国劳动模范和先进工作者大会上的讲话. 人民日报，2015-04-28.
[2] 习近平在"不忘初心、牢记使命"主题教育工作会议上强调 守初心担使命找差距抓落实 确保主题教育取得扎扎实实的成效. 人民日报，2019-06-01.

到提高教育质量上来，突出质量内涵，提高质量意识，推进教育向内涵式发展转变，着力提供更加丰富的优质教育，牢牢抓住历史性发展机遇，加快向创新型国家迈进，建设现代化经济体系，建设富强民主文明和谐美丽的社会主义现代化强国，最终实现中华民族伟大复兴的中国梦。首先，世界新一轮科技革命和产业变革给所有国家都提供了机遇，对所有国家都是一次巨大的挑战。而真正能够抓住机遇、乘势而上的国家，是有充足的人才储备并为人才作用的发挥提供了良好体制机制的国家。提高教育质量、培育创新型人才是有效应对世界新一轮科技革命和产业变革的最重要的战略手段，不论哪个国家，只要造就和凝聚了一大批这样的人才，就能够占领世界新一轮科技革命和产业变革的战略制高点，掌握新一轮科技革命和产业变革的主导权，发挥先发优势，立于不败之地。其次，发展高质量的教育，是促进经济、社会发展和劳动就业的重要途径，肩负着培养多样化人才、促进就业创业的重要职责，在新时代服务建设现代化经济体系、实现更高质量更充分就业和助力学生成就精彩人生等方面具有重要作用。最后，我们要大力构建终身教育体系和学习型社会，为国民提供全面、优质的终身学习资源和服务，使教育和学习不再局限于校园，不再局限于特定人群，而是能满足国民在人生各个阶段的学习需要，进而促进人的全面发展，促进社会的可持续发展。这已经成为我国教育规划的重点内容，对于我国深化教育领域全面综合改革、推动经济社会可持续发展具有重大的战略意义。

增强国家综合国力是提高教育质量的重要目标。教育实力是一个国家综合国力最重要的组成部分之一，也是一个国家潜在综合国力的源泉。2016年12月，在全国高校思想政治工作会议上，习近平总书记指出："教育强则国家强。高等教育发展水平是一个国家发展水平和发展潜力的重要标志,实现中华民族伟大复兴,教育的地位和作用不可忽视。"① 当今世界正经历百年未有之大变局,随着世界多极化、经济全球化的深入发展,国际经济格局发生新变化,综合国力竞争和各种力量较量更趋激烈,知识越来越成为推动经济社会发展的战略性资源,人才培养与储备成为各国在竞争与合作中抢占有利位置乃至制高点的重要手段。在这一时代背景下,加快提升综合国力最有效的手段之一就是提升教育竞争力,培养造就数以亿计的高素质劳动者、专门人才和一大批拔尖创新人才和特殊人才,这是发展具有中国特色、世界水平的现代教育的内在要求,是建设创新型国家和创新型社会的有力支撑,更是实现"两个一百年"奋斗目标和中华民族伟大复兴中国梦的历史使命和时代担当。

(三)建好建强高等教育是新时代向教育强国奋进的标杆引领

围绕建好建强新时代的高等教育,党中央、国务院提出,到 2020 年,若干所大学和一批学科进入世界一流行列,若干学科进入世界一流学科前列;到 2030 年,更多的大学和学科进入世界一流行列,若干所大学进入世界一流大学前列,一批学科进入世界一流学科前列,高等教育整体实力显著提升;到 21 世纪中叶,一流大学和一流学科的数量和实力进入世界前列,基本建成高等教育强国。"双一流"建设承担着科技创新的重大使命,科技与教育密切相关,高校基础性研究是科技创新的源头,也是培养创新人才的重要基地,只有培育出一流的创新人才,才能产生一流的创新成果,才能推动教育现代化,实现教育强国目标。

---

① 习近平在全国高校思想政治工作会议上强调 把思想政治工作贯穿教育教学全过程 开创我国高等教育事业发展新局面.人民日报,2016-12-09.

坚持优先发展教育事业

2014年5月4日,习近平总书记在北京大学考察时指出:"办好中国的世界一流大学,必须有中国特色。"[①] 办世界水平的教育是建设教育强国、应对国际竞争的根本。当今世界各国之间激烈的经济和科技竞争归根到底是人才的竞争,而人才的竞争归根到底是教育的竞争。2016年12月,在全国高校思想政治工作会议上,习近平总书记再次强调:"教育强则国家强。高等教育发展水平是一个国家发展水平和发展潜力的重要标志……党中央作出加快建设世界一流大学和一流学科的战略决策,就是要提高我国高等教育发展水平,增强国家核心竞争力。"[②] "双一流"建设就是在向世界一流水平看齐,通过加快建成一批世界一流大学和一流学科来提高国家核心竞争力,为实现"两个一百年"奋斗目标和中国梦提供强有力的智力支撑。

"双一流"建设的核心在教育的质量、竞争力与国际影响力。扎根中国、融通中外,立足时代、面向未来,努力建设具有中国特色、世界水平的现代教育,这是推进中国教育现代化的重要遵循,更是建设教育强国的真正科学路径。只有培养出一流人才的高校,才能够成为世界一流大学。对大学生合理增负,绝不是简单地增加课时、增加学分,而是要通过加强专业建设、提高课程质量、优化资源配置等手段,激发学生的学习兴趣和潜能,全面梳理各门课程的教学内容,淘汰"水课"、打造"金课",合理提升课程挑战度和高阶性,切实提高课程教学质量。名师是大学之本,岗位设置、分类管理、考核评价、薪酬分配、人才引育、合理流动等各个环节都要体现"一流"的特点;要系统梳理,革除

---

① 习近平. 在北京大学师生座谈会上的讲话. 人民日报,2018-05-03.
② 习近平在全国高校思想政治工作会议上强调 把思想政治工作贯穿教育教学全过程 开创我国高等教育事业发展新局面. 人民日报,2016-12-09.

制约教师队伍发展的制度障碍，汇聚起与"双一流"相称的教师队伍。要深化高等教育体制机制改革，以改革创新推进"双一流"建设，解决好发展不平衡不充分的问题，革除关门办学的旧弊端，克服无序开门的新问题，建立起高校与社会有机、有序联系的新机制、新秩序。

坚持优先发展教育事业的理念遵循

理念是行动的先导，没有科学理念的指导就没有行动的自觉。党的十八大后，习近平总书记高度重视教育发展，特别是重视教育事业在坚持和发展中国特色社会主义战略全局中的地位和作用，坚持把教育摆在优先发展的战略位置，提出了一系列新理念新思想新观点，做出了一系列新指示新部署，形成了习近平总书记关于坚持优先发展教育事业的重要论述，为教育改革发展指明方向，确保了优先发展教育事业得以实现。"习近平总书记关于坚持优先发展教育事业的重要论述，是习近平新时代中国特色社会主义思想的重要组成部分，是中国特色社会主义教育理论发展的最新成果，形成了科学系统的新时代中国特色社会主义教育理论体系，开辟了马克思主义教育理论和实践发展的新境界。"[1] 在当下，坚持优先发展教育事业，要深入学习领会习近平总书记关于教育的重要论述，按照科学理念办好教育，服务党和国家事业发展。

一、坚持建设教育强国目标观，确保优先发展教育事业有高度

百年大计，教育为本。党的十九大报告强调，"建设教育强国是中华民族伟大复兴的基础工程，必须把教育事业放在优先位置"[2]，加快教育现代化，办好人民满意的教育。当前，我国改革

---

[1] 教育部课题组.深入学习习近平关于教育的重要论述.北京：人民出版社，2019：1.
[2] 习近平.决胜全面建成小康社会 夺取新时代中国特色社会主义伟大胜利：在中国共产党第十九次全国代表大会上的报告.人民日报，2017-10-28.

和发展事业进入关键时期，教育作用更加凸显。"两个一百年"奋斗目标和中华民族伟大复兴的实现，归根到底靠人才、靠教育，必须坚定不移建设教育强国。建设教育强国，增强教育在中华民族复兴伟大进程中的作用，必须坚持好科教兴国战略，坚持把教育放在优先发展的战略位置。

（一）建设教育强国是中华民族伟大复兴的基础工程

习近平总书记高度重视教育，强调教育是国之大计、党之大计，系统阐述了关于教育的新理念。"从党的十八大到党的十九大胜利召开，习近平总书记始终立足党和国家全局工作，站在坚持和发展中国特色社会主义、实现中华民族伟大复兴中国梦的高度，紧紧围绕'培养什么人、怎样培养人、为谁培养人'这个根本问题，对教育的战略地位、根本任务等做了深入全面系统的论述，形成了习近平新时代中国特色社会主义思想的'教育篇'，开辟了教育事业发展的崭新华章。"[1] 习近平总书记关于教育的重要论述鲜明地将建设教育强国与中华民族伟大复兴紧密联系起来，视其为基础工程。因此，必须坚定不移推进教育强国建设，为中华民族伟大复兴筑牢根基，夯实基础，提供源源不断的人力资源。

（二）建设教育强国必须贯彻好科教兴国战略

科教兴国战略是教育强国目标实现的基础，也是落实优先发展教育事业的战略支撑。2013年，习近平总书记在联合国"教育第一"全球倡议行动一周年纪念活动上发表视频贺词指出："中国

---

[1] 教育部课题组. 深入学习习近平关于教育的重要论述. 北京：人民出版社，2019：165.

将坚定实施科教兴国战略,始终把教育摆在优先发展的战略位置。"① 在 2014 年教师节前夕,习近平总书记与北京师范大学师生代表座谈时指出:"教育是提高人民综合素质、促进人的全面发展的重要途径,是民族振兴、社会进步的重要基石,是对中华民族伟大复兴具有决定性意义的事业。"② 在党的十九大报告中,他提出"优先发展教育事业"③。在全国教育大会上,他再一次强调:"坚持优先发展教育事业。"④ 不难看出,贯彻科教兴国战略必须重视教育强国建设,促进优先发展教育事业理念落到实处。

科教兴国战略有自己的内在逻辑。实施科教兴国战略,要求促进科技、教育与经济紧密结合,形成整体合力。经济建设必须依靠科学技术,科学技术工作必须面向经济建设;教育必须面向现代化,面向世界,面向未来,致力于提高国民素质,在各个领域培养一批优秀的人才,从而实现教育为科技服务,教育和科技为经济社会发展服务,形成推进党和国家事业前进的合力。

为实施科教兴国战略,1995 年颁布的《中共中央、国务院关于加速科学技术进步的决定》提出探索建立与社会主义市场经济体制和科技自身发展规律相适应的新型科技体制,进一步明确了新时期我国科技工作的方针,即坚持科技是第一生产力思想,经济建设必须依靠科学技术,科学技术必须面向经济建设,努力攀登科技高峰。随后国家成立科技领导小组,要求各级党委和政府

---

① 习近平主席在联合国"教育第一"全球倡议行动一周年纪念活动上发表视频贺词. 人民日报,2013-09-27.
② 习近平. 做党和人民满意的好老师:同北京师范大学师生代表座谈时的讲话. 人民日报,2014-09-10.
③ 习近平. 决胜全面建成小康社会 夺取新时代中国特色社会主义伟大胜利:在中国共产党第十九次全国代表大会上的报告. 人民日报,2017-10-28.
④ 习近平在全国教育大会上强调 坚持中国特色社会主义教育发展道路 培养德智体美劳全面发展的社会主义建设者和接班人. 人民日报,2018-09-11.

的一把手要抓第一生产力。此外，国家科委和国家计委联合编制了《全国科技发展"九五"计划和2010年远景目标纲要》，有关部门相继出台了13项全国重大科技计划和项目规划，如针对基础研究的973计划、中国科学院知识创新工程、国家技术创新工程、科技兴贸行动计划、科研院所社会公益研究专项、国家大学科技园项目、西部开发科技专项行动等。这些计划和项目的实施，推动我国经济社会走上了科学发展的道路。党的十九大以后，科教兴国战略作为七大国家战略之一，被赋予了新内涵，贯彻科教兴国战略与建设教育强国、优先发展教育事业一脉相承，相得益彰。

（三）建设教育强国必须坚持优先发展教育事业

建设教育强国是党中央制定的重大战略目标，对实现中华民族伟大复兴中国梦意义巨大。建设教育强国与坚持优先发展教育事业紧密联系，建设教育强国要求优先发展教育事业，优先发展教育事业才能保障教育强国建设，两者相辅相成、不可或缺。

把教育摆在优先发展的战略地位，是建设社会主义现代化强国的需要，高度重视做好知识分子工作是我们党的优良传统和政治优势。新中国成立以来，一代代科技工作者不仅是科技事业接续发展的见证者，更是中国特色社会主义事业和改革开放事业的重要推动者。从改革开放前"知识分子是工人阶级中的一部分"到改革开放后"知识分子是先进生产力的开拓者"再到新时代"人才资源是第一资源"，这些重要论述的变化反映了我们党对人才工作规律的不断深化。目前，我国正在由人力资源大国、科技创新大国向人力资源强国、科技创新强国迈进，迫切需要构建起具有国际竞争力的科技人才培养、选拔、引进制度体系和政策环境，充分调动科技人才的积极性，为实现中华民族伟大复兴贡献智慧和力量。习近平总书

坚持优先发展教育事业

记在同北京师范大学师生代表座谈时指出:"当今世界的综合国力竞争,说到底是人才竞争,人才越来越成为推动经济社会发展的战略性资源,教育的基础性、先导性、全局性地位和作用更加突显。"[1] 因此,必须坚持把教育摆在优先发展的战略地位,普及教育,培养具有创新能力和国际视野的高品质人才。

一是"两个一百年"奋斗目标和中华民族伟大复兴中国梦的实现归根到底靠人才。社会主义现代化强国需要数以亿计的人才来建设,需要强大的人才队伍来支持。因此,强国必须先强教育,社会主义现代化强国必须有现代化的教育为支撑;要实现国家现代化,必须率先实现教育现代化[2]。人是科技创新最关键的因素。在谈及建设科技强国时,习近平总书记强调:"一切科技创新活动都是人做出来的。我国要建设世界科技强国,关键是要建设一支规模宏大、结构合理、素质优良的创新人才队伍,激发各类人才创新活力和潜力。"[3] 人才是创新的根基,是创新的核心要素。习近平总书记指出:"创新驱动实质上是人才驱动。为了加快形成一支规模宏大、富有创新精神、敢于承担风险的创新型人才队伍,要重点在用好、吸引、培养上下功夫。"[4]

二是"两个一百年"奋斗目标和中华民族伟大复兴中国梦的实现归根到底靠教育。习近平总书记指出,"两个一百年"奋斗目标的实现、中华民族伟大复兴中国梦的实现,归根到底靠人才、靠教育。源源不断的人才资源是我国在激烈的国际竞争中的重要

---

[1] 习近平.做党和人民满意的好老师:同北京师范大学师生代表座谈时的讲话.人民日报,2014-09-10.

[2] 教育部课题组.深入学习习近平关于教育的重要论述.北京:人民出版社,2019:18.

[3] 习近平.为建设世界科技强国而奋斗:在全国科技创新大会、两院院士大会、中国科协第九次全国代表大会上的讲话.人民日报,2016-06-01.

[4] 习近平主持召开中央财经领导小组第七次会议强调 加快实施创新驱动发展战略 加快推动经济发展方式转变.人民日报,2014-08-19.

潜在力量和后发优势[1]。坚持把服务中华民族伟大复兴作为教育的重要使命，是在新时代对教育事业创新发展提出的重要部署[2]。要将教育使命与中华民族伟大复兴紧密结合起来，认清历史方位、把握国际坐标、立足中国现实；要重新审视使命、发展使命、践行使命；要长远谋划、脚踏实地、持续发力；要在复兴路上助力复兴，为伟大复兴担当教育使命[3]。改革开放以来，特别是党的十八大以来，我国先后提出了人才强国、科技强国、制造强国、文化强国等一系列强国建设的战略目标和任务。强大的人力资本，强有力的人才队伍，都需要教育强国来支撑。所以，强国必先强教育[4]。正如习近平总书记在2018年5月2日同北京大学师生座谈时指出的，教育兴则国家兴，教育强则国家强[5]。实现中华民族伟大复兴，教育的地位和作用不可忽视。我们对高等教育的需求比以往任何时候都更加迫切，对科学知识和卓越人才的渴求比以往任何时候都更加强烈[6]。

二、坚持以人民为中心的宗旨观，确保优先发展教育事业有厚度

坚持以人民为中心，优先发展教育事业根本上是以广大人民的利益为根本出发点，是中国共产党全心全意为人民服务宗旨的

---

[1] 习近平. 做党和人民满意的好老师：同北京师范大学师生代表座谈时的讲话. 人民日报，2014-09-10.
[2] 习近平在全国教育大会上强调 坚持中国特色社会主义教育发展道路 培养德智体美劳全面发展的社会主义建设者和接班人. 人民日报，2018-09-11.
[3] 教育部课题组. 深入学习习近平关于教育的重要论述. 北京：人民出版社，2019：122.
[4] 同[3]64.
[5] 习近平. 在北京大学师生座谈会上的讲话. 人民日报，2018-05-03.
[6] 习近平在全国高校思想政治工作会议上强调 把思想政治工作贯穿教育教学全过程 开创我国高等教育事业发展新局面. 人民日报，2016-12-09.

坚持优先发展教育事业

全面体现和融汇发展。教育的发展和人民文化水平的提高，是促进社会发展和进步的先手棋，也是进一步造福人类、反馈于人民的最好福利。以人民为中心的根本宗旨是中国特色社会主义教育事业走上正确道路的坚实保障，是优先发展教育理念的体现之一。

坚持优先发展教育事业必须坚持以人民为中心的宗旨观。中国特色社会主义道路是一条把人民利益放在首位的道路，坚持优先发展教育事业的道路也将人民利益放在了首位。全心全意为人民服务是党的根本宗旨，也是党的教育工作的根本宗旨。教育是民生之基，只有始终坚持以人民为中心的发展思想和工作导向，才能使教育改革走在正确的道路上。坚持以人民为中心的发展思想，以更大的力度、更实的举措，在新的层次上、更高水平上把教育公平推上新台阶，不断增强人民群众的获得感、幸福感。教育改革与发展必须遵照以人民为中心的总体要求，坚持教育的人民性，把办好人民满意的教育作为出发点和落脚点。

（一）社会主义国家性质决定必须坚持以人民为中心发展教育

我国是中国共产党领导的社会主义国家，人民是国家的主人，国家性质决定了我们必须坚持人民至上，始终把人民利益摆在首位，着眼人的发展谋划教育，以教育促进人的全面发展。以人民为中心发展教育，是习近平总书记关于教育的重要论述中的关键内容。坚持以人民为中心发展教育，办好人民满意的教育，既是党以人民为中心的发展思想的重要体现，也是党执政为民的内在要求，更是我国坚持优先发展教育事业的基本遵循。

第一，将人民利益放在首位是中国特色社会主义制度的内在要求。"民惟邦本，本固邦宁。"坚持以人民为中心，为民族谋复兴，为人民谋幸福，是中国共产党人的初心和使命，也是党的一贯追求，更是建设中国特色社会主义事业的根本宗旨。党的十八届五中全会审议通过的《中共中央关于制定国民经济和社会发展第十三个五年规划的建议》，创造性地提出了"以人民为中心的发展思想"的科学命题。习近平总书记在网络安全和信息化工作座谈会、哲学社会科学工作座谈会、庆祝中国共产党成立95周年大会、二十国集团工商峰会等国内外重要场合多次阐述了以人民为中心的思想。习近平总书记在党的十九大报告中把坚持以人民为中心作为新时代坚持和发展中国特色社会主义的重要内容。习近平总书记指出："中国共产党人的初心和使命，就是为中国人民谋幸福，为中华民族谋复兴。""人民是历史的创造者，是决定党和国家前途命运的根本力量。必须坚持人民主体地位，坚持立党为公、执政为民……"[①] 发展为了人民，发展依靠人民，发展成果由人民共享，归根到底是要让人民群众有更多获得感。

第二，全心全意为人民服务是优先发展教育事业的宗旨所在。全心全意为人民服务是党的根本宗旨，党的一切奋斗和工作都是为了造福人民。坚持以人民为中心发展教育，要以人民满意为尺度，为检验工作好与坏的标准。习近平总书记主持召开中央全面深化改革领导小组第十次会议时强调，把改革方案的含金量充分展示出来，让人民群众有更多获得感[②]。在党的十九大报告中，习近平总书记将"办好人民满意的教育"作为教育事业发展的方向和目标。

改革开放以来，尤其是党的十八大以来，我国教育事业在满

[①] 习近平. 决胜全面建成小康社会 夺取新时代中国特色社会主义伟大胜利：在中国共产党第十九次全国代表大会上的报告. 人民日报，2017-10-28.
[②] 习近平主持召开中央全面深化改革领导小组第十次会议强调 科学统筹突出重点对准焦距 让人民对改革有更多获得感. 人民日报，2015-02-28.

足人民对美好生活的需要方面取得了重要进展。学前教育实现跨越式发展，九年义务教育普及成果进一步巩固，高中阶段教育普及水平不断提升，高等教育国际竞争力明显提升，现代职业教育体系初步建立，教育信息化建设取得突破性进展。但是，依然有一些教育问题困扰着广大家长、老师和学生，例如，学前教育供给不足、学生学业负担重、中小学生近视率高等。只有坚持优先发展教育事业，确保优质教育供给，直面群众身边难题，解决与人民利益相关的教育问题，才能使人民满意成为现实。

（二）优先发展教育事业必须遵照以人民为中心的总体要求

优先发展教育事业必须遵照以人民为中心的总体要求。习近平总书记指出，必须坚持人民主体地位，坚持立党为公、执政为民，践行全心全意为人民服务的根本宗旨，把党的群众路线贯彻到治国理政全部活动之中，把人民对美好生活的向往作为奋斗目标，依靠人民创造历史伟业[1]。好的教育是人民美好生活需要的首要内容，也是提高人民获得感的必由之路。2012年11月15日，十八届中共中央政治局常委同中外记者见面时，习近平总书记指出："我们的人民热爱生活，期盼有更好的教育、更稳定的工作、更满意的收入、更可靠的社会保障、更高水平的医疗卫生服务、更舒适的居住条件、更优美的环境，期盼孩子们能成长得更好、工作得更好、生活得更好。人民对美好生活的向往，就是我们的奋斗目标。"[2] 美好生活的维度是多重的，包括教育、就业、

---

[1] 习近平. 决胜全面建成小康社会 夺取新时代中国特色社会主义伟大胜利：在中国共产党第十九次全国代表大会上的报告. 人民日报，2017-10-28.
[2] 习近平在十八届中共中央政治局常委同中外记者见面时强调 人民对美好生活的向往就是我们的奋斗目标. 人民日报，2012-11-16.

收入、社会保障等，但是，其中教育是前置性的，作用地位不言而喻。好的教育是稳定的就业、满意的收入等的前提和基础，就业是最大民生，能否顺利就业、就业质量高低在很大程度上取决于教育。

第一，优先发展教育事业的出发点和落脚点是办好人民满意的教育。党的十九大报告中，习近平总书记将办好人民满意的教育作为优先发展教育事业的方向和目标，把办好人民满意的教育作为出发点和落脚点。党的十九大报告通篇贯彻以人民为中心的发展思想，用"教育事业全面发展，中西部和农村教育明显加强"高度概括了五年来教育工作取得的重大成就，指出了新时代社会主要矛盾的新变化，将党的十八大报告提出的"努力办好人民满意的教育"目标提高到"办好人民满意的教育"的新目标，着力解决好教育发展不平衡不充分的新问题，让人民享有更好更公平的教育，明确了教育工作的新使命。

办好人民满意的教育是为人民服务的重要内容。党的十九大报告首次提出建设教育强国是中华民族伟大复兴的基础工程，这种自信和决心来自我国经济保持高速增长，在世界主要国家中名列前茅。办好人民满意的教育是教育本质的回归。教育的本质是育人成才，教育工作要回归这个常识、回归这个本分、回归这个初心、回归这个梦想。坚持以人民为中心、办好人民满意的教育是社会主义教育的本质要求，为人民办教育、为人民培养人才，依靠人民办教育、依靠人民发展教育，是中国特色社会主义教育的根本方向。办好人民满意的教育是人民对美好生活的期盼。教育是人民群众的精神需求，是实现自我价值和自我超越的需求。办好人民满意的教育是教育改革发展的动力。

第二，始终坚持以人民为中心的发展思想和工作导向。党的

坚持优先发展教育事业

十八大以来，以习近平同志为核心的党中央继承和发展了为人民服务思想，明确提出中国共产党人的初心和使命，就是坚持以人民为中心，为中国人民谋幸福，为中华民族谋复兴，永远把人民对美好生活的向往作为奋斗目标。教育是重要民生，关系亿万人民群众的切身利益、根本利益、长远利益，影响人民的幸福感与获得感，是为人民服务的重要内容。

办好人民满意的教育，是马克思主义群众学说与中国具体实践相结合的时代要求，集中体现了教育以人为本的核心理念，体现了教育为人民服务的崇高宗旨，反映了新时代中国特色社会主义对教育的现实需要。

教育发展要充分体现人民的新期盼，必须坚持人民至上的理念，不断满足人民群众的新期待。要深化教育改革，不断满足人民群众日益增长的教育需要。既要满足人民群众当前的教育需要，又要引导人民群众对教育的现实的、正确的、合理的需求，满足人民群众的长远需要，兼顾国家整体利益与人民群众的长远利益。坚持教育为人民服务的宗旨，着力解决人民最关心、最直接、最现实的利益问题。通过发展教育，大力促进教育公平，保障人民享有接受良好教育的机会，既满足人民日益增长的接受优质教育的需求，也满足人民选择教育的需要，办出适应不同学生个性发展需要的教育[①]。

三、坚持扎根中国、融通中外发展观，确保优先发展教育事业有宽度

优先发展教育事业要坚持扎根中国、融通中外的发展观，增

---

① 教育部课题组.深入学习习近平关于教育的重要论述.北京：人民出版社，2019：183.

强发展宽度，确保发展质量。一方面，坚持扎根中国大地办教育是优先发展教育事业的保证和基点，是确保教育事业符合中国实际和学生需求的根本，也是促进中国走上社会主义现代化国家发展道路的现实根基。另一方面，优先发展教育事业也要融通中外，提高教育对外开放水平，吸收先进教育技术和理念，在国际比较中深化发展，不断提高教育的国际竞争力。

（一）坚持扎根中国大地办教育

坚持优先发展教育事业必须坚持扎根中国大地办教育。扎根中国大地办教育，就是要扎基本国情之根，立足中国实际办教育。要办知中国、服务中国的学校，要办知中国、服务中国的教育。我们的基本国情是"一变两不变"，即社会主要矛盾已经发生改变，但中国依然处于社会主义初级阶段以及作为世界上最大发展中国家的国际地位没有变。发展中国家赶超发达国家的基本战略是优先发展教育事业。坚持优先发展教育事业是对基本国情的深刻把握。

具有中国特色、世界水平的现代教育，是"两个一百年"奋斗目标和中华民族伟大复兴中国梦的重要组成部分。发展具有中国特色、世界水平的现代教育必须传承中华文化血脉、扎根中国大地、践行中国特色社会主义道路、服务国家发展。我国有独特的历史、独特的文化、独特的国情，决定了我国必须走自己的教育发展道路，扎实办好中国特色世界水平的现代教育。推进教育现代化，必须扎根中国、融通中外，立足时代、面向未来，坚定不移走自己的路。

1. 必须坚持走中国自己的教育发展道路

习近平总书记在全国教育大会上明确指出，要坚持扎根中国大地办教育。这是对优先发展教育事业的深化认识，更是引领我国教育事业发展、办好中国特色社会主义教育的"指南针""定盘星"[①]。扎根中国大地办教育，要扎基本国情之根。中国必须走自己的教育发展道路。

中国特色教育发展道路是中国特色社会主义道路的重要组成部分。任何一个事物的发展都必须有适合其生长的环境和土壤。教育也是一样的。任何一个国家的教育发展都是建立在其自身历史土壤之上的，由于历史条件、文化传统和具体国情不同，各国教育都有各自独特的内在逻辑和生成规律。习近平总书记强调，要坚持党对教育事业的全面领导，坚持把立德树人作为根本任务，坚持优先发展教育事业，坚持社会主义办学方向，坚持扎根中国大地办教育，坚持以人民为中心发展教育，坚持深化教育改革创新，坚持把服务中华民族伟大复兴作为教育的重要使命，坚持把教师队伍建设作为基础工作。这就意味着，办好中国特色社会主义教育必须牢牢扎根中国大地，要始终坚持一切从中国实际和中国国情出发，继承而不守旧，借鉴而不照搬，追赶而不追随。

第一，具有中国特色、世界水平的现代教育必须传承中华民族文化血脉。扎根中国大地办教育，要扎中华民族传统文化之根。任何一个国家的教育都与其文化模式是相适应的，加快教育现代化，必须植根中国本土文化。中华文明源远流长，在教育上有两个基本传统：一是重视古典人文教育，二是重视教育的政治功能。教育要为政治服务，为治国理政服务。作为现代文官制度的源头，科举制将教育系统和政治系统合二为一，倡导"学而优则仕"。坚持把立德树人作为根本任务是对古典人文教育的继承与发展，坚

---

① 教育部课题组.深入学习习近平关于教育的重要论述.北京：人民出版社，2019：82.

持把服务中华民族伟大复兴作为教育的重要使命和坚持社会主义办学方向是教育政治功能的具体体现。中华优秀传统文化是中华民族安身立命的基础、永续繁衍的血脉、绵延不绝的"根"和"魂"。中华民族在5 000多年连绵不断的文明发展进程中创造了博大精深的优秀文化。习近平总书记在纪念孔子诞辰2 565周年国际学术研讨会暨国际儒学联合会第五届会员大会开幕式上指出:"优秀传统文化是一个国家、一个民族传承和发展的根本,如果丢掉了,就割断了精神命脉。"①

第二,具有中国特色、世界水平的现代教育必须扎根中国大地。我们要办知中国、服务中国的学校,要办知中国、服务中国的教育。发展中国家赶超发达国家的基本战略是优先发展教育。扎根中国大地办教育要始终坚持中国特色。所谓中国特色,就是要坚持以人民为中心发展教育的价值追求,立足中国国情与教育实际,坚守教育实践的民族性,最终满足人民群众对教育的期待。中国特色主要体现在办学理念、发展路径与体制机制等方面,贯穿于人才培养、科学研究、社会服务等方面。我国学校要坚决捍卫办学主权和自主性,要扎根中国大地,解决中国问题②。

第三,具有中国特色、世界水平的现代教育必须坚持中国特色社会主义道路。扎根中国大地办教育,要扎政治制度之根。办好中国的事情,关键在党。我国《宪法》明确规定,中国特色社会主义最本质的特征是中国共产党领导。坚持和完善党的领导,是党和国家的根本所在、命脉所在,是全国各族人民的利益所在、

---

① 习近平. 在纪念孔子诞辰2 565周年国际学术研讨会暨国际儒学联合会第五届会员大会开幕式上的讲话. 人民日报,2014-09-25.

② 教育部课题组. 深入学习习近平关于教育的重要论述. 北京:人民出版社,2019:82.

幸福所在。坚持党对教育事业的全面领导是我们基本政治制度的具体体现。具有中国特色、世界水平的现代教育必须体现中国特色社会主义的办学特性。我们的学校是党领导下的学校，在新的历史条件下，中国特色社会主义教育将高举习近平新时代中国特色社会主义思想伟大旗帜，坚持社会主义办学方向，始终坚持党对学校的全面领导。在领导体制上，要坚持和完善党对学校的领导体制，让学校成为坚持党的领导的坚强阵地，着眼为谁办学、办什么样的学校、怎样办学的根本问题，站在为党的事业后继有人的高度，努力培养中国特色社会主义合格建设者和可靠接班人。在指导思想上，要坚持马克思主义指导地位。习近平新时代中国特色社会主义思想就是当代中国的马克思主义。在新时代新征程中，教育发展到了新阶段，学校要将习近平新时代中国特色社会主义思想进教材进课堂进头脑。在办学方针上，学校要同国家发展的现实目标和未来方向紧密联系，始终坚持"为人民服务，为中国共产党治国理政服务，为巩固和发展中国特色社会主义制度服务，为改革开放和社会主义现代化建设服务"[①]。

第四，具有中国特色、世界水平的现代教育必须服务于党和国家事业发展。不同社会制度决定着不同的教育目的，一个国家办教育的根本目标是为这个国家和民族的发展服务。我国是中国共产党领导的社会主义国家，这就决定了我们的教育必须把培养社会主义建设者和接班人作为根本任务，培养一代又一代拥护中国共产党领导和我国社会主义制度、立志为中国特色社会主义奋斗终身的有用人才[②]。发展中国特色、世界水平的现代教育必须

[①] 习近平在全国高校思想政治工作会议上强调 把思想政治工作贯穿教育教学全过程 开创我国高等教育事业发展新局面. 人民日报，2016 - 12 - 09.

[②] 教育部课题组. 深入学习习近平关于教育的重要论述. 北京：人民出版社，2019：84.

服务于党和国家事业发展。扎根中国大地办教育，要扎教育规律之根。扎根中国大地办教育要遵循教育规律，我们既要坚持教育改革创新，善于从中国的实践中总结带规律性的东西；也要遵循世界文明的共同轨迹，善于吸收西方发达国家先进的教育经验。究其根本，坚持扎根中国大地办教育是由我国教育的根本任务所决定的。

坚持优先发展教育事业必须走中国自己的教育发展道路。教育发展是要根据本国的历史传统、现实国情和发展方向进行抉择。中国的教育要在认真吸收世界先进办学经验的基础上，立足中国国情、继承中国传统、面向中国问题、服务中国发展，坚定不移地走好中国特色社会主义教育发展之路。

第一，独特的历史决定了我国必须走自己的教育发展道路。马克思主义认为，任何事物的发展都是矛盾的普遍性与特殊性的辩证统一。办好中国的教育必须遵循矛盾的普遍性和特殊性辩证统一的基本原理，要牢牢扎根中国大地。从中国高等教育的发展史来看，我们先后学习欧美发达国家和苏联的办学模式，有的地方和高校甚至照搬照抄西方的办学模式与评价体系，没有真正扎根中国大地、立足自身国情办大学[①]。虽然国外的成功办学经验值得学习和借鉴，但是中国高等教育与之相比有着极大差异，兴起的历史背景不同，发展的制度和路径不同，承担的历史使命和时代责任也完全不同。中国教育发展所面临的独特性要求，需要我国必须走自己的教育发展道路。

第二，独特的文化决定了我国必须走自己的教育发展道路。中华文化源远流长、博大精深，蕴含着丰富的哲学思想、人文精

---

① 教育部课题组. 深入学习习近平关于教育的重要论述. 北京：人民出版社，2019：82.

神、道德理念，蕴含着实现中国梦的中国精神，这是中国土壤的营养内核[1]。习近平总书记指出，对历史文化特别是先人传承下来的价值理念和道德规范，要坚持古为今用、推陈出新，有鉴别地加以对待，有扬弃地予以继承，努力用中华民族创造的一切精神财富来以文化人、以文育人[2]。

第三，独特的国情决定了我国必须走自己的教育发展道路。扎根中国大地办好中国特色社会主义教育，是由我国独特的国情决定的。我们的学校是党领导下的学校，是中国特色社会主义学校。在新的历史条件下，中国特色社会主义教育将高举习近平新时代中国特色社会主义思想伟大旗帜，坚持社会主义办学方向，始终坚持党对学校的全面领导。中国国情的复杂性、地域发展的不平衡性、特有的历史文化背景都决定了，要办好中国教育不能一味靠外来经验的输入，更不能照搬照抄西方国家的办学模式或办学经验，必须扎根中国的土壤，用自己的科学发展观和思想体系去引领，进而形成一个中国特色的本土化解决方案[3]。

2. 推进中国教育现代化必须扎根中国大地

习近平总书记在党的十九大报告中指出："建设教育强国是中华民族伟大复兴的基础工程，必须把教育事业放在优先位置，深化教育改革，加快教育现代化，办好人民满意的教育。"[4] 在全国教育大会上，习近平总书记再次强调，加快推进教育现代化，建

---

[1] 教育部课题组. 深入学习习近平关于教育的重要论述. 北京：人民出版社，2019：88.
[2] 习近平在中共中央政治局第十三次集体学习时强调 把培育和弘扬社会主义核心价值观作为凝魂聚气强基固本的基础工程. 人民日报，2014-02-26.
[3] 同[1]85.
[4] 习近平. 决胜全面建成小康社会 夺取新时代中国特色社会主义伟大胜利：在中国共产党第十九次全国代表大会上的报告. 人民日报，2017-10-28.

设教育强国，办好人民满意的教育[1]。

第一，推进教育现代化要立足中国时代方位。党的十九大报告第一次明确提出，建设教育强国是中华民族伟大复兴的基础工程，用以体现优先发展教育事业的核心理念和宏大背景，令人振奋。党的十九大报告做出中国特色社会主义进入了新时代、我国社会的主要矛盾发生变化的重大历史判断，充分显示了我国优先发展教育事业的总方位、加快教育现代化的总方向、建设教育强国的总要求，这三者是融为一体的重大战略部署[2]。推进中国的教育现代化要立足时代要求，进行谋篇布局。

第二，推进教育现代化要面向中国未来发展。20世纪80年代，邓小平同志从社会主义现代化的高度看教育，强调教育要面向现代化，面向世界，面向未来[3]。习近平总书记指出，培养什么人，是教育的首要问题。我国是中国共产党领导的社会主义国家，这就决定了我们的教育必须把培养社会主义建设者和接班人作为根本任务，培养一代又一代拥护中国共产党领导和我国社会主义制度、立志为中国特色社会主义奋斗终身的有用人才。这是教育工作的根本任务，也是教育现代化的方向目标[4]。中国教育现代化有所不同，主要瞄准本国现代化，根本目的是促进人的全面发展，最鲜明的特征就是中国特色社会主义教育制度下的现代化，而且要比国家现代化超前部署实施[5]。我们深入贯彻党的十九大精神，全面开启新时代教育现代化新征程，主要靠中国人自己的力量办好中国人

---

[1] 习近平在全国教育大会上强调 坚持中国特色社会主义教育发展道路 培养德智体美劳全面发展的社会主义建设者和接班人. 人民日报，2018-09-11.
[2] 教育部课题组. 深入学习习近平关于教育的重要论述. 北京：人民出版社，2019：146.
[3] 同[2]145.
[4] 同[1].
[5] 同[2]154.

自己的事情，同时需要借鉴各国教育现代化经验。

（二）树立人类命运共同体意识，加快教育对外开放

教育对外开放是我国改革开放事业的重要组成部分。教育事业既在对外开放中发展壮大，又在对外开放中走向世界。

坚持构建人类命运共同体是中国社会主义教育事业取得长足发展的重要理念，能够为中国教育事业的发展改革提供更加广阔的视野和更加丰富的实践经验，是优先发展教育道路越走越好的必经之路。同时，优先发展教育事业也是构建人类命运共同体的重要组成部分，是通过教育对外开放更好促进中国与世界交流、促进人类命运共同体构建进程的重要一步。当今世界是各国共同组成的命运共同体，应该牢固树立命运共同体意识。教育要为人类命运共同体的构建做出贡献。要通过更加紧密的互动交流，促进对人类各种知识和文化的认知，对各民族实现奋斗目标和未来愿景的体认，促进各国学生增进相互了解、树立世界眼光、激发创新灵感，确立为人类和平与发展贡献智慧和力量的远大志向。要进一步扩大教育开放，同世界一流资源开展高水平合作办学。

1. 教育要为人类命运共同体的构建做出贡献

党的十八大以来，习近平总书记对做好教育对外开放工作高度重视，对教育对外开放工作多次做出重要批示，审议有关重要文件，致电致信重要会议和活动，会见重要外国专家，在国际会议和外交场合阐发中国主张，这些实践和观点有力推动了我国教育对外开放工作大步前进[①]。

第一，牢固树立命运共同体意识。党的十八大报告强调要

[①] 教育部课题组. 深入学习习近平关于教育的重要论述. 北京：人民出版社，2019：252.

"倡导人类命运共同体意识"[①]。自此之后，人类命运共同体理念频繁出现在中国外交的话语体系中，习近平总书记多次在重要外交场合深刻阐释这一新理念新提法。在党的十九大报告中，习近平总书记多次提及人类命运共同体理念。当今世界，各国共同组成了命运共同体，应该牢固树立命运共同体意识。

第二，通过更加紧密的互动交流，促进对人类各种知识和文化的认知。在致清华大学苏世民学者项目启动的贺信中，习近平总书记深刻分析了世界发展的形势，论述了教育在为未来社会培养人才、促进人类和平与发展的作用。他指出，教育应该顺此大势，通过更加密切的互动交流，促进对人类各种知识和文化的认知，对各民族现实奋斗和未来愿景的体认，以促进各国学生增进相互了解、树立世界眼光、激发创新灵感，确立为人类和平与发展贡献智慧和力量的远大志向[②]。

第三，通过更加紧密的互动交流，促进对各民族实现奋斗目标和未来愿景的体认。习近平总书记站在构建人类命运共同体的高度对教育使命和青年成长提出了希望和要求，指明了教育对外开放的战略方向。国之交在于民相亲，民相亲在于心相通。心相通的深层基础是文化，关键在教育。习近平总书记指出，世界上有200多个国家和地区，2 500多个民族和多种宗教。如果只有一种生活方式，只有一种语言，只有一种音乐，只有一种服饰，那是不可想象的[③]。实现文明之间的和谐共存和互学互鉴，基础在教育。依靠教育使不同国家、不同文明的人群族群达到文化理解

[①] 胡锦涛. 坚定不移沿着中国特色社会主义道路前进　为全面建成小康社会而奋斗：在中国共产党第十八次全国代表大会上的报告. 人民日报，2012-11-18.
[②] 清华大学苏世民学者项目启动仪式在京举行　习近平奥巴马致贺信. 人民日报，2013-04-22.
[③] 习近平. 在联合国教科文组织总部的演讲. 人民日报，2014-03-28.

和民心相通。在新时代,通过更加紧密地互动交流,促进对各民族实现奋斗目标和未来愿景的体认。

第四,确立为人类和平与发展贡献智慧和力量的远大志向。教育的本质就是通过传授知识、提高品德、启迪智慧,培养促进社会发展的人才,提升每个人的生命质量和生命价值。在经济全球化的背景下,无论是坚持和平,还是战胜贫困、改善环境,都要依靠教育培养有远大志向、能为人类造福的人才。

2. 进一步扩大教育对外开放

新时代国际教育交流合作肩负着更加重大的使命。习近平总书记强调:"要以文明交流超越文明隔阂、文明互鉴超越文明冲突、文明共存超越文明优越,推动各国相互理解、相互尊重、相互信任。"[1]

第一,坚持构建人类命运共同体的教育开放观,扩大教育对外开放。"一带一路"倡议是我国对外开放的重点,教育对外开放工作也在扩大对"一带一路"沿线国家的交流中不断拓展。改革开放之初,我们主要是向西方发达国家学习,留学人员主要流向欧美发达国家。随着国家的不断发展,教育对外开放的活动半径不断扩大,交流深度不断增加。我们与发达国家继续深入交流合作,而且与其他国家不断扩大交流合作,"一带一路"沿线国家成为扩大教育交流合作的重点。

第二,同世界一流资源开展高水平合作办学。坚持构建人类命运共同体的教育开放观,同世界一流资源开展高水平合作办学。世界的希望在青年,教育的主要对象是青年,教育对外开放的工作重点在青年。习近平总书记特别强调要加强青年学生的国际理

---

[1] 习近平. 携手推进"一带一路"建设:在"一带一路"国际合作高峰论坛开幕式上的演讲. 北京:人民出版社,2017:11.

解教育，增进青年学生对不同国家、不同文化的认识和理解；不仅要促进中外语言互通，更要深入推进学校教育的深度合作与人文交流，在青少年的心中打牢相互尊重、相互学习、热爱和平、维护正义、共同进步的思想根基。这也是构建人类命运共同体的思想基础、文化基础和情感基础[①]。截至 2018 年年底，我国与 188 个国家和地区建立了教育交流与合作关系，与 46 个重要国际组织开展教育合作与交流，与 51 个国家和地区签署了学历学位互认协议。积极参与国际教育规则制定，提出 2030 教育可持续发展指标"中国方案"[②]。中外合作办学的规模和水平取得双提高。截至 2017 年底，经教育部审批设立的中外合作办学机构和项目共计 2 600 个，海外办学迈出了实质性步伐，已举办 100 多个本科以上境外办学机构和项目[③]。

四、坚持问题导向改革观，确保优先发展教育事业有精度

问题导向能够确保改革的针对性，是推进优先发展教育事业的先导与动力。坚持问题导向，推动教育事业向纵深发展，不断解决教育推进中遇到的各种问题，为教育事业改革提供源源不断的动力支撑。同时，优先发展教育事业也要求对中国教育发展道路及时提出问题与相应举措，坚持问题导向理念。

坚持优先发展教育事业必须坚持问题导向的教育改革观。问

[①] 教育部课题组. 深入学习习近平关于教育的重要论述. 北京：人民出版社，2019：254.
[②] 陈宝生. 落实 落实 再落实：在 2019 年全国教育工作会议上的讲话. 中国教育报，2019-01-31.
[③] 陈宝生. 在全国教育工作会议上的讲话. 中国教育报，2018-02-07.

题意识是推动教育事业发展的强大动力,习近平总书记关于坚持优先发展教育事业的重要论述具有强烈的问题意识、鲜明的问题导向。当前,中国教育改革进入深水区,要解决的都是牵动性强的深层次问题,我们围绕"培养什么人、怎样培养人、为谁培养人"这一根本问题,全面深化教育综合改革,全面推进教育现代化和教育强国建设。正是在解决这个问题的过程中,产生了一系列新理念新思想新观点。

坚持问题导向的教育改革观有两个突出的特点。

第一,新时代教育发展具有新的使命与新的目标。从教育与社会发展关系的角度,习近平总书记提出建设教育强国是中华民族伟大复兴的基础工程,坚持把服务中华民族伟大复兴作为教育的重要使命[①];从教育与人的发展关系的角度,他提出要把立德树人作为教育的根本任务,把立德树人成效作为检验学校一切工作的根本标准。教育目标是教育使命的具体化。新时代的教育目标是办人民满意的教育,人民满意的教育是更加公平和更有质量的教育。我们要坚持教育的人民性,这是新时代教育的根本宗旨。

第二,新时代教育发展具有新的路径与保障。习近平总书记提出新时代教育发展的基本路径是推进教育现代化,建设教育强国,扎根中国大地办教育。中国教育现代化要认真吸收世界上先进的办学治学经验,更要遵循教育规律,扎根中国大地,建设具有中国特色、世界水平的现代教育。其战略举措主要有:坚持党对教育事业的全面领导,坚持优先发展教育事业,坚持社会主义办学方向,坚持深化教育改革创新,坚持把教师队伍建设作为基础工作,等等。

---

① 习近平.决胜全面建成小康社会 夺取新时代中国特色社会主义伟大胜利:在中国共产党第十九次全国代表大会上的报告.人民日报,2017-10-28.

（一）教育改革应坚持问题导向

教育改革导向有两种：一种是理想导向的教育改革，一种是问题导向的教育改革。教育改革应坚持问题导向，推进教育改革创新。针对唯分数、唯升学、唯文凭、唯论文、唯帽子等不良倾向，改革评价制度；针对教育事业活力不足，深化办学体制和教育管理改革；针对高等教育与工作实践脱节问题，调整优化高校区域布局、学科结构、专业设置，建立健全学科专业动态调整机制。习近平总书记指出，我们要有强烈的问题意识，以重大问题为导向，抓住关键问题进一步研究思考，着力推动解决我国发展面临的一系列突出矛盾和问题。中国共产党人干革命、搞建设、抓改革，从来都是为了解决中国的现实问题[1]。

习近平总书记关于坚持优先发展教育事业的重要论述彰显了直面问题的勇气和魄力，既对"培养什么人、怎样培养人、为谁培养人"这一教育的根本问题做了系统回答，也对人民群众关心的热点难点问题做了有力回应。直面问题的同时更注重有效解决问题，而解决问题从来都是紧扣目标展开，使解决问题的答案与工作目标高度契合。直面矛盾、在解决矛盾中前进，是我们党的鲜明特征。近年来，我国的教育事业始终坚持问题导向，在许多方面取得了长足的进展，教育总体质量在不断提高，公平性在不断完善。

但是矛盾仍然存在，人民日益增长的教育需求和教育不均衡不充分的发展之间的矛盾尚未解决，质量和公平是当前我国教育改革发展中的主要问题。比如，针对满足人民群众多样化教育校

---

[1] 习近平. 关于《中共中央关于全面深化改革若干重大问题的决定》的说明. 人民日报，2013-11-16.

坚持优先发展教育事业

际差距甚至班级差距等问题,中央提出了发展"优质公平教育",这正是坚持了问题导向[①],积极回应了当前教育发展存在的现实问题,更进一步为教育强国注入了勇于革新、永不停滞的鲜活力量。坚持问题导向的改革观,要求在实践中直面问题,不畏艰险,迎难而上,在斗争中实现突破。

(二) 推进教育改革创新

习近平总书记在党的十九大报告中指出,"建设教育强国是中华民族伟大复兴的基础工程,必须把教育事业放在优先位置,深化教育改革"[②]。党的十八大以来,习近平总书记站在党和国家事业全局的高度,明确提出要"推进教育改革,提高教育质量,培养更多、更高素质的人才"[③],推动我国教育总体发展水平迈入世界中上行列,为中国特色社会主义教育事业的加快发展指明了方向。

一是改革教育评价体制机制。习近平总书记指出,要深化教育体制改革,健全立德树人落实机制,扭转不科学的教育评价导向,坚决克服唯分数、唯升学、唯文凭、唯论文、唯帽子的顽瘴痼疾,从根本上解决教育评价指挥棒问题。教育评价具有导向作用,是教育教学活动的"指挥棒",是教育质量提升的"助推器"。教育评价既为教育质量高与低的程度判断提供标准,又为教育质量好与坏的性质判断提供引导。党的十八大以来,我国不断优化与改革教育评价体系,以新的中考、高考改革为突破口,在评价

---

① 教育部课题组. 深入学习习近平关于教育的重要论述. 北京:人民出版社,2019:164.
② 习近平. 决胜全面建成小康社会 夺取新时代中国特色社会主义伟大胜利:在中国共产党第十九次全国代表大会上的报告. 人民日报,2017-10-28.
③ 习近平会见清华大学经管学院顾问委员会海外委员. 人民日报,2013-10-24.

依据、评价主体、评价内容、评价方式等方面实现了整体变革①。在教育评价依据上，扭转单纯以考试成绩和学校升学率评价中小学教育质量的倾向，构建包括学生品德、学业发展、身心发展、兴趣特长、学业负担五个方面的中小学教育质量综合评价指标框架；在教育评价主体上，国家、省、市、县四级人民政府教育督导机构不断完善，教育督导工作迈向常规化和专业化；在教育评价内容上，改变单纯重视分数的量化考核方式，增加描述性、质性的学生综合素质评价方式；在教育评价方式上，改革考试招生制度，使其适应不同学段和类型的培养目标，借助学业水平考试和高考实现合理分流，以分类考试、统一高考与自主招生结合来拓宽学生进入高等学校的道路。

二是深化办学体制和教育管理改革。推进教育改革创新，深化办学体制和教育管理改革。构建育人环境，制度是保障。习近平总书记在考察北京市八一学校时指出，要深化办学体制、管理体制、经费投入体制、考试招生及就业制度等方面的改革，深化学校内部管理制度、人事薪酬制度、教学管理制度等方面的改革，深化人才培养模式、教学内容及方式方法等方面的改革，使各级各类教育更加符合教育规律、更加符合人才成长规律②。党的十八大以来，国家坚持目标导向和问题导向相结合，坚持顶层设计和基层探索相结合，坚持综合改革和重点突破相结合，深化育人方式、办学模式、管理体制和保障机制改革，不断创新人才培养模式、方式方法和考试评价机制，提高教育治理水平和教育教学质量，为提高人才培养质量营造了良好制度环境。

---

① 教育部课题组.深入学习习近平关于教育的重要论述.北京：人民出版社，2019：210.
② 习近平在北京市八一学校考察时强调　全面贯彻落实党的教育方针　努力把我国基础教育越办越好.人民日报，2016-09-10.

三是健全学科专业动态调整机制。推进教育改革创新,健全学科专业动态调整机制。习近平总书记指出,要深化办学体制和教育管理改革,充分激发教育事业发展生机活力。要提升教育服务经济社会发展能力,调整优化高校区域布局、学科结构、专业设置,建立健全学科专业动态调整机制,加快一流大学和一流学科建设,推进产学研协同创新,积极投身实施创新驱动发展战略,着重培养创新型、复合型、应用型人才。扩大教育开放,同世界一流资源开展高水平合作办学[①]。完善"双一流"建设体系和动态调整机制,提升人才培养、创新能力和服务贡献水平。顺应国家未来发展和产业转型方向,及时对高校学科专业进行改革调整。整合优势力量开展协同创新和长期持续攻关,为科技创新提供支撑。

五、坚持"强国一代、'四有'好老师"师生观,确保优先发展教育事业有效度

优先发展教育事业最终要落实到教育者与受教育者,只有树立正确的学生观和教师观,才能产生实际效果,确保优先发展教育事业的实效。一方面,坚持"强国一代"的学生观是优先发展教育事业的价值旨归和根本指向,优先发展教育事业的根本目的是塑造"强国一代",塑造德智体美劳全面发展的社会主义建设者和接班人,塑造担当民族复兴大任的时代新人。另一方面,塑造"强国一代"需要好的教育者保驾护航,坚持优先发展教育事业必须坚持"四有好老师""四个引路人"的教师观,只有抓好教师队

---

① 习近平在全国教育大会上强调 坚持中国特色社会主义教育发展道路 培养德智体美劳全面发展的社会主义建设者和接班人.人民日报,2018-09-11.

伍建设，才能保障教育事业的发展。

（一）坚持"强国一代"的学生观

以教育优先发展支撑国家现代化未来。作为新时代的青年，他们是当之无愧的"强国一代"，是国家的未来。教育对于整个社会的发展具有基础性、先导性、全局性作用。世界发展的历史表明，教育兴则科技兴、经济兴、国力旺；中国当代自身的发展表明，教育既是改革开放基本国策的实践者和受益者，也是国力增强的强力推动者。党的十八大以来，习近平总书记对青年、青年成长成才、青年教育、青少年和共青团工作进行了精深透彻的系列论述。实现中华民族伟大复兴的中国梦，需要一代又一代有志青年接续奋斗。每一代青年都有自己的人生际遇，当代青年处于一个伟大的时代，中华民族迎来了从站起来、富起来到强起来的伟大飞跃。国家的前途、民族的命运、人民的幸福，是"强国一代"必须和必将承担的重任。青年一代有理想、有本领、有担当，国家就有前途，民族就有希望。党中央始终把促进青年更好成长和更快发展，作为党和国家的基础性工程和战略性工程来抓，因此，坚持优先发展教育事业必须坚持"强国一代"的学生观。

实现中华民族伟大复兴的中国梦需要一代又一代有志青年接续奋斗。青年是党和人民事业永续发展的力量来源，是新时代坚持和发展中国特色社会主义的生力军。习近平总书记对青年寄予了深切的期望，他教导青年：第一要坚定理想信念，第二要练就过硬本领，第三要勇于创新创造，第四要矢志艰苦奋斗，第五要锤炼高尚品格。总之，只有进行了激情奋斗的青春，只有进行了顽强拼搏的青春，只有为人民做出了奉献的青春，才会留下充实、温暖、持久、无悔的青春回忆①。

每一代青年都有自己的人生际遇。当前世界多极化、经济全球化、社会信息化、文化多样化深入发展，和平发展的大势依然强劲，变革创新的步伐继续向前。习近平总书记强调，教育应该促进各国学生确立为人类和平与发展贡献智慧和力量的远大志向②。习近平总书记在北京大学师生座谈会上发表重要讲话，他指出，高校只有抓住培养社会主义建设者和接班人这个根本才能办好，才能办出中国特色世界一流大学。在谈到高校要坚持正确政治方向时，他明确要求："要坚持不懈培育和弘扬社会主义核心价值观，引导广大师生做社会主义核心价值观的坚定信仰者、积极传播者、模范践行者。"③

当代青年处于一个伟大的时代。进入新世纪后，我国成为世界第二大经济体。要高度重视对青年一代的思想政治工作，完善思想政治工作体系，不断创新思想政治工作内容和形式，教育引导广大青年形成正确的世界观、人生观、价值观，增强中国特色社会主义道路、理论、制度、文化自信，确保青年一代成为社会主义建设者和接班人。我们应当保持清醒，一方面在国际坐标中找准位置，在价值制高点上掌握话语权，承担国际责任，建立国际信任；另一方面还要认清现实，本着务实的态度，辩证地看待中华民族伟大复兴和人类命运共同体构建的关系，充分发挥教育的基础性、先导性、全局性功能④。习近平总书记在党的十九大报告中指出："广大青年要坚定理想信念，志存高远，脚踏实地，

---

① 习近平. 在同各界优秀青年代表座谈时的讲话. 人民日报，2013-05-05.
② 清华大学苏世民学者项目启动仪式在京举行 习近平奥巴马致贺信. 人民日报，2013-04-22.
③ 习近平. 在北京大学师生座谈会上的讲话. 人民日报，2018-05-03.
④ 教育部课题组. 深入学习习近平关于教育的重要论述. 北京：人民出版社，2019：125.

勇做时代的弄潮儿，在实现中国梦的生动实践中放飞青春梦想，在为人民利益的不懈奋斗中书写人生华章!"[①] 青少年学生要不断坚定共产主义远大理想和中国特色社会主义共同理想，弘扬和践行社会主义核心价值观，保持积极健康向上的思想状态。

（二）坚持"四有好老师"和"四个引路人"的教师观

百年大计，教育为本；教育大计，教师为本。教师是教育发展的第一资源，是国家富强、民族振兴、人民幸福的重要基石。坚持"四有好老师""四个引路人"的教师观是坚持优先发展教育事业的先导理念和支撑根基，是促进教育事业源源不断发展的根本依靠。教师队伍的建设也需要优先发展教育战略的理论指导，保障教师队伍建设工作不变形、不走样。

习近平总书记强调，要坚持优先发展教育事业，坚持社会主义办学方向，坚持深化教育改革创新，坚持把教师队伍建设作为基础工作。立足新时代，站在新起点，必须把教师队伍建设摆在重要战略地位。2018 年全国教育大会以来，全国各省（区、市）根据自身实际，分别制定出台了全面深化新时代教师队伍建设改革的实施意见，构建了中央意见统领、地方意见支持的整个制度体系；中共中央、国务院印发的《中国教育现代化 2035》将"建设高素质专业化创新型教师队伍"作为面向教育现代化的十大战略任务之一；《关于学前教育深化改革规范发展的若干意见》《关于深化教育教学改革全面提高义务教育质量的意见》《关于新时代推进普通高中育人方式改革的指导意见》等文件，对新时代不同学段的教师队伍建设改革提出了具体要求；中共中央办公厅、国

[①] 习近平. 决胜全面建成小康社会 夺取新时代中国特色社会主义伟大胜利：在中国共产党第十九次全国代表大会上的报告. 人民日报，2017 - 10 - 28.

务院办公厅2019年8月印发的《关于深化新时代学校思想政治理论课改革创新的若干意见》，则对新时代建设一支政治强、情怀深、思维新、视野广、自律严、人格正的思政课教师队伍做了全面部署。

教师的工作是塑造灵魂、塑造生命、塑造人的工作。建设高素质的教师队伍是建设教育强国的依靠。高素质教师队伍是由一个一个好老师组成的，也是由一个一个好老师带出来的。好老师必须有理想信念、有道德情操、有扎实学识、有仁爱之心。好老师要做好"四个引路人"，即做学生锤炼品格的引路人，做学生学习知识的引路人，做学生创新思维的引路人，做学生奉献祖国的引路人。评价教师队伍素质的第一标准应该是师德师风。

一是好老师必须有理想信念、有道德情操、有扎实学识、有仁爱之心。习近平总书记不仅对教师问题有非常丰富的论述，而且多次到学校看望教师，多次给教师写信[1]，以实际行动充分体现出对教育的重视、对教师的敬重，以实际行动指出好老师是民族的希望。在党的十九大报告中，习近平总书记代表党中央再次明确指出："加强师德师风建设，培养高素质教师队伍，倡导全社会尊师重教。"[2] 理想信念，是源头活水，是好教师的不竭动力；道德情操，是境界修为，是好教师的成长阶梯；扎实学识，是行动利器，是好教师的实践工具；仁爱之心，是幸福之本，是好教师的成就之根。

教师是人类灵魂的工程师和人类文明的传承者。教育大计，教师为本。党和国家高度重视教师队伍建设，坚持教育优先发展

---

[1] 教育部课题组.深入学习习近平关于教育的重要论述.北京：人民出版社，2019：130.
[2] 习近平.决胜全面建成小康社会 夺取新时代中国特色社会主义伟大胜利：在中国共产党第十九次全国代表大会上的报告.人民日报，2017-10-28.

的战略地位，把教师工作置于教育事业发展的重点支持领域，确立了教师队伍建设在整个教育事业中的"三个优先"地位：优先谋划教师工作，优先保障教师工作投入，优先满足教师队伍建设需要。2014年5月4日，习近平总书记在北京大学师生座谈会上指出："教师要时刻铭记教书育人的使命，甘当人梯，甘当铺路石，以人格魅力引导学生心灵，以学术造诣开启学生的智慧之门。"[1] 习近平总书记在同北京师范大学师生代表座谈时的重要讲话，集中反映了他对教师的定义。他首先论述了教师的作用："教师是人类历史上最古老的职业之一，也是最伟大、最神圣的职业之一。"[2] 教师之所以重要，就在于教师的工作是塑造灵魂、塑造生命、塑造人的工作，教师肩负实现"两个一百年"奋斗目标、中华民族伟大复兴中国梦的使命和责任。他希望广大教师认清肩负的使命和责任，努力为发展具有中国特色、世界水平的现代教育，培养社会主义事业建设者和接班人做出更大贡献[3]。在全国教育大会上，习近平总书记进一步强调了教师的神圣使命。他指出，教师是人类灵魂的工程师，是人类文明的传承者，承载着传播知识、传播思想、传播真理、塑造灵魂、塑造生命、塑造新人的时代重任[4]。

建设高素质的教师队伍是建设教育强国最重要的基础工作。教师是立教之本，兴教之源。建设高素质的教师队伍是建设教育强国的基础工作。习近平总书记将教育和教师工作提到了前所未

---

[1] 习近平. 青年要自觉践行社会主义核心价值观：在北京大学师生座谈会上的讲话. 人民日报，2014-05-05.

[2][3] 习近平. 做党和人民满意的好老师：同北京师范大学师生代表座谈时的讲话. 人民日报，2014-09-10.

[4] 习近平在全国教育大会上强调 坚持中国特色社会主义教育发展道路 培养德智体美劳全面发展的社会主义建设者和接班人. 人民日报，2018-09-11.

有的政治高度，对于建设教育强国、实现中华民族伟大复兴的中国梦，具有十分重要的意义。我们必须坚持以新时代发展为根本要求，把握新时代教师队伍建设的时代使命；坚持以党的领导为根本保证，确保新时代教师队伍建设的政治方向。教育是我们党意识形态工作的重要基础和前沿阵地，教师是意识形态工作的直接参与者和具体实践者，中国教育事业的路怎样走，学生的魂铸成几何，从某种意义上说，决定权就掌握在教师手中。习近平总书记非常重视教师队伍建设，指出"教师是立教之本、兴教之源，承担着让每个孩子健康成长、办好人民满意教育的重任"[①]。教师是在为国家和民族培育未来，也影响着未来。实践中，一方面，要着力端正教师队伍的价值取向[②]。习近平总书记勉励教师要努力做到"三个牢固树立"，即牢固树立中国特色社会主义理想信念、牢固树立终身学习理念、牢固树立改革创新意识。教育工作者要切实落实好习近平总书记提出的"好老师"四条标准，不断坚定理想信念，不断锻炼道德情操，不断提高学习水平，不断增强仁爱之心，持之以恒地做学生锤炼品格的引路人、做学生学习知识的引路人、做学生创新思维的引路人、做学生奉献祖国的引路人。另一方面，要着力提高教师队伍整体素质。在严把教师入口关的基础上，通过在职培训、专题研修、教学研究、远程教育、送教下乡、观摩示范等多种形式，不断提高教师特别是贫穷落后地区教师的业务能力，增强教师队伍的战斗力。

二是好老师要当好"四个引路人"。教师工作的特点，决定了教育是一项极其复杂的劳动，需要用整个身心竭尽全力投入。教师不仅是在塑造学生的心灵，塑造人的生命，其实也是在塑造未

[①] 习近平向全国广大教师致慰问信．人民日报，2013-09-10．
[②] 教育部课题组．深入学习习近平关于教育的重要论述．北京：人民出版社，2019：169．

来社会的形象，创造未来社会的品质[1]。正是在这个意义上，习近平总书记深有感触地说："一个人遇到好老师是人生的幸运，一个学校拥有好老师是学校的光荣，一个民族源源不断涌现出一批又一批好老师则是民族的希望。"[2]

第一，"好老师"的四条标准。怎样才能成为好老师呢？习近平总书记提出了四条标准，即要有理想信念、要有道德情操、要有扎实学识、要有仁爱之心[3]。他鼓励教师做学生锤炼品格的引路人、学习知识的引路人、创新思维的引路人、奉献祖国的引路人[4]。习近平总书记在全国高校思想政治工作会议上强调，高校教师要努力成为先进思想文化的传播者、党执政的坚定支持者，更好担起学生健康成长的指导者和引路人的责任[5]。他的讲话指出了好教师应具有的素质，为教师的培养和专业成长指明了方向。

第二，师德师风是评价教师队伍素质的第一标准。在党的十九大报告中，习近平总书记代表党中央明确指出，要"加强师德师风建设，培养高素质教师队伍，倡导全社会尊师重教"[6]。师德师风是评价教师队伍素质的第一标准。2014年教师节前夕，习近平总书记在同北京师范大学师生代表座谈时，提出"四有好老师"要求。全国教育大会后，教育部于2018年11月印发《新时代中小学教师职业行为十项准则》《新时代幼儿园教师职业行为十项准

---

[1] 教育部课题组．深入学习习近平关于教育的重要论述．北京：人民出版社，2019：133．

[2][3] 习近平．做党和人民满意的好老师：同北京师范大学师生代表座谈时的讲话．人民日报，2014-09-10．

[4] 习近平在北京市八一学校考察时强调 全面贯彻落实党的教育方针 努力把我国基础教育越办越好．人民日报，2016-09-10．

[5] 习近平在全国高校思想政治工作会议上强调 把思想政治工作贯穿教育教学全过程 开创我国高等教育事业发展新局面．人民日报，2016-12-09．

[6] 习近平．决胜全面建成小康社会 夺取新时代中国特色社会主义伟大胜利：在中国共产党第十九次全国代表大会上的报告．人民日报，2017-10-28．

则》，明确新时代教师职业规范，划定基本底线，深化师德师风建设；为使准则更好落地执行、取得实效，同时制定印发了《幼儿园教师违反职业道德行为处理办法》，修订了《中小学教师违反职业道德行为处理办法》，对违反师德行为的认定、查处等做出具体规定，明确学校的主体责任以及师德师风建设失职失责情形，建立违规行为的受理处理机制和责任追究机制，完善师德失范问题的防范与查处工作体系，师德师风建设进入制度化、法治化轨道。2018年4月以来，教育部组织各地各校开展师德建设长效机制贯彻落实情况专项督查，并对8个省份进行实地抽查；全国各地加大师德师风建设，如上海探索建立教师师德荣誉等级制度，探索建立教师以德立身、以德立学、以德施教、以德育德的考核机制，探索教师对学生失范行为合理惩戒办法，江西推进"万师访万家"活动常态化制度化。2019年4月，教育部举办以师德师风建设为专题的研修班。同时，积极开展师德师风专项治理。

把教师队伍建设作为最重要的基础工作，建设一支宏大的高素质专业化教师队伍。教师是教育发展的第一资源。习近平总书记高度重视教师队伍建设，提出了"四有好老师""四个引路人""四个相统一"等一系列要求，为教师队伍建设指明了方向。习近平总书记在全国高校思想政治工作会议上强调，要加强师德师风建设，坚持教书和育人相统一，坚持言传和身教相统一，坚持潜心问道和关注社会相统一，坚持学术自由和学术规范相统一，引导广大教师以德立身、以德立学、以德施教[1]。好老师的道德情操最终要体现到对所从事职业的忠诚和热爱上来。真正的教育不

---

[1] 习近平在全国高校思想政治工作会议上强调 把思想政治工作贯穿教育教学全过程 开创我国高等教育事业发展新局面. 人民日报，2016-12-09.

仅发生在课堂上，同时发生在师生交流的任何一个时刻[①]。教师的道德情操，彰显出榜样的力量，体现出生命对生命的灌溉、精神对精神的濡染。

当前，我国社会主要矛盾已经转化为人民日益增长的美好生活需要和不平衡不充分的发展之间的矛盾。推进城乡教育一体化发展，进一步促进教育均衡发展，解决好教育发展不平衡不充分的问题，满足人民群众对美好教育生活的向往，成为今后我国教育改革和发展的主要任务。满足人民群众对美好教育生活的向往，就是要更好地满足人民群众对多样、特色、优质教育的强烈需求，这对教师队伍素质提出了越来越高的要求。建设一支高质量的教师队伍，是坚持优先发展教育事业的根本保障。

习近平总书记关于坚持优先发展教育事业的重要论述高屋建瓴、博大精深、结构完整、内容丰富、逻辑严谨，坚守共产主义远大理想和中国特色社会主义共同理想，坚持以人民为中心，处处散发着马克思主义基本原理与中国具体实践紧密结合的思想光辉，体现了以爱国主义为核心的民族精神和以改革创新为核心的时代精神，是一个从实践到认识再到实践的循环开放体系，是被实践证明了的真理，是认识论、实践论和方法论的总集成。

---

① 教育部课题组.深入学习习近平关于教育的重要论述.北京：人民出版社，2019：135.

坚持优先发展教育事业的基本任务（上）
——发展新时代公平而有质量的教育事业

公平和质量,是贯穿我国教育事业改革和发展的关键词。"十三五"规划把"促进教育公平""提高教育质量"确立为教育发展的两大战略主题,近年的政府工作报告多次强调教育公平和质量,党的十九大报告庄严承诺"努力让每个孩子都能享有公平而有质量的教育",我国教育事业在兼顾公平和质量的同时不断发展壮大。准确把握"十四五"时期教育改革发展宏观形势,深刻认识我国进入高质量发展阶段的新特征新要求,对谋划建设高质量教育体系至关重要。

进入新时代,向着更公平更有质量的教育目标一步步迈进,就是要让人民群众更满意,就是要更适应全球教育竞争新态势、更符合实现教育现代化新要求,就是要更好地培养担当民族复兴大任的时代新人,为实现伟大梦想奠定坚实基础、提供有力支撑。

一、发展公平而有质量的教育事业的历程与新内涵

发展公平而有质量的教育事业,具有深刻的马克思主义理论根源和中国特色社会主义教育事业发展经验。新中国成立70多年来,党和国家始终把教育优先发展摆在首要位置,大力推进教育改革发展,各项教育事业发生天翻地覆的变化。一条弥足珍贵的总经验,就是始终把提高教育质量作为核心任务,贯穿教育改革发展和人才培养的全过程。

(一)发展公平而有质量的教育事业的理论根源

促进教育公平是马克思主义创始人的崇高理想。争取无产阶

级的受教育权，实现社会各阶层群众受教育机会的平等，是马克思主义的一贯主张，也是马克思主义教育思想的核心内容。

马克思和恩格斯认为，在资本主义社会不可能实现教育机会和权利的真正民主和平等。马克思曾呼吁欧洲工人阶级要为本阶级儿童的利益向资产阶级展开斗争。马克思和恩格斯主张，工人阶级必须为争取教育机会的平等而奋斗，尤其是为争取其子女获得义务教育的权利而奋斗。

马克思和恩格斯认为，促进教育公平最终目的是促进人的全面发展。马克思认为，在资本主义生产方式下，教育是为资产阶级服务的。它一方面培养资产阶级所需要的统治人才；另一方面又把无产阶级训练成资本的工具，剥夺他们身心正常发展的可能性，剥夺他们受教育的机会。因此，资本主义教育的权利是不平等的，脑力劳动和体力劳动的分离，培养出来的人只能是片面发展的人。正是在对资本主义教育批判的基础上，马克思揭示出教育的最终目的是培养全面发展的人。要实现这种全面发展，唯一的方法是教育与生产劳动相结合。马克思指出："未来教育对所有已满一定年龄的儿童来说，就是生产劳动同智育和体育相结合，它不仅是提高社会生产的一种方法，而且是造就全面发展的人的唯一方法。"[1]

马克思和恩格斯指明了实现教育机会平等的历史方向。马克思和恩格斯号召工人阶级不仅要在夺取政权以前积极开展争取教育权的斗争，而且在夺取政权以后，更应该广泛地普及人民大众的教育。在《共产党宣言》中，马克思和恩格斯指出，在无产阶级夺取政权之后，应该"对所有儿童实行公共的和免费的教育"[2]。恩格斯

---

[1] 马克思，恩格斯．马克思恩格斯文集：第9卷．北京：人民出版社，2009：339.
[2] 马克思，恩格斯．马克思恩格斯文集：第2卷．北京：人民出版社，2009：53.

主张,"所有的儿童,从能够离开母亲照顾的时候起,都由国家出钱在国家设施中受教育"①。关于实现教育权利与机会平等的途径,马克思和恩格斯指出:这个问题有一种特殊的困难之处,一方面,为了建立正确的教育制度,需要改变社会条件;另一方面,为了改变社会条件,又需要相应的教育制度。在马克思和恩格斯看来,只有建立无产阶级领导下的崭新的教育制度,工人阶级受教育的问题才能得到根本的解决,教育机会的平等也才能成为现实。

(二) 发展公平而有质量的教育事业成为国家基本教育政策

促进教育公平,是马克思主义教育理论的重要价值目标,也是中国共产党人始终不懈的历史追求。中国共产党成立以来,在领导中国革命与建设的各个历史时期,一直遵循并实践着这一目标,不断丰富、实践和发展着马克思主义的教育理想。新中国成立70多年来,中国政府面对全世界人口最多、底子最薄、发展最不平衡的教育现状,披荆斩棘、砥砺前行,坚持教育优先发展,大力推进教育公平。从面向"工农大众"保障底线公平,到办优质公平的教育,"让每个孩子都有人生出彩的机会",我国实现了从人口和文盲大国到教育大国的历史性跨越,为世界教育公平的推进积累了宝贵经验。其中,把教育公平和高质量发展作为国家基本教育政策是中国教育公平跨越式发展的基本经验之一。

中国共产党自成立起就关心人民大众的教育。《中华苏维埃共和国宪法大纲》规定:"中国苏维埃政权以保证工农劳苦民众有受教育的权利为目的。"抗日战争时期,陕甘宁边区革命政府公布了《小学法》和《实施普及教育暂行条例》,明确提出:"义务教育就

---

① 马克思,恩格斯. 马克思恩格斯文集:第1卷. 北京:人民出版社,2009:686.

是每个国民所必须接受的最基本的教育，一方面每个人都有受这种教育的义务；另一方面，国家有使每个人能受到这种教育的义务。"在解放战争时期，党领导的东北等解放区提出，教育要普及化、大众化，并与新民主主义的政治结合起来；同时还提出免费入学的措施，人人有受教育的权利。

新中国成立后，党和政府更加重视人民教育的普及。以毛泽东同志为核心的党的第一代中央领导集体，始终把扩大人民群众受教育的机会、提高全体国民受教育水平和科学文化素质作为崇高的奋斗目标，在理论、政策和实践上坚持把让人民大众接受教育作为基本的价值追求。一是确立"民族的、科学的、大众的"文化教育方针。教育为工农服务方针的确立，在中国历史发展中首次将占人口最大多数的劳动人民纳入教育体系，教育公平亦首次成为正式的教育制度安排。二是一切学校向工农开门。政务院讨论通过的《关于学制改革的决定》明确提出，要充分保障全国人民，首先是工农劳动人民和工农干部受教育的权利，为他们提供充分的受教育机会。这体现了新中国重视社会公平、教育公平的基本价值取向。三是创建社会主义的教育制度。在改造旧中国教育的基础上，制定教育发展计划、实行高校院系调整、建立完整的初等到高等教育体系、大力扶持少数民族教育、试行两种教育制度与两种劳动制度，为广大人民群众接受良好教育提供了基本政策保障。四是遵循宪法精神，建立起多个层级的教育法律体系，从根本上保障了受教育者的权益，中国进入人人享有平等受教育权利的教育公平新阶段。

改革开放后，从"效率优先、兼顾公平"到"均衡发展"，提高质量逐渐成为教育改革发展的核心任务。改革开放以来，党和政府努力满足人民群众不断增长的教育需求。以邓小平同志为核

坚持优先发展教育事业

心的党的第二代中央领导集体，始终把教育作为关系社会主义现代化建设全局和中华民族前途命运的根本问题，确立了教育优先发展的战略地位。一是通过恢复高考招生制度扩大增量、改善办学条件推动教育公平。高考制度的恢复，重新确立了人才选拔的公平、公正和科学的原则，是促进教育公平的重大举措。二是从体制改革入手，系统地进行教育改革。以改革教育体制为重点，推动各级各类教育全面发展，有步骤地普及九年义务教育。特别是《中华人民共和国义务教育法》的正式颁布实施，有力地促进了我国基础教育的发展，依法保障了少年儿童受教育的权利。

以江泽民同志为核心的党的第三代中央领导集体，从我国基本国情出发，坚定不移地实施科教兴国战略，推动教育事业蓬勃发展。一是基本普及九年义务教育、基本扫除青壮年文盲工作取得巨大成就，全民受教育水平大大提高。二是深化教育教学改革，全面推进素质教育。三是扩大高等教育招生规模，顺应了广大群众对加快高等教育发展的强烈需求，增加了高等教育的入学机会。

21世纪以来，我们党正式提出把推进教育公平和树立科学的质量观作为国家基本教育政策。党的十六大以来，以胡锦涛同志为总书记的党中央坚持以人为本、科学发展，深入实施科教兴国战略和人才强国战略，强调教育是民族振兴的基石，教育公平是社会公平的重要基础，做出了优先发展教育、建设人力资源强国的重大战略决策。城乡免费义务教育全面实现：坚持教育公益性质，用发展的办法促进教育公平；健全学生资助政策体系。《教育部关于进一步推进义务教育均衡发展的若干意见》颁布，首次以"均衡发展"为主题推进义务教育发展。从"兼顾公平"到"均衡发展"，我国教育公平的价值取向实现了转型，从正式的制度安排升级为突出的制度安排，从以效率发展促公平进入以均衡发展促公平的新阶段。

胡锦涛同志在 2007 年全国优秀教师代表座谈会上提出"要把促进教育公平作为国家基本教育政策"。《国家中长期教育改革和发展规划纲要（2010—2020 年）》明确要求树立科学的教育质量观，把促进人的全面发展、适应社会需要作为衡量教育质量的根本标准。这一时期，国家教育投入不断增加，教育法律法规逐步建立，教师教育不断发展，教育对外交流日益拓展，为教育质量的提升提供了有力保障。

进入新时代，发展公平而有质量的教育事业被摆在更加突出的战略位置。适应我国社会主要矛盾变化，着眼解决发展不平衡不充分问题，党的十九大对教育事业提出了新的要求，对新时代教育工作做出了全面系统的部署。党的十九大坚持以人民为中心的思想，强调办人民满意的教育和推进教育公平，解决好发展不平衡的问题，明确要求推进城乡义务教育一体化发展，高度重视农村义务教育，普及高中阶段教育，支持和规范社会力量兴办教育，加快建设学习型社会，健全学生资助制度，使绝大多数城乡新增劳动力接受高中阶段教育，使更多人接受高等教育。这些要求进一步明确了聚焦主要矛盾、推动解决教育发展不平衡问题的重点领域和重要方面，成为今后一个阶段教育改革发展的重要取向。

党的十九大着眼实现中华民族伟大复兴的宏伟目标，从培养担当中华民族伟大复兴大任的时代新人的高度，强调教育要实现高质量发展，解决好发展不充分问题，明确了教育发展的总体目标是加快教育现代化，办人民满意的教育；根本任务是全面贯彻党的教育方针，落实立德树人，发展素质教育，培养德智体美全面发展的社会主义建设者和接班人；实现路径是办好学前教育、特殊教育、网络教育、继续教育,深化职业教育产教融合、校企合作,实现高等教育内涵式发展,培养和造就高素质的教师队伍。落实好这些要求,既是实现中华民族伟大复兴中国梦的根本要求,是满足人民群众美好生活需要的必然要求,也是教育自身改革发展的现实要求。

截至2019年,我国共有各级各类学校53.01万所,各级各类学历教育在校生2.82亿人,各级各类专任教师1 732.03万人。我国初中阶段、高中阶段和高等教育的毛入学率分别达102.6%、89.5%、51.6%。普惠性幼儿园覆盖率达76.01%,建档立卡贫困家庭辍学学生清零,义务教育有保障的目标基本实现。支撑社会主义现代化强国建设的能力明显增强。高校每年输送800多万专门人才,为经济社会发展提供强有力的人才支撑。职业学校每年输送近1 000万名技术技能人才,开展培训上亿人次。建立健全教育投入稳定增长长效机制。2019年全国教育经费总投入为50 178.12亿元,首次超过5万亿元,自2012年实现财政性教育经费支出占GDP4%目标以来,这一比例连续8年保持在4%以上。每一个数字的提升都彰显着中国教育质量提升的成效。各级教育普及程度达到或超过中高收入国家平均水平,亿万人民通过受教育实现着完善自身、改变命运、创造美好生活的愿望,人民群众的获得感、幸福感、安全感不断增强。

党的十九届五中全会的召开和"十四五"规划的出台,再一次奏响了新时代发展公平而有质量教育事业的最强音。教育是事关国家发展和民族未来的千秋基业。党的十九届五中全会通过的《中共中央关于制定国民经济和社会发展第十四个五年规划和二〇三五年远景目标的建议》,明确了"建设高质量教育体系"的政策导向和重点要求,《建议》指出,"'十四五'时期是我国全面建成小康社会、实现第一个百年奋斗目标之后,乘势而上开启全面建设社会主义现代化国家新征程、向第二个百年奋斗目标进军的第一个五年"。我们必须准确把握"十四五"时期教育改革发展宏观形势,深刻认识我国进入公平而有质量发展阶段的新特征新要求,锚定2035年建成教育强国的目标,全力抓好贯彻落实。

(三) 发展公平而有质量的教育事业是新时代的重大战略主题

发展公平而有质量的教育,根本目的是要努力办好人民满意的教育,让每个人都有机会通过教育改变自身命运、成就人生梦想。新时代的教育,能否满足人民群众日益个性化、多样化、不断升级的需求,归根结底取决于能否做到"公平而有质量"这个关键所在;如果说"百年大计,教育为本",那么"公平而有质量"就是教育这个百年大计的根本所在;党的十九大报告提出建设教育强国,强就强在"公平而有质量"这个核心所在。可见,突出强调"公平而有质量",就是要顺应我国社会主要矛盾发生的历史性变化,推动我国教育实现从"有没有"到"好不好"、从"大起来"到"强起来"的根本性转变。

1. 教育公平的新时代内涵

教育公平通常指每个社会成员都享有同等的受教育权利与受教育机会,享有同等的教育资源,享有同等的教育质量,享有同等的就业机会,并向社会弱势群体给予一定的倾斜。

教育公平的基本要求是保障公民依法享有受教育权利。在现代社会,权利是个体行动资格的许可与保障,在法律面前人人平等。就此而言,推进教育公平的基本要求就是要在法律上保障人人享有平等的受教育权。

教育公平的关键是机会公平。在各种各样的公共教育资源中,教育机会是最核心也是最重要的教育资源，它意味着一个人接受某种类型和阶段教育的可能性。教育公平的关键就在于不同类型或阶段的教育机会在社会人群之间的平等分配，或是采取切实可行的措施缩小业已存在的教育机会差距。

教育公平的重点是促进义务教育均衡发展。义务教育是国民教育的基础，是国家统一实施的所有适龄儿童、少年必须接受的教育。义务教育作为初始和覆盖最广泛的学校教育，是社会公平的起点，均衡发展是其本质要求。2019年，我国各级教育普及程度达到或超过中高收入国家平均水平，九年义务教育巩固率达94.8%，这标志着我国义务教育进入优质均衡发展的新阶段。

教育公平的另一个重点是扶持困难群体。对弱势群体的资源倾斜或优先补偿是社会正义和以人为本的合理要求。对困难群体教育的差别对待与弱势补偿，也是推进教育公平的重点和难点之一。发展特殊教育，保障残疾学生受教育权利，是维护其生存权与公平权的重要体现。当前，我国已建立起从学前到高等教育的"奖、贷、助、补、减"资助体系，建成了世界上覆盖范围最广的资助体系，努力不让一个孩子因贫失学。

教育公平的根本措施是合理配置教育资源。资源是教育发展的现实基础。国家以促进教育公平为取向，在配置教育资源中实施四个"统筹"与"倾斜"，统筹教育发展的规模、层次、类别，调整教育投入的重点、结构，有力地促进了教育公平发展。第一，统筹城乡教育发展，向农村倾斜。第二，统筹区域教育发展，向中西部倾斜。第三，统筹不同群体教育发展，向弱势群体倾斜。第四，统筹不同类别学校发展，向薄弱学校倾斜。

教育公平的主要责任在政府。现代政府的基本职能就是保障教育的公益性和公平性，政府是促进教育公平的主要力量。首先，政府积极转变教育改革与发展理念，积极扩大公共服务供给，推进教育优质均衡发展，努力办好每一所学校，促进每一个学生的健康与幸福成长。其次，政府积极制定教育政策法律，依法行政、依法办学，切实保障社会成员平等的受教育权利与机会。最后，政府积极创新教育体制机制，破解教育公平难题，针对教育改革过程中出现的流动儿童、留守儿童等诸多教育公平的新问题，积极实施"两纳入"政策，建立"关爱服务体系"，创新机制，保障流动儿童与留守儿童的合法教育权益。

全社会要共同促进教育公平。"人民教育人民办"是中国人民齐心协力团结奋斗的历史特征。正是在党、政府、全社会的共同关心与努力下，我国超常规地实现了教育普及，在发展中国家中率先实现了全民教育目标，完成了从人口大国、文盲大国到教育大国的历史性跨越。

教育公平是社会公平的重要基础，习近平总书记既高瞻远瞩又脚踏实地，从教育机会、教育条件、教育规则、教育质量、教育保障等方面，对教育公平提出了新要求，赋予了新内涵。

人人出彩的教育机会公平。2013年9月25日，习近平总书记在联合国"教育第一"全球倡议行动一周年纪念活动上发表视频贺词指出："努力让每个孩子享有受教育的机会，努力让13亿人民享有更好更公平的教育，获得发展自身、奉献社会、造福人民的能力。"2014年6月，习近平总书记就加快职业教育发展做出重要指示，特别指出："要加大对农村地区、民族地区、贫困地区职业教育支持力度，努力让每个人都有人生出彩的机会。"2015年4月1日，习近平总书记在主持召开中央全面深化改革领导小组第十一次会议时强调，发展乡村教育，让每个乡村孩子都能接受公平、有质量的教育，阻断贫困现象代际传递，是功在当代、利在千秋的大事。

教师为本的教育条件公平。2013年9月9日，习近平总书记在致全国广大教师慰问信中指出："教师是立教之本、兴教之源。""各级党委和政府要把加强教师队伍建设作为教育事业发展最重要的基础工作来抓，提升教师素质，改善教师待遇，关心教师健康，维护教师权益。"2015年4月1日，习近平总书记主持召开中央全面深化改革领导小组第十一次会议时指出，要把乡村教师队伍建设摆在优先发展的战略位置，多措并举，定向施策，精准发力……努力造就一支素质优良、甘于奉献、扎根乡村的教师队伍。

科学选才的教育规则公平。2013年11月12日，习近平总书记在十八届三中全会第二次全体会议上指出："不论处在什么发展水平上，制度都是社会公平正义的重要保证。我们要通过创新制度安排，努力克服人为因素造成的有违公平正义的现象，保证人民平等参与、平等发展权利。"2014年8月18日，习近平总书记主持召开中央全面深化改革领导小组第四次会议指出，考试招生制度是国家基本教育制度。必须通过深化改革，促进教育公平、提高人才选拔水平，适应培养德智体美全面发展的社会主义建设者和接班人的要求。

育人为先的教育质量公平。2014年5月30日，习近平总书记在北京市海淀区民族小学主持召开座谈会时指出："学校要把德育放在更加重要的位置，全面加强校风、师德建设，坚持教书育人，根据少年儿童特点和成长规律，循循善诱，春风化雨，努力做到每一堂课不仅传播知识、而且传授美德，每一次活动不仅健康身心、而且陶冶性情，让同学们都得到倾心关爱和真诚帮助，让社会主义核心价值观的种子在学生们心中生根发芽。"2015年5月22日，习近平总书记在致国际教育信息化大会的贺信中指出：

"中国坚持不懈推进教育信息化，努力以信息化为手段扩大优质教育资源覆盖面。我们将通过教育信息化，逐步缩小区域、城乡数字差距，大力促进教育公平，让亿万孩子同在蓝天下共享优质教育、通过知识改变命运。"

优先发展的教育保障公平。2015 年 8 月 18 日，习近平总书记主持召开中央全面深化改革领导小组第十五次会议强调，全面改善贫困地区义务教育学校基本办学条件，要落实政府主体责任。要依法依规开展对全面改善贫困地区义务教育薄弱学校基本办学条件工作的专项督导，明确督导内容、程序、结果应用方式，重点监督经费保障、质量管理、进展成效、社会监督等情况，建立评价、激励、问责机制，推动地方政府履行责任，保障工作进度和成效。

2. 新时代教育高质量发展的新内涵

有质量的教育是指每一位受教育者都能学有所长、学有所得，身心均能健康成长，个性得到张扬，特长得到发展，为自己能适应时代要求、对社会有所贡献奠定基础。具体来说，教育高质量发展应当满足以下具体要求。

（1）能够更好满足人民日益增长的美好生活需要的发展。高质量发展，实质上就是质量和效益替代规模和增速成为经济发展的首要问题，也就是经济发展从"有没有""有多少"转向"好不好""优不优"。经济发展的这一阶段性变化，从根本上来说，决定于社会主要矛盾的历史性变化。党的十九大报告做出我国社会主要矛盾已经转化为人民日益增长的美好生活需要和不平衡不充分的发展之间的矛盾这一重大判断，指明了解决当代中国发展问题的根本着力点。高质量发展，就是能够更好满足人民日益增长的美好生活需要的发展。推动经济高质量发展，就需要围绕满足人民美好生活需要而着力破解发展不平衡不充分的矛盾和问题。

（2）更高质量、更有效率、更加公平、更可持续、更为安全的发展。高质量发展，实质上就是要坚持契合美好生活需要而非单纯物质文化需要的质量第一、效益优先，全面满足人民在经济、政治、文化、社会、生态等方面日益增长的需要。这不仅是一个经济发展问题，而且是一个事关党和国家事业发展的全局性问题。党的十八届三中全会之所以做出全面深化改革这一重大战略部署，就在于强调实行经济、政治、文化、社会、生态文明体制"五位一体"的改革联动，推进国家治理体系和治理能力现代化。高质量发展，就是更高质量、更有效率、更加公平、更可持续、更为安全的发展。推动经济高质量发展，就是要围绕为实现更高质量、更有效率、更加公平、更可持续、更为安全的发展提供制度保障而推进全面深化改革。

（3）体现新发展理念的发展。理念是行动的先导，发展阶段的变化自然要伴之以发展理念的变化。引领高质量发展的发展理念，大不相同于引领高速增长的发展理念。党的十八届五中全会之所以提出创新、协调、绿色、开放、共享的发展理念，就在于强调新发展理念对于高质量发展的引领作用，把新发展理念作为指挥棒、红绿灯。高质量发展，就是体现新发展理念的发展。推动经济高质量发展，就必须紧紧牵住新发展理念这个牛鼻子，把注意力集中到坚定不移贯彻创新、协调、绿色、开放、共享的发展理念上来。

（4）以供给侧结构性改革为主线的发展。不同发展阶段，面临的主要矛盾和矛盾的主要方面肯定有所不同。发展阶段的变化，自然要伴之以经济发展和经济工作主线的调整。党中央之所以正式提出供给侧结构性改革，就在于将其作为一条居于主导地位、统领经济发展和经济工作的主线,注重以改革的办法解决供给侧、结构性问题,注重激发经济增长的动力。高质量发展,就是以供给侧结构性改革为主线的发展。推动经济高质量发展,就是要把注意力集中到推动我国供给能力更好满足人民日益增长、不断升级以及个性化的物质文化和生态环境需要上来,实现社会主义的生产目的。

(5)建立在现代化经济体系基础上的发展。新的发展阶段需要新的国民经济体系支撑。国家强,国民经济体系必须强。党的十九大做出建设现代化经济体系的重大决策部署,目的在于更好地顺应现代化发展潮流和赢得国际竞争主动,为其他领域的现代化提供有力支撑。高质量发展,就是建立在现代化经济体系基础上的发展。推动经济高质量发展,就是要全力夯实现代化经济体系建设这个基础工程,把注意力集中到以新发展理念引领现代化经济体系建设,以供给侧结构性改革推动转变经济发展方式、优化经济结构、转换经济增长动力上来。

同高质量发展和推动经济高质量发展相关的方面可能还有很多,但上述的五个维度应该是最基本、最深沉、最重要的。总括起来讲,中国经济进入高质量发展阶段,既与社会主要矛盾的变化同步发生、与全面深化改革相互交织,又同新发展理念的确立、供给侧结构性改革的提出、现代化经济体系的建设捆绑在一起,其影响涉及经济、政治、文化、社会、生态文明各个领域,牵动理念、思想、战略调整以及立场、观点、方法的变化,无异于一场关系我国发展全局的时代变革。站在这一新的历史起点上,我们所面临的最紧迫的任务,就是在深刻认识高质量发展丰富内涵和内在规律的基础上,找准推动经济高质量发展的着力点和着重点。

3. 促进教育公平和提高教育质量是有机统一的整体

"公平而有质量"是一个有机统一的整体。我们强调办好中国教育必须有中国特色,这种特色首先就体现在"公平"和"质量"的相辅相成、相互促进上。一方面,只有将教育发展成果更多更公平惠及全体人民,才能以教育公平促进社会公平正义。另一方面,只有牢固树立"质量立教"意识,既注重"量"的扩张,更突出"质"的提高,才能探索出一条教育内涵式发展之路。

公平而有质量的教育是关乎国家和民族前途、命运的大事,因为一个人的发展很大程度上取决于其接受到什么样的教育。公平而有质量的教育使人得到良好的发展,反之,会误人终身。因而,离开公平谈有质量的教育是没有前途的教育,而离开质量谈公平的教育是没有意义的教育。因此,只有公平而有质量的教育,才能促进国民素质的整体提高,才能培养足够的适应社会要求的劳动者,才能为社会的可持续发展提供有力的人才资源和智力支持。

从"十三五"规划把促进教育公平、提高教育质量确立为教育发展的两大战略主题,到近年的政府工作报告多次强调教育公平和质量,再到党的十九大报告庄严承诺"努力让每个孩子都能享有公平而有质量的教育",我国教育事业在兼顾公平和质量的同时不断发展壮大。新中国成立以来,我国教育事业攻坚克难,建立了世界上规模最大的教育体系,保障了亿万人民群众受教育的权利。

"十三五"期间,教育公平不断向广度和深度拓展,内涵式发展成为各级各类教育的发力点。高水平本科教育加快建设,研究生教育改革加快推进,"双一流"建设成果初显,全民终身学习的现代教育体系初步建成,学习型社会建设取得重要进展。

我国城乡之间、区域之间、同一个城市的不同学校之间教育仍不均衡；学前教育、特殊教育、职业教育、终身教育发展仍不充分，人民对教育的满意程度还不够高。这几年来，聚焦人才培养体系薄弱环节，各级各类教育有针对性地抓重点、补短板。深化新时代学校思想政治理论课改革创新，构建循序渐进、螺旋上升的大中小学思政课一体化育人体系；将价值塑造、知识传授、能力培养融为一体，全面推进课程思政建设；加强和改进学校体育美育，完善劳动教育课程体系，广泛开展劳动教育；努力解决"三点半难题"，为学生健康成长营造良好环境……

科技决定未来，教育关乎发展。人们对美好生活的追求在不断丰富，教育公平和质量的内涵也在不断发展。进入新时代，向着更公平更有质量的教育目标一步步迈进，就要让人民群众更满意，就要更适应全球教育竞争新态势、更符合实现教育现代化新要求，就要更好地培养担当民族复兴大任的时代新人，为实现伟大梦想奠定坚实基础、提供有力支撑。

（四）奋力开创教育公平而有质量发展新局面，实现教育向"十四五"目标迈进

教育是事关国家发展和民族未来的千秋基业。党的十九届五中全会通过的《中共中央关于制定国民经济和社会发展第十四个五年规划和二〇三五年远景目标的建议》，明确了"建设高质量教育体系"的政策导向和重点要求。《建议》指出："'十四五'时期是我国全面建成小康社会、实现第一个百年奋斗目标之后，乘势而上开启全面建设社会主义现代化国家新征程、向第二个百年奋斗目标进军的第一个五年。"准确把握"十四五"时期教育改革发展宏观形势，深刻认识我国进入高质量发展阶段的新特征新要求，对谋划建设高质量教育体系至关重要。

"十三五"时期教育改革发展取得了新的显著成就。以习近平同志为核心的党中央把教育作为国之大计、党之大计，加强党对教育工作的全面领导，召开全国教育大会，对教育现代化和教育强国做出重大战略部署，统筹教育领域综合改革和教育治理现代化，教育面貌正在发生格局性变化。高等教育进入普及化阶段，特殊教育不断加强，继续教育多样化推进。新增劳动力平均受教育年限超过13.7年，"十三五"规划目标顺利完成，教育普及水平稳居世界中上收入国家行列。在全面建成小康社会决胜阶段，教育事业为社会主义现代化建设开发了人力资源，为增强综合国力和国际竞争力贡献了积极力量，为国民素质逐渐提高提供了重要支持，为如期实现脱贫攻坚做出了有力支撑，人民群众对教育的获得感和满意度持续提升。

"十四五"时期教育改革发展面临着许多新的机遇和挑战。《建议》指出，当前和今后一个时期，我国发展仍处于重要战略机遇期，但机遇和挑战都有新的发展变化，并就当今世界正经历百年未有之大变局、我国已转向高质量发展阶段等世情国情做出重要判断。在复杂多变的发展环境中，我国教育制度优势明显，人才资源基础较好，随着经济社会发展和人民生活水平的提高，教育需求呈现多层次多样化态势，新一代信息技术以及多方社会资源可望支持以学习者为中心的教育新生态，这都是建设高质量教育体系的有利条件。同时，我国区域教育资源配置不够均衡，城乡教育差距亟待缩小，人才培养模式改革需要提速，教育创新与服务潜力尚未更好释放，同人民群众对高质量教育体系的需求相比还有很大差距。我们要深入贯彻党中央关于"十四五"时期教育改革发展的决策部署，抓住机遇，应对挑战，全力以赴，攻坚克难。

陈宝生部长用五个"新"研判当前教育事业面临的形势任务："一是新形势，深刻认识人民群众对公平优质教育的需求日益强烈，决定了今后教育发展的主要内容；世界百年未有之大变局加速演变的趋势，决定了今后中国教育走向世界、教育对外开放的主要任务；在全球治理和国际规则制定中主要矛盾的表现形式，决定了今后参与教育国际治理的突破方向。二是新阶段，迈向第二个百年新征程中，我们的主要任务是构建高质量发展教育体系，目标是建成教育强国、实现教育现代化。从'富起来'到'强起来'，主要要解决好不好、强不强的问题，要补齐短板、攻克短板。三是新理念，'十四五'规划建议从根本上讲是新发展理念的'规划版'，教育系统要把新发展理念具体化，从内涵、外延、工作措施等方面全面落实，重新书写教育高质量发展的生产函数。四是新格局，教育要主动服从于、服务于以国内大循环为主体、国内国际双循环相互促进的新格局，自觉成为新发展格局中的内生变量，深入研究教育与社会的循环、教育与经济的循环、教育自身国内循环和国际循环等。五是新要求，新形势新任务给教育提出了政治需求、量的需求、质的需求、文化需求、结构需求五方面需求。"面对新形势，应对新需求，教育系统将锚定2035年建成教育强国的目标，围绕教育高质量发展，全力抓好贯彻落实。

从"十四五"开始，我国将进入新的发展阶段，全面开启社会主义现代化建设新征程，我国教育事业也将进入建设社会主义现代化强国的新阶段。

我国教育将进入建设高质量教育体系的新阶段。党的十九届五中全会提出，"健全基本公共服务体系"，"建设高质量教育体系"。经过几十年的改革发展，我国各级教育普及程度已经达到或超过中高收入国家平均水平,如义务教育普及率已相当于世界高收入国家平均水平,高等教育已经迈入普及化发展阶段。这标志着我国教育已全面进入后普及化阶段,教育发展的主要矛盾已从"有学上"转向"上好学",全面提高教育质量、建设高质量教育体系已成为中国教育的战略性任务。

我国教育将进入更加重视高技能人才培养的新阶段。随着我国进入高质量发展阶段,产业升级和经济结构调整不断加快,各行各业对高技术技能人才的需求越来越紧迫,对劳动者的素质能力提出更高要求。据统计,2017年底,我国有技能劳动者1.65亿,占就业人员总量的21%,而高技能人才4 791万人,占技能劳动者比例为29%。作为世界第二大经济体,我国的高技能人才占比与发达国家相比仍然有较大差距。同时,发达国家产业基础厚实、技能人才培养工作开展较早,高技能人才培养的经验远远领先于我国,高技能型人力资本的积累也强于我国。

我国教育将进入更加重视东中西教育协调发展的新阶段。党的十九届五中全会关于2035年基本实现社会主义现代化的远景目标强调:人均国内生产总值达到中等发达国家水平,中等收入群体显著扩大,基本公共服务实现均等化,城乡区域发展差距和居民生活水平差距显著缩小。着眼我国经济社会发展的新阶段、新环境,习近平总书记提出,要把满足国内需求作为发展的出发点和落脚点,逐步形成以国内大循环为主体、国内国际双循环相互促进的新发展格局。国内外双循环发展战略格局将对我国经济社会的未来发展带来显著影响。对于教育事业发展,则是要加强教育领域的供给侧结构性改革,全面提高教育质量,关键是要全面缩小东中西教育差距,促进教育公平发展。

我国教育将进入更加重视大中小城市协调发展的新阶段。党的十九届五中全会提出，要优化国土空间布局，推进区域协调发展和新型城镇化。要构建国土空间开发保护新格局，推动区域协调发展，推进以人为核心的新型城镇化。从教育发展角度看，在都市化、城镇化的发展趋势下，需要进一步推动我国城镇教育和农村教育格局的深刻变革、深刻调整；推进大中城市和小城市之间教育的协调发展；围绕缩小城乡教育差距，推进城乡教育一体化发展，构建新型城乡教育关系，以实现更高水平的协同均衡发展。

二、教育公平是社会公平的重要基础

2013年9月，习近平总书记在联合国"教育第一"全球倡议行动一周年纪念活动视频讲话中向世人宣告，努力让13亿人民享有更好更公平的教育。2016年9月，习近平总书记在考察北京市八一学校时，站在实现人类社会公平正义的历史高度，明确提出了"教育公平是社会公平的重要基础，要不断促进教育发展成果更多更公平惠及全体人民，以教育公平促进社会公平正义"的重要论断。此宣告与论断，庄严表明了中国共产党人的奋斗目标，深刻论述了教育公平对促进社会公平正义的重要意义，为教育工作指明了奋斗目标和正确方向。

教育公平属于社会公平的范畴，而社会公平历来是人们追求的理想。教育公平的实现，直接关系到社会公平的实现。社会公平包括政治公平、经济公平、文化公平、教育公平等，是一个综合性的概念。在社会公平中，教育公平无疑具有十分重要的地位。从某种意义上说，它既是社会公平的重要基础，又是社会公平的核心环节。

随着教育改革的不断深化，我国教育事业取得了举世瞩目的成就。国民受教育程度和科学文化素质大幅度提高，这不仅为社会主义现代化建设战略目标的实现提供了有力的人才支持和智力保障，也为我国教育的进一步发展奠定了坚实基础。然而，从总体上来看，现阶段不全面、不均衡的教育资源供给与经济及社会发展的多元化需求，特别是与人民群众日益增长的对教育"足量优质"需求之间的矛盾，成为当前我国教育的主要矛盾。"人人上好学"，是当前人民群众对教育公平的强烈呼声。随着人民群众文化素质的不断提高、平等意识的逐渐增强和参政议政热情的日益高涨，教育公平问题成为全社会普遍关注的焦点。

历史经验表明，在整个社会向市场经济转型过程中，教育公平是不能完全通过市场机制实现的，政府应该发挥自己应有的作用。政府应当制定相关政策，采取有力措施，确保教育均衡发展，提供更多的优质教育资源。当然，我们也应看到，教育公平是现代教育发展的基本原则，是人们为之不断努力奋斗的目标。由于教育事业本身具有长期性、迟效性和滞后性，故而教育公平的实现不可能一蹴而就。如何满足人民群众日益高涨的对于接受优质教育的迫切需求，进而全面实现教育公平，不仅是教育系统的一项长期、艰巨而光荣的任务，而且也是对党和政府执政能力的严峻考验。党和政府应该遵循最大限度地发挥资源优势的原则，大力推进教育公平，真正履行好教育公平"第一责任人"的职责。

（一）办好各类教育是促进教育公平的重要内容

抓重点，树立义务教育公平质量观。义务教育均衡发展决定着教育起点公平的实现，也影响着更高层次教育公平的实现。世界各国都把义务教育当作公民的基本权利，通过颁布政策法律对经费予以保障。各国政府都把实行免费义务教育、保障义务教育公平当作首要责任。通过国际教育比较研究可以看出，凡是教育公平成就突出的国家，都优先保障义务教育的均衡发展。免费义务教育可以消除因地区经济发展水平、家庭经济条件、父母社会地位等因素对儿童受教育权所造成的不利影响，从而最大限度地保障所有儿童平等的受教育权。

义务教育阶段的孩子是长身体长知识，初步树立正确世界观、人生观、价值观的关键时期。《中共中央、国务院关于深化教育教学改革全面提高义务教育质量的意见》指出："义务教育质量事关亿万少年儿童健康成长，事关国家发展，事关民族未来。"改革开放以来，我国加强对义务教育的支持力度，大力推动九年义务教育均衡发展，义务教育取得了举世瞩目的成就。采取联校制、学区制、集团化办学等一系列均衡区域教育资源的措施，在各大城市积极推动按区划片就近入学，规范义务教育免试。深化考试招生制度改革，明确把促进公平公正作为改革的基本价值取向。实行义务教育"两免一补"（免学杂费、免教科书费，寄宿生生活补助）。城乡义务教育阶段所有学生已免除学杂费。对义务教育阶段所有农村学生和城市低保家庭学生免费提供教科书，给农村学生免费配发汉语字典。对义务教育阶段农村和城市家庭经济困难寄宿生发放生活补助。但由于我国地域辽阔，经济社会发展不平衡，教育发展不均衡，提高质量、促进公平仍然是今后工作的重点。只有提高了教育质量，才能使每个孩子享有公平而有质量的教育。

夯基础，把基础教育越办越好。习近平总书记在北京市八一学校考察时强调，"基础教育在国民教育体系中处于基础性、先导性地位"，"要加强对基础教育的支持力度，办好学前教育，均衡发展九年义务教育，基本普及高中阶段教育"。这指出了基础教育在国民教育体系中的重要地位，也明确了基础教育在促进教育公平中的重要地位，并为如何办好基础教育、促进教育公平指明了具体的努力方向。基础教育关系到每一个人，是提高国民素质、实现国家富强的基础性工程。贯彻党中央的决策部署，着力在提高质量、促进公平上下功夫，努力办好人民群众满意的基础教育，成为未来基础教育发展的最强音符。

办好基础教育是促进教育公平的重要内容。党的十八大以来，各地各部门认真学习贯彻习近平总书记有关指示，启动实施相关项目，组织实施了多项教育政策措施，极大地推动了学前教育、高中教育的发展。在学前教育方面，实施三年行动计划。目前已经连续实施两期，第三期已于近期启动。中央财政已投入700多亿元，支持贫困地区学前教育发展。在高中教育方面，加强支持力度，大力普及高中阶段教育。尤其是实施普通高中学生资助政策。从2010年起，国家实施普通高中国家助学金政策，用于资助普通高中家庭经济困难学生，资助面约为20%。同时，实施中等职业教育免学费、补助生活费政策。给予全日制正式学籍一、二年级在校涉农专业学生和非涉农专业家庭经济困难学生每生每年2 000元的国家助学金资助等。

下一阶段，要继续推进学前教育和高中阶段教育普及。要坚持学前教育公益普惠的基本方向，既大力发展公办园，又鼓励支持更多的民办园，提供普惠性服务。发挥各级财政支持学前教育发展的引导作用，推动各地建立健全公办园生均拨款制度、普惠性民办园认定标准与补助制度，支持普惠性民办园发展，并把提供普惠性学位数量、办园质量作为奖补和支持的重要依据。加快推进高中阶段教育普及。要巩固提高中等职业教育发展水平，实现普通高中教育和中等职业教育协调发展；促进公办、民办教育共同发展；落实以财政投入为主、其他渠道筹措经费为辅的普通高中投入机制，完善政府、行业、企业及其他社会力量依法筹集经费的中等职业教育投入机制。

抓根本，加快发展现代职业教育。职业教育包括职业学校教育与职业培训，肩负着培养多样化人才、传承技术技能、促进就业创业的重要职责。当今职业教育是我国教育体系的薄弱环节，其社会认可度和吸引力较为有限。当前，教育内部结构中的"重普教、轻职教"，用人制度中的"重学历、轻能力"，人才评价制度中的"重知识、轻技能"，是制约我国职业教育发展的障碍。加快发展现代职业教育，既有利于缓解当前就业压力，也是解决高技能人才短缺的战略之举。2019年5月6日，《教育部关于深入学习贯彻〈国家职业教育改革实施方案〉的通知》提出："要以现代职业教育的大改革大发展，加快培养国家发展急需的各类技术技能人才，让更多青年凭借一技之长实现人生价值，让三百六十行人才荟萃、繁星璀璨。"扩大就业和促进再就业，发展职业教育是根本。办好新时代职业教育，关键靠改革。

一是改革完善高职院校考试招生办法，为广大学生和其他社会成员接受职业教育提供多种入学方式和学习方式。坚持把发展中等职业教育作为普及高中阶段教育和建设中国特色职业教育体系的重要基础，积极招收初高中毕业未升学学生、退役军人、退役运动员、下岗职工、返乡进城务工人员等接受中等职业教育；把发展高等职业教育作为优化高等教育结构和培养大国工匠、能工巧匠的重要方式，建立"职教高考"制度，完善"文化素质＋职业技能"的考试招生办法，鼓励更多应届高中毕业生和退役军人、下岗职工、进城务工人员等报考。

二是改革高职院校办学体制，提高办学质量。深化产教融合、校企合作，育训结合，发挥企业重要办学主体作用，支持企业和社会力量兴办职业教育，鼓励发展股份制、混合所有制等职业院校和各类职业培训机构。推动企业深度参与协同育人，健全德技并修、工学结合的育人机制，启动实施中国特色高水平高职学校和专业建设计划，建设一批中国特色、世界水平的高职学校和骨干专业，着力培养高素质劳动者和技术技能人才。

三是完善学历教育与培训并重的现代职业教育体系，加快学历证书和职业技能等级证书互通衔接。在学前教育、护理、养老服务、健康服务、现代服务业等领域，扩大对初中毕业生实行中高职贯通培养的招生规模，适度提高专科高等职业院校招收中等职业学校毕业生的比例、本科高等学校招收职业院校毕业生的比例。落实职业院校实施学历教育与培训并举的法定职责，实施职业技能提升行动。

四是加大对职业教育的投入，完善助学体系。中央财政大幅增加对高职院校的投入，地方财政也要加强支持；设立中等职业教育国家奖学金，扩大高职院校奖助学金覆盖面，提高补助标准，落实对建档立卡等家庭经济困难学生的倾斜政策。

同时，职业教育亟待破除各种藩篱、补齐自身短板来扭转这种被动局面。第一，应当加强职业教育师资队伍建设，培养"双师型"教师。职业院校教师除了必备本专业以及教育学相关知识外，还应当具备企业工作经验，能够给予学生切实的实践指导。第二，改进产教融合、校企合作的办学模式。健全行业企业参与办学的体制机制和支持政策，支持行业企业参与人才培养全过程，促进职业教育与经济社会需求对接。第三，打破职业教育与普通教育的壁垒，在纵向与横向上使之贯通。既满足学生上升需求，又促进其多元发展；在社会认可上，严格要求职校生入学门槛以及毕业标准，并健全相关职业证件认可制度。第四，要充分发挥行业主管部门的指导、评价和服务作用，支持行业组织推进校企合作、发布人才需求信息、参与教育教学、开展人才质量评价。

抓关键，推进"双一流"建设提升高等教育质量。高等教育发展水平是一个国家发展水平和发展潜力的重要标志。习近平总书记指出："党中央作出加快建设世界一流大学和一流学科的战略决策，就是要提高我国高等教育发展水平，增强国家核心竞争力。"[1] 当前，我国的经济社会发展正处在一个关键时期，对高等教育的需要比以往任何时候都更加迫切，对科学知识和卓越人才的渴求比以往任何时候都更加强烈。我国高等教育要紧紧围绕实现"两个一百年"奋斗目标、实现中华民族伟大复兴的中国梦，源源不断培养大批德才兼备的优秀人才。要探索建设一批新时代中国特色社会主义高水平大学，发挥其排头兵、领头雁作用，成为建设高等教育强国奋进的标杆、学习的样板。

建设"双一流"，汇聚优质资源，培养一流人才，产出一流成果，是党中央做出的提高高等教育发展水平、增强国家核心竞争力的战略决策，是引领新时代高等教育内涵式发展、实现从高等教育大国到高等教育强国历史性跨越的关键举措。一是要加强一流本科教育，培养造就一大批适应国家经济社会发展需要的高层次、卓越拔尖人才。二是要提升科学研究水平，全面提升高等学校关键领域自主创新能力。三是要深化科研体制改革，使科研人员潜心向学、创新突破。要在提高教育教学质量中建设"双一流"。

我国高校要实现内涵式发展，必须始终把提高教育教学质量

---

[1] 习近平.习近平谈治国理政：第2卷.北京：外文出版社，2017：376.

作为出发点和落脚点，一切工作都要服从和服务于学生的成长成才，尤其要注重提升本科教育教学质量。为此，要切实加强师资队伍建设，建设高层次人才队伍，不断提升教学育人水平。积极推动高层次人才为本科生上课，鼓励高水平科研成果转化成教学课程。建设"双一流"是我国高校在新时代的奋斗目标，也是提升教育教学质量的有效措施。高校在"双一流"建设中要坚持有所为有所不为，哪个学科办得好、有基础、符合社会发展趋势和需求，就加大力量投入，反之就主动精简。要立足实际、突出特色、调整结构，构建优势学科引领，多学科相互支撑、交叉渗透、协调发展的学科体系。以"双一流"建设为引领，带动教育教学质量整体提升，推动高等教育内涵式发展，全面提升教学育人水平。

抓薄弱，办好继续教育。继续教育是终身教育体系和学习型社会的重要组成部分，是持续开发人力资源、满足广大社会成员日益增长的多样化学习需求的重要途径。相对于学校教育体系来说，继续教育是我国现行教育体系中最薄弱的环节。加快发展继续教育，要建立健全网络化、数字化、个性化、终身化的继续教育体系，完善终身学习支持服务平台。促进各类教育融合开放，持续做好高等学历继续教育专业建设工作，推进开放大学建设与发展，做好高等教育自学考试工作。调动各方资源大力发展非学历继续教育，加快发展社区教育、职工教育、老年教育、网络教育，办好全民终身学习周。建立学习成果认可、积累和转换制度，推进学校与学校间、学历教育与非学历教育间、正规教育与非正规教育间的学分互认，实现学有所教，人人、时时、处处可学，形成学习型社会和学习大国。

补短板，办好特殊教育和少数民族教育。党的十九大报告提出"推动城乡义务教育一体化发展,高度重视农村义务教育","办好学前教育、特殊教育和网络教育",强调保基本、补短板,统筹各级各类教育事业的发展,深化教育领域综合改革。要办好特殊教育,更好地保证残疾人受教育的基本权利。面对人民群众对教育事业的新期盼新向往,习近平总书记指出要促进教育公平,努力让每个孩子享有受教育的机会,努力让13亿人民享有更好更公平的教育,让教育改革发展成果更好地惠及最广大人民群众。

党的十八届三中全会以来,特殊教育相关政策在保持内在一致性的基础上,体现了递进式设计。2020年6月发布的《关于加强残疾儿童少年义务教育阶段随班就读工作的指导意见》,目的是确保残疾儿童接受公平而有质量的教育。统计显示,扩大残疾人受教育机会,适龄残疾儿童义务教育入学率近93%。近几年来,我国特殊群体保障机制在持续完善:

——落实进城务工人员随迁子女在当地升学考试政策,2020年有25.6万名随迁子女在流入地参加高考。

——各学段全覆盖的家庭经济困难学生国家资助政策体系已经建立。2019年全国受助学生10 590.79万人次,资助金额2 126亿元。

——深入实施农村义务教育学生营养改善计划,覆盖29个省1 762个县,受益学生4 060.8万人,2019年试点地区男女生各年龄段平均身高比2012年分别提高1.54厘米和1.69厘米,平均体重分别增加1.06公斤和1.18公斤,高于全国农村平均增长速度。

数字的背后,是一个个不容被忽略的个体,是对生命尊严的呵护,更是公共政策兜底功能的体现。制度在保障着每个人享受公平而有质量的教育,唯此,才能响应发展成果更多更公平惠及全体人民的改革航标。为更好地促进教育公平,必须着力做好以下几点。

一要强化教育扶贫意识。教育短板在西部地区、农村地区、老少边岛地区，尤其要加大扶持力度。少年强则中国强，中西部强则中国强。2015年9月9日，习近平总书记在给"国培计划（二〇一四）"北京师范大学贵州研修班参训教师的回信中指出："到2020年全面建成小康社会，最艰巨的任务在贫困地区，我们必须补上这个短板。扶贫必扶智。让贫困地区的孩子们接受良好教育，是扶贫开发的重要任务，也是阻断贫困代际传递的重要途径。"

二要强化对农村地区教育的支持力度。2014年6月，全国职业教育工作会议召开。习近平总书记就加快职业教育发展做出重要指示，要加大对农村地区、民族地区、贫困地区职业教育的支持力度，努力让每个人都有人生出彩的机会。2015年4月1日，习近平总书记主持召开中央全面深化改革领导小组第十一次会议，会议指出，大力发展乡村教育，支持乡村教师队伍建设，把贫困地区教育搞好，让每个乡村孩子都能接受公平、有质量的教育，防止贫困现象代际传递。

三要强化对民族地区教育的投入力度。习近平总书记出席中央民族工作会议暨国务院第六次全国民族团结进步表彰大会并发表重要讲话，他强调教育投入要向民族地区、边疆地区倾斜，加快民族地区义务教育学校标准化和寄宿制学校建设，实行免费中等职业教育，办好民族地区高等教育，搞好双语教育。针对教育公平面临的这些难点和重点任务，党和政府制定了一系列政策，采取了一系列措施，取得了明显成效。

（二）推动教育精准脱贫是促进教育公平的重大举措

义务教育有保障是"两不愁、三保障"的底线目标之一，影响着脱贫攻坚的成效和全面小康的成色。近年来，各地教育系统把打赢教育脱贫攻坚战作为重大政治任务，齐心协力密织控辍保学网，持续提高义务教育普及和巩固水平。我国已精准解决约20万建档立卡贫困家庭学生辍学问题。截至2020年9月15日，全国义务教育阶段辍学学生由2019年的约60万人降至2 419人，建档立卡贫困家庭辍学学生清零，义务教育有保障的目标基本实现。2015年至2020年，重点高校招收农村和贫困地区学生专项计划累计招生近52万人。重点帮助贫困人口子女接受教育，阻断贫困代际传递，把教育作为精准脱贫的重要手段和实施路径，促进教育公平和社会公平，成为党的十八大以来以习近平同志为核心的党中央所采取的一项重大举措。

2012年，党的十八大闭幕不久，习近平总书记到河北阜平县考察扶贫开发工作时，专门讲了这段话："治贫先治愚。要把下一代的教育工作做好，特别是要注重山区贫困地区下一代的成长。下一代要过上好生活，首先要有文化，这样将来他们的发展就完全不同。义务教育一定要搞好，让孩子们受到好的教育，不要让孩子们输在起跑线上。古人有'家贫子读书'的传统。把贫困地区孩子培养出来，这才是根本的扶贫之策。"习近平总书记在北京市八一学校考察时明确提出："要推进教育精准脱贫，重点帮助贫困人口子女接受教育，阻断贫困代际传递，让每一个孩子都对自己有信心、对未来有希望。"党的十八大以来，党中央、国务院空前重视扶贫工作，习近平总书记亲历亲为、高位推进，对扶贫工作做出了一系列重要部署，特别是对教育扶贫工作提出了明确要求。

作为主要责任部门，教育部认真学习贯彻习近平总书记关于扶贫开发的重要战略思想，全面落实精准扶贫、精准脱贫的基本方略，采取超常规政策举措，精准聚焦贫困地区的每一所学校、每一名教师、每一个孩子，启动实施教育扶贫全覆盖行动，先后组织实施了面向贫困地区定向招生专项计划、中西部高等教育振兴计划、直属高校定点扶贫、职业教育团队式对口支援、培养少数民族高层次骨干人才计划等多项政策措施，进一步加强和规范高等教育学生资助政策等，实现了贫困地区义务教育普及、学校基础设施建设、学生资助体系、教师队伍建设、民族教育发展、职业教育提升等领域的教育扶贫全方位覆盖，为农村贫困人口全部脱贫、贫困地区同步建成小康社会奠定了坚实基础。

当前，教育脱贫攻坚取得了明显成效，积累了不少行之有效的工作经验，建立了较为完善的制度体系。这些成效主要体现在三个方面：一是紧盯目标任务保落实。聚焦义务教育有保障，中央财政安排资金1700亿元，全面改善贫困地区义务教育薄弱学校基本办学条件；特岗计划累计为农村中小学补充教师75.4万名，生活补助政策惠及中西部130万名乡村教师；聚焦深度贫困地区，分配中央财政教育专项资金时向"三区三州"倾斜。二是坚持精准方略促深化。持续实施义务教育控辍保学专项行动，精准控辍，分类保学。截至2020年3月底，重点高校招收农村和贫困地区学生专项计划自2012年以来累计招生近60万人，建档立卡贫困家庭普通高校毕业生人数从2015年的27.5万人增加到2019年的50.9万人。三是加强统筹协调聚合力。落实"中央统筹、省负总责、市县抓落实"的体制机制，提高政策针对性；加强部门间联系，倡议动员社会、企业、民办学校及个人等力量广泛参与；教育部75所直属高校尽锐出战，全力投入到教育、产业、智力、健康、消费等扶贫工作中来。

2020年是我国全面建成小康社会的收官之年，新冠肺炎疫情肆虐，精准帮扶贫困生、贫困县保就业，成为教育部及相关部委高度关注的工作要点。在决战决胜脱贫攻坚的大背景下，教育部把帮助建档立卡贫困家庭毕业生就业作为重中之重，采取一系列特殊帮扶举措，取得了积极成效。主要做法是"五个专"，包括专项政策、专项计划、专场招聘、专人帮扶和专门推荐。2020年，教育部持续举办"贫困毕业生专场招聘活动"，直接提供岗位近20万个，向贫困生手机发送岗位信息28万多条，此外，利用大数据技术重点服务52个未摘帽贫困县毕业生。

随着教育精准扶贫的大力推进，教育均衡、教育"脱贫"目标将会如期实现，教育公平也将得到进一步实现，更加促进社会公平正义。只要坚持把优先发展教育事业作为推动党和国家各项事业发展的重要先手棋，在"更加公平"和"更有质量"这两个关键环节上狠下功夫，就一定能以办好人民满意教育的新成绩，让每个人获得发展自身、奉献社会、造福人民的能力；也一定能以加快推进教育现代化、建设教育强国的新成效，开启全面建设社会主义现代化国家新征程，提供强有力的人才智力支撑。

（三）优化配置、加大投入是促进教育公平的有力保障

我国长期以来城乡分割的二元社会结构所形成的东西部之间、城乡之间教育发展水平的巨大差异，是导致我国教育不公平的重要原因，也是我国政府在相当长的时期内要面对和解决的问题。针对这一问题，习近平总书记在考察北京市八一学校时明确提出："要优化教育资源配置，逐步缩小区域、城乡、校际差距，特别是要加大对革命老区、民族地区、边远地区、贫困地区基础教育的投入力度，保障贫困地区办学经费，健全家庭困难学生资助体系。"这就为如何逐步缩小区域、城乡、校际差距，促进教育公平，指出了具体的推进路径。

习近平总书记十分关心革命老区、贫困地区、农村地区的教育。2015年2月14日，正在陕西考察工作的习近平总书记专程来到延安杨家岭福州希望小学，察看学校办学情况，同教师们进行交流。他对大家说，教育很重要。革命老区、贫困地区抓发展在根儿上还是要把教育抓好，不要让孩子输在起跑线上，财政资金要向这方面倾斜。

在财政投入上，党和政府始终坚持把教育作为财政支出重点领域予以优先保障。近年来，国家财政性教育经费使用坚持"保基本、补短板、促公平、提质量"，坚持向农村地区、边远贫困地区和民族地区倾斜。国家财政性教育经费支出占国内生产总值比例连续保持在4%以上。2016年，进一步明确了"一个不低于、两个只增不减"的要求：保证国家财政性教育经费支出占国内生产总值的比例一般不低于4%，确保财政一般公共预算教育支出逐年只增不减，确保按在校学生人数平均的一般公共预算教育支出逐年只增不减。这充分体现了党中央、国务院发展教育事业、促进教育公平的坚定决心。优化配置各种教育资源，加大财政投入，已经成为缩小区域、城乡、学校之间差距，推进教育公平的有力保障。

三、教育更高质量发展是新时代优先发展教育事业的核心任务

实现"两个一百年"奋斗目标和中华民族伟大复兴中国梦，归根到底靠人才、靠教育。高质量的教育是培养创新型人才、实现国家现代化和中华民族伟大复兴的重要引擎。习近平总书记站

在党和国家事业全局的高度，在会见清华大学经管学院顾问委员会海外委员时，明确提出要"推进教育改革，提高教育质量，培养更多、更高素质的人才"，把提高教育质量摆在了更加突出的战略位置。党的十八大以来，以习近平同志为核心的党中央坚持教育优先发展战略，把提高教育质量作为教育改革发展的核心任务，努力营造有利于创新人才成长的良好环境，推动我国教育总体发展水平迈入世界中上行列。

（一）把提高教育质量摆在更加突出的战略位置

提高教育质量，坚持走以提高质量为核心的内涵式发展道路，是习近平总书记立足我国现代化的阶段性特征和国际发展潮流提出的深刻命题，既是科教兴国的必然选择，也是人才强国的应然要求，亦是立德树人的本真要义。

建设高质量教育体系是坚持以人民为中心的必然要求。坚持以人民为中心，是由我们党的根本宗旨所决定的，是《中共中央关于制定国民经济和社会发展第十四个五年规划和二〇三五年远景目标的建议》中关于"十四五"时期经济社会发展必须遵循的原则之一，彰显了中国特色社会主义制度的显著优势。习近平总书记将坚持以人民为中心发展教育作为对我国教育事业规律性认识的深化，强调要始终坚持并不断丰富发展。《建议》要求建设高质量教育体系，就是坚持以人民为中心发展教育事业，使教育事业为提高人民思想道德素质、科学文化素质和身心健康素质提供可靠保证，切实做到发展为了人民、发展依靠人民、发展成果由人民共享，不断满足人民日益增长的美好生活需要。

建设高质量教育体系是构建新发展格局的基础环节。随着外部环境和我国发展所具有的要素禀赋的变化，《建议》要求，"十四五"时期加快构建以国内大循环为主体、国内国际双循环相互促进的新发展格局，这对建设高质量教育体系提出了多方位需求。今后，在畅通国内大循环、打造开放的国内国际双循环的各个环节，在促消费惠民生、调结构增后劲的多个领域，都需要教育体系源源不断输送高质量的人力资源，坚持不懈提供高质量的研究开发支持；都需要教育体系更好参与城乡发展服务消费、改善人民生活品质，在以高质量供给适应引领和创造新需求方面，进行新的探索实践，进一步发挥高质量教育体系在国计民生中的基础性、先导性、全局性作用。

建设高质量教育体系是锚定2035年远景目标的关键举措。根据习近平总书记关于教育的重要论述和党的十九大的教育战略部署，党中央、国务院印发《中国教育现代化2035》，提出"到2035年，总体实现教育现代化，迈入教育强国行列，推动我国成为学习大国、人力资源强国和人才强国，为到本世纪中叶建成富强民主文明和谐美丽的社会主义现代化强国奠定坚实基础"。《建议》在确定到2035年基本实现社会主义现代化远景目标时，要求届时建成教育强国。我们要锚定2035年总体实现教育现代化、建成教育强国的目标，通过三个五年规划，把15年的阶段战略安排细化为压茬推进的政策行动，积小成为大成。"十四五"期间重点放在建设高质量教育体系上，这对实现"全民受教育程度不断提升"的目标，将是带有全局性影响的关键举措。

（二）把促进人的全面发展、适应社会需要作为衡量教育质量的重要标准

党的十八大以来，以习近平同志为核心的党中央坚持教育优先发展，坚持立德树人，全面实施素质教育，把提高教育质量作为教育改革发展的核心任务,把促进人的全面发展、适应社会需要作为衡量教育质量的根本标准,切实把教育资源配置和学校工作重点集中到提高教育质量上来。在全面提升教育质量的过程中,党和国家坚持以方向领质量、借标准定质量、靠课改提质量、以师资保质量、用评价促质量,围绕育人方式、质量标准、课程改革、教师队伍、评价体系等方面采取了若干重大举措,取得了显著成就。

创新育人方式。深化育人方式和人才培养方式改革,着力培养德智体美劳全面发展的社会主义建设者和接班人,是中国特色社会主义教育事业的根本目的,内在地规定了我国教育质量提升的总方向。党的十八大以来,在创新、协调、绿色、开放、共享五大发展理念的指导下,坚持立德树人,从德、智、体、美、劳等方面全方位推进,不断创新育人方式,努力构建全面育人的新机制。一是全面贯彻党的教育方针,系统出台了多项促进学生德智体美劳全面发展的政策措施。2017年9月,中共中央办公厅、国务院办公厅印发了《关于深化教育体制机制改革的意见》,在全面深化教育体制机制改革的同时,进一步聚焦育人方式改革这一人才培养的核心问题,明确提出构建以社会主义核心价值观为引领的大中小幼一体化德育体系,注重培养支撑学生终身发展、适应时代要求的关键能力,要求建立以学生发展为本的新型教学关系,切实减轻学生过重的课外负担,为进一步落实立德树人根本任务指明了方向、提供了遵循。二是将社会主义核心价值观融入教育教学全过程,推广校园足球,实施农村学校营养改善计划,促进学生身心健康。三是将提高学生审美和人文素养作为改革发展的主线,实现以美育人、以文化人。四是将研学旅行纳入教育教学,鼓励学生走出校园,拓宽视野,不断增强学生的社会责任感和实践能力。

目前，学校育人方式和人才培养模式改革深入推进，"以学习者为中心"的基础教育人才培养模式不断创新，普通高校"协同育人"人才培养模式改革不断深化，职业院校形成了"产教融合、校企合作"特色化育人模式，继续教育构建了职业教育与普通教育相互沟通、职前教育与职后教育有效衔接的人才培养体系，教育的满意度和国际认可度显著提升。通过一系列改革举措，我国大中小学生德智体美劳整体水平不断提升，社会主义核心价值观深入学生心中，学生的道德品行得到长足发展；学生的积极心理品质得到有效培育；学生学业成就显著提升，上海等地的学生在国际学生评估项目（PISA）测试中成绩名列前茅；职业院校、高校本科毕业生就业率和就业质量不断提高，研究生学术研究与科技创新贡献力进一步提升，应用型高层次人才数量日益增加；学生体质健康稳中向好，艺术素养得到了大幅提升。

健全教育质量标准。积极探索和建立健全教育领域的标准体系，确保教育质量的提升有据可依，是我国提升教育质量的重要举措。在国家标准化发展规划的指导下，我国重视教育领域标准体系建设。一是2020年6月30日中央全面深化改革委员会第十四次会议通过《深化新时代教育评价改革总体方案》，深入贯彻落实习近平总书记关于教育的重要论述和全国教育大会精神。教育部把深化教育评价改革作为重点攻坚任务，作为"龙头之战""最硬的一仗"，成立专门工作组，切实加强对这项工作的组织研究和统筹协调。二是中共中央办公厅、国务院办公厅印发《关于全面加强和改进新时代学校美育工作的意见》《关于全面加强和改进新时代学校体育工作的意见》，明确改革发展的重点任务，推进新时代学校美育工作、体育工作迈上新台阶，为教育质量监测提供了科学依据。三是出台《教育类研究生和公费师范生免试认定中小学教师资格改革实施方案》，推进师范生免试认定教师资格改革，建立健全教师教育院校对师范生教育教学能力进行考核的制度。四是出台《教育部关于加强师范生教育实践的意见》《教育部关于实施卓越教师培养计划2.0的意见》，升级实施"卓越教师培养计划"，提出全面开展师德养成教育等举措，加快形成高水平师范人才培养体系，引导广大师范生求真学问、练真本领，从源头上培养高素质教师。经过上述努力，我国初步构建起了涵盖各级各类教育，涉及管理、教学、教师、学生发展等多维度的标准体系，有力促进了教育质量的提升。

深化课程教材改革。课程教材改革是提高教育质量的重要载体。一方面，加强课改顶层设计。党的十八大以来，国家不断完善各级各类课程标准，丰富并优化课程专业设置，规范教材建设，出台各级各类教学改革的政策文件，为学校课程教材改革提供了方向定位与指导。另一方面，深化教育评价改革与质量监测，强化教育督导并将其法制化、规范化，发挥教育科研和教学研究在育人上的引领价值，为提升教育质量提供了重要保障。通过一系列努力，德育为先、能力为重、全面发展的教育理念得到普遍认同，有效促进了学生的能力提升和全面发展；核心素养研究取得较大进展，基础教育学校课程与教材体系不断优化，职业院校探索形成了基于校企合作的课程开发机制，高校创新导向的课程与教学探索初见成效。

加强教师队伍建设。高质量的教师是教育质量提升的重要保障。2013年教师节前夕，习近平总书记向全国广大教师致慰问信指出："教师是立教之本、兴教之源，承担着让每个孩子健康成长、办好人民满意教育的重任。"2014年9月9日，习近平总书记在同北京师范大学师生代表座谈时指出:"教师重要,就在于教师的工作是塑造灵魂、塑造生命、塑造人的工作。"党的十八大以来,国家先后出台了较为全面的支持教师专业发展的政策措施。一是建立完善中小学教师师德建设长效机制,将师德建设和考核贯穿日常教育教学全过程。二是继续实施"特岗计划"和师范生免费教育,健全农村教师补充新机制。三是开展五年为一周期不少于360学时的全员培训,持续实施"国培计划",不断提高教师的专业素养和水平。四是完善各级各类教师准入制度,加强义务教育教师交流,下放高校教师职称评审权,不断规范教师管理。五是建立乡村教师荣誉制度,不断提升教师待遇和从业地位。总的来说,党的十八大以来,国家以不断提升教师的人格修养和学识修养为抓手,通过教育和培训将教师内在修养转化为外在的教育教学能力,在学历提升、技能培养、学识拓展的同时,切实推行教师教书育人的能力建设,有力保障了我国教育质量的提高。

优化教育评价体系。教育评价具有导向作用,是教育教学活动的指挥棒,是教育质量提升的助推器。教育评价既为教育质量高与低的程度判断提供标准,又为教育质量好与坏的性质判断提供引导。党的十八大以来,我国不断优化教育评价体系,在评价依据、评价主体、评价内容、评价方式等方面实现了整体变革。一是在教育评价依据上,扭转单纯以考试成绩和学校升学率评价中小学教育质量的倾向,建构了包括学生品德、学业发展、身心发展、兴趣特长、学业负担五个方面的中小学教育质量综合评价指标框架。二是在教育评价主体上,国家、省(区、市)、市、县四级人民政府教育督导机构不断完善,教育督导工作迈向常规化和专业化。三是在教育评价内容上,改变单纯重视分数的量化考核方式,增加描述性的、质性的学生综合素质评价方式;改变考查学生对知识的记忆能力和技能，转向考查学生运用所学知识分析问题和解决问题的能力。四是在教育评价方式上，改革考试招生制度，使其适应不同学段和类型的培养目标；借助学业水平考试和高考实现合理分流，以分类考试、统一高考和自主招生结合来拓宽学生进入高等学校的道路。总之，我国教育评价在发挥选拔功能的同时更注重促进学生的发展，在进行终结性评价的同时日益推行形成性评价，在规范外在评价标准的同时赋予内在的自我评价价值，真正发挥出教育评价正确且有效提升教育质量的功能。

（三）把形成创新人才成长环境作为提高教育质量的重要保障

提高教育质量，归根结底是要创新人才培养模式、提高人才培养质量，造就一支规模宏大、结构合理、素质优良的创新型人才队伍。习近平总书记在中共中央政治局第九次集体学习时强调，必须深化教育改革，推进素质教育，创新教育方法，提高人才培养质量，努力形成有利于创新人才成长的育人环境。围绕创建育人环境，习近平总书记提出了一系列新思想、新论断和新要求，为建设有利于创新人才成长的育人环境指明了前进方向。

加大教育投入力度，为提高人才培养质量营造良好的物质环境。建构育人环境，物质是基础。习近平总书记在北京市八一学校考察时要求，各级党委和政府要坚持把教育放在优先发展的战略位置，强化责任意识，及时研究解决教育改革发展的重大问题和群众关心的热点问题。

各级党委、政府要更加高度重视教育工作，在研制国民经济和社会发展规划时，优先安排教育事业发展，优先保障公共教育经费投入法定增长，优先满足教育和人力资源开发需要。2017年

坚持优先发展教育事业

国务院印发的《国家教育事业发展"十三五"规划》再度明确,将教育作为各级政府财政支出重点领域给予优先保障,并具体规定保证国家财政性教育经费支出占国内生产总值的比例一般不低于4%。从制度与机制上明确优先保障公共教育经费投入法定增长,为提高人才培养质量提供充足的经费保障。

深化教育领域综合改革,为提高人才培养质量营造良好的制度环境。建构育人环境,制度是保障。习近平总书记在考察北京市八一学校时指出:"要深化办学体制、管理体制、经费投入体制、考试招生及就业制度等方面的改革,深化学校内部管理制度、人事薪酬制度、教学管理制度等方面的改革,深化人才培养模式、教学内容及方式方法等方面的改革,使各级各类教育更加符合教育规律、更加符合人才成长规律。"党的十八大以来,国家坚持目标导向和问题导向相结合,坚持顶层设计和基层探索相结合,坚持综合改革和重点突破相结合,深化育人方式、办学模式、管理体制和保障机制改革,不断创新人才培养模式、方式方法和考试评价机制,提高教育治理水平和教育教学质量,为提高人才培养质量营造了良好制度环境。

加快推进教育信息化,为提高人才培养质量营造良好的技术环境。建构育人环境,技术是手段。教育信息化是促进教育公平、提高教育质量的有效手段,是创造泛在学习环境、构建学习型社会的必由之路,是当今世界越来越多国家提升教育质量的战略选择。习近平总书记在致国际教育信息化大会的贺信中指出:"中国坚持不懈推进教育信息化,努力以信息化为手段扩大优质教育资源覆盖面。"这一思想主张明确了我国深化信息技术与教育深度融合的具体任务和要求,为构建网络化、数字化、个性化、终身化的教育体系,建设"人人皆学、处处能学、时时可学"的学习型社会，培养大批创新人才提供了环境保障。

扩大教育对外开放，为提高人才培养质量营造良好的国际环境。建构育人环境，开放拓展平台。以开放促改革、促发展，是我国教育改革不断取得新成就的重要法宝。习近平总书记在致清华大学苏世民学者项目启动的贺信中指出，教育应该通过更加密切的互动交流，促进对人类各种知识和文化的认知，树立世界眼光、激发创新灵感，确立为人类和平与发展贡献智慧和力量的远大志向。教育对外开放，关键是提高质量，而不是盲目扩大规模。这些重要论述，创造性地将教育对外开放与提高人才培养质量相关联，阐明了扩大对外开放所体现出的教育旨归和内在规律。

（四）把推动教育事业改革创新作为提高教育质量的力量源泉

抓改革创新，推动教育事业与时俱进。唯改革者进，唯创新者强，唯改革创新者胜。抓改革创新就是要善于解决前进道路上的新情况、新问题，不断开创教育发展新局面。教育工作的基本内涵是办学和育人，办学要牢牢扎根中国大地，探索创立自己的模式，在服务国家、服务社会、服务人民中完成从学习借鉴到形成自我特色的模式转换；育人即完成立德树人根本任务，人才培养不仅要以德为先，还需要以能力为重，担当起时代的重托和历史的重任。要注重用人工智能技术推动模式变革，积极融入新一轮科技革命和产业变革浪潮，对已经开始的教学模式变革、正在发生的办学模式变化、将要迎来的治理模式挑战给予充分关注，重视智能自适应教育和区块链技术的应用。要积极推进提高效率、激发活力且固基强本的综合改革，防范重大风险，加强战略和系统思维，注重改革的整体性。

增强创新发展能力。以量的扩张为主的传统高等教育发展方式已难以为继，新时代必须更新观念，走创新驱动、质量优先、内生增长的道路，做到人才培养与时代变化相适应、与经济社会发展相融合，为高等教育内涵式发展开辟新空间。应积极应对网络信息技术发展带来的以自主学习为主要特点的学习方式变化，探索提供差异化、个性化、多样化的教育服务，使教育教学由以教为中心向以学为中心转变、由以教师为中心向以学生为中心转变。积极应对云计算、大数据、人工智能带来的知识更新加快、周期缩短的新情况，探索加快科研成果转化的方式，及时为学生提供更多前沿知识。

四、推动新时代教育事业向更加公平更高质量迈进

发展新时代更加公平更高质量的教育，是站在新起点上的中国教育前进的方向。在加快教育现代化、建设教育强国新征程中，中国教育要担负新使命、满足新期待，把绘就的新蓝图变为现实。"公平""质量"两个词，概括出新时代我国教育的新使命，明确了教育改革征程的新方向。党的十九大报告指出，经过长期努力，中国特色社会主义进入了新时代，我国社会主要矛盾已经转化为人民日益增长的美好生活需要和不平衡不充分的发展之间的矛盾。这种矛盾体现在教育领域就是人民日渐高涨的高质量教育期盼和教育发展不平衡不充分之间的矛盾，换句话说，就是由过去"想上学"转变为追求"上好学"。

"更加公平更高质量的教育"包含两方面的现实指向：一方面，继续拓宽教育公平的宽度，即从教育机会入手保障弱势群体的受教育权利，不让一个孩子因家庭贫困或者地区局限而耽误学业。应以改善乡村办学条件、提高乡村教育质量为重点，促进优

质教育资源向偏远地区、贫困群体、薄弱学校倾斜。另一方面，挖掘教育公平的深度，由关注教育机会的公平转向追求教育过程与结果的公平，即发展个性化教育，努力让每个孩子都享有适合自己的教育。要在教育的过程中以学生为本、因材施教，避免工厂式的培养方式，从而培养出"千人一面"的学生。教育只有尊重个体差异，针对每个孩子的特点，才能有效保证公平而有质量地发展。

（一）发展更加公平更高质量的教育必须坚持党对教育工作的全面领导

党政军民学，东西南北中，党是领导一切的。党的十八大以来，以习近平同志为核心的党中央高度重视党对教育工作的全面领导，在党的全国代表大会报告和中央全会文件中，对教育改革发展和教育系统党的建设不断提出重要要求，从成立中央全面深化改革领导小组（委员会）到组建中央教育工作领导小组，确保党在教育工作方面始终总揽全局、协调各方。《建议》要求建设高质量教育体系，首要标准是教育系统必须增强"四个意识"、坚定"四个自信"、做到"两个维护"，要在建设高质量教育体系过程中，深入贯彻习近平总书记关于坚守为党育人、为国育才的总体要求，全面贯彻党的教育方针，坚持马克思主义指导地位，坚持中国特色社会主义教育发展道路，坚持社会主义办学方向，在实践中增强教育系统各级党组织的政治功能和组织力，确保党中央决策部署有效落地落实。

党对教育事业的全面领导是我国教育事业发展与教育质量不断提升的根本保证。党对教育工作的全面领导，首先体现在始终坚定不移地走中国特色社会主义教育发展道路，为确保教育质量提供坚强有力的政治保障。各级党委、政府始终把坚持和加强党的全面领导摆在首位，不断健全党委统一领导、党政齐抓共管、部门各负其责的教育领导体制，使党的领导成为教育改革发展的定海神针和中流砥柱。与此同时，努力营造全党全社会关心、支持和重视教育的良好氛围，为教育事业的持续发展提供强大的精神动力和支撑力量。70多年来，在党的坚强领导下，我国建立了中国特色社会主义教育体系，始终坚持德育为先，把坚定正确的政治方向放在办学第一位，培养了一代又一代社会主义建设者和接班人。

加快教育现代化、建设教育强国，必须加强党对教育事业的全面领导，坚持教育优先发展战略地位，保障教育投入，坚持社会主义办学方向，全面贯彻党的教育方针，落实立德树人根本任务，着力在坚定理想信念、厚植爱国主义情怀、加强品德修养、增长知识见识、培养奋斗精神、增强综合素质上下功夫，培养担当中华民族伟大复兴大任的时代新人。

（二）发展更加公平更高质量的教育要健全学校家庭社会协同育人机制

《建议》在强调"全面贯彻党的教育方针，坚持立德树人，加强师德师风建设，培养德智体美劳全面发展的社会主义建设者和接班人"的基础上，明确要求"健全学校家庭社会协同育人机制，提升教师教书育人能力素质，增强学生文明素养、社会责任意识、实践本领，重视青少年身体素质和心理健康教育"。这是深入贯彻习近平总书记关于"办好教育事业，家庭、学校、政府、社会都有责任""全社会要担负起青少年成长成才的责任"等系列重要论述精神的集中体现。《建议》部署"十四五"时期建设高质量教育体系，对新发展阶段立德树人的基本要求又做出新的阐释和布局。衡量高质量教育体系，很大程度上要看数以千万计教师、数以亿计学生的素质能否不断提升和增强。今后，多方位提高师生素质，重点将落在健全学校家庭社会协同育人机制层面，从德智体美劳"五育并举"，到全员全程全方位"三全育人"，因地因校制宜，发展素质教育，形成有效的实践模式，努力汇聚起教育系统和社会各方的更大合力。

（三）发展更加公平更高质量的教育要在深化改革促进公平上迈开新步伐

《建议》以"坚持教育公益性原则，深化教育改革，促进教育公平"为导向，布置一套政策"组合拳"。一是夯实高质量教育体系根基，重点是"推动义务教育均衡发展和城乡一体化，完善普惠性学前教育和特殊教育、专门教育保障机制，鼓励高中阶段学校多样化发展"；"提高民族地区教育质量和水平，加大国家通用语言文字推广力度"；加快健全"幼有所育、学有所教"等方面国家基本公共服务制度体系，努力让青少年儿童都能享有公平而有质量的教育，为其谋生发展打好基础。二是面向构建新发展格局，强调"加大人力资本投入，增强职业技术教育适应性，深化职普融通、产教融合、校企合作，探索中国特色学徒制，大力培养技术技能人才"，为学习者多种方式就业创业助力，有效提升劳动者技能和收入水平，适应提升我国产业链供应链现代化水平的迫切需要。三是着眼可持续发展全局，明确"提高高等教育质量，分类建设一流大学和一流学科，加快培养理工农医类专业紧缺人才"的主攻方向，为增强综合国力、增进民生福祉注入新的动力活力。四是立足基本国情，重申"支持和规范民办教育发展，规范校外培训机构"，在增加公共教育服务供给的同时，更好发挥各方积极性，创新教育服务业态，推进教育治理方式变革。

深化教育领域综合改革,持续推进教育公平。教育公平是社会公平的重要基础。需要以深化改革为动力,做到保基本、补短板、促公平,全力保障"学有所教",努力实现"学有优教"。进一步解决"入园难、入园贵"问题,加大对集中连片特困地区幼儿园建设的支持力度,加强幼儿园建设与城镇化、"二孩"政策的衔接,在城镇新建小区建设普惠性幼儿园。建立健全控辍保学工作机制,提高质量控辍,落实扶贫控辍,强化保障控辍,避免因学习困难或厌学而辍学,避免因贫失学辍学,避免因上学远而辍学。加快一流大学和一流学科建设,实现高等教育内涵式发展,走出一条既扎根中国大地、契合国情校情,又融通中外、具备全球视野的"双一流"建设之路。

(四)发展更加公平更高质量的教育要在教育信息化融合创新发展上下功夫

借助教育信息化实现弯道超车。当今世界,科技进步日新月异,互联网、云计算、大数据等现代信息技术深刻改变着人类的思维、生产、生活、学习方式,深刻展示了世界发展的前景。特别是互联网的普及和移动学习的流行,不仅对教师的教育教学方式、学生的学习方式产生了重要影响,也对优质教育资源的获得和共享产生了重要影响,不受时空限制共享全球优质教育资源已成为现实。信息化既能提高教育质量,又能促进教育公平。因此,加快教育信息化步伐,实现信息技术与教育的深度融合,是办好优质公平教育的重要途径和有效策略,也是未来教育改革与发展的重要方向。特别是相对落后地区,更要把教育信息化作为教育改革与发展最为优先的领域,优先配置、深度融合、普遍使用,借助信息化实现弯道超车。

教育系统必须在教育信息化融合创新发展上下功夫,深入实施教育信息化2.0行动计划,全面建设高素质专业化创新型教师队伍，落实教育优先发展战略，夯实投入保障，加大人力资本投入力度，为教育高质量发展夯实基础。全面深化教育领域综合改革，聚精会神贯彻落实《深化新时代教育评价改革总体方案》，提升教育管理效能，深化新时代教育督导体制机制改革，全面推动依法治教，加快和扩大新时代教育对外开放，确保各项改革部署落得准、落得稳、落得好。

（五）发展更加公平更高质量的教育要对标建设服务全民的终身学习体系

按照以习近平同志为核心的党中央的重大部署，《建议》强调"发挥在线教育优势，完善终身学习体系，建设学习型社会"，充分体现了建设学习型社会的顶层设计意图，构建方式更加灵活、资源更加丰富、学习更加便捷的终身学习体系。发挥在线教育优势，我国积累了成功的实践经验。近年来网络本专科注册和毕业人数均居世界第一，在线教育和培训已经形成多样化格局。2020年新冠肺炎疫情突发后开展大规模在线教育，从2月到5月，国家中小学网络云平台20多亿人次浏览，全国1 775万大学生参与在线课程，共计23亿人次。这是全球最大规模的在线教育实验，不仅有效应对了疫情冲击、保障了师生健康和生命安全，而且探索创新了教学模式。"十四五"时期建设高质量教育体系，必将沿着"实现人人皆学、处处能学、时时可学"方向发展，我国终身学习体系和学习型社会的建设可望开辟新的境界。

（六）发展更加公平更高质量的教育要让教育改革发展成果惠及每一个人

社会主义社会人人享有平等的受教育权，生活在社会主义大家庭中的每个人，都有通过接受各类教育而获得人生出彩的机会。习近平总书记在十二届全国人大一次会议上指出："生活在我们伟大祖国和伟大时代的中国人民，共同享有人生出彩的机会，共同享有梦想成真的机会，共同享有同祖国和时代一起成长与进步的机会。"[1] 要帮助人民群众提高身体素质、文化素质、就业能力，打开孩子们通过学习改变命运、青壮年通过多渠道就业改变命运的扎实通道，为他们实现人生出彩搭建舞台。他还特别强调，要切实保障进城务工人员随迁子女、农村留守儿童和残疾儿童受教育权利，让每个孩子都能接受公平而有质量的教育，成为国家有用之才。

营造人人皆可成才、人人尽展其才的良好环境。在亿万中国人民前行的伟大征程上，人人成才正当其时、圆梦适得其势。社会中的每个人都是普通劳动者，都要靠自己的劳动创造出彩人生。劳动是幸福的源泉，生活靠劳动创造，人生也靠劳动创造。实现中国梦，创造全体人民更加美好的生活，任重而道远，需要我们每一个人的辛勤劳动和艰苦努力。社会要树立正确的人才观，拓展人的成长成才空间，着力提高人才培养质量，为人人出彩构建各种体制机制。鼓励每个人学习新知识、掌握新技能、增长新本领，把人民的爱国之情、强国之志、报国之行统一起来。在全社会树立人人平等的观念，提高各级各类专业技能型人才的社会地位和待遇，大力推进职业教育改革，培养大批怀有一技之长的身心健全发展的劳动者。要努力让每个孩子都能享有公平而有质量的教育。

---

[1] 习近平. 习近平谈治国理政. 北京：外文出版社，2014：40.

坚持优先发展教育事业的基本任务（下）
——开启建设教育强国新征程

2020年是决胜全面建成小康社会、决战脱贫攻坚之年，也是"十三五"规划收官之年。"十四五"时期是我国由全面建成小康社会向基本实现社会主义现代化迈进的关键时期。党的十九大报告在"提高保障和改善民生水平，加强和创新社会治理"部分将优先发展教育事业置于首位，为加快教育现代化、建设教育强国指明了总体方向[①]。实现社会主义现代化，实现中华民族伟大复兴，关键在国民素质现代化，基础在教育。教育系统要坚持以习近平新时代中国特色社会主义思想为指导，加快推进教育现代化，建设教育强国，办好人民满意的教育，培养担当民族复兴大任的时代新人，为实现中华民族伟大复兴的中国梦做出新的、更大的贡献。

一、"基础"与"优先"：建设教育强国的关键共识

党的十八大以来，以习近平同志为核心的党中央坚定不移实施科教兴国战略和人才强国战略，坚持优先发展教育事业，大力推进教育领域综合改革，持续加大教育投入，教育现代化加速推进，教育总体发展水平进入世界中上行列，教育取得了全方位、开创性的历史性成就。

党的十九大明确提出建设教育强国是中华民族伟大复兴的基础工程，必须把教育事业放在优先位置，深化教育改革，加快教

---

① 习近平. 决胜全面建成小康社会 夺取新时代中国特色社会主义伟大胜利：在中国共产党第十九次全国代表大会上的报告. 人民日报，2017-10-28.

育现代化，办好人民满意的教育。习近平总书记多次对教育工作做出指示批示，强调要发展具有中国特色、世界水平的现代教育，为建设教育强国指明了方向。2018年9月10日，全国教育大会召开，习近平总书记在大会上发表重要讲话，系统回答了关系教育现代化的重大理论和实践问题，对加快教育现代化、建设教育强国、办好人民满意的教育做出了全面部署，向全党全国全社会发出了加快教育现代化的动员令，为新时代教育提供了根本遵循[1]。李克强总理在讲话中也强调，要准确把握教育事业发展面临的新形势、新任务，全面落实教育优先发展战略，以教育现代化支撑国家现代化。

（一）基础工程：我国教育事业的定位所在

教育是国之大计、党之大计，是民族振兴、社会进步的重要基石，是功在当代、利在千秋的德政工程，对提高人民综合素质、促进人的全面发展、增强中华民族创新创造活力、实现中华民族伟大复兴具有决定性意义。党的十八大以来，以习近平同志为核心的党中央坚持"教育第一"，不断加大投入的力度，努力让每个孩子享有受教育的机会，努力让人民享受更好更公平的教育，获得发展自身、奉献社会、造福人民的能力。

党的十九大强调，必须把教育事业放在优先位置，深化教育改革，加快教育现代化，办好人民满意的教育。在全国教育大会上，习近平总书记深刻指出，坚持把优先发展教育事业作为推动党和国家各项事业发展的重要先手棋，不断使教育同党和国家事业发展要求相适应、同人民群众期待相契合、同我国综合国力和

---

[1] 习近平在全国教育大会上强调 坚持中国特色社会主义教育发展道路 培养德智体美劳全面发展的社会主义建设者和接班人. 人民日报, 2018-09-11.

坚持优先发展教育事业

国际地位相匹配。今天，我们比历史上任何时期都更接近实现中华民族伟大复兴的目标，必须通过优先发展教育，把人口中蕴藏的智慧资源挖掘出来，转化为巨大的人才资源优势[①]。

第一，优先发展教育是建设教育强国的基础工程。党和国家历来高度重视教育，特别是改革开放以来，强调教育在经济社会发展中的先导性、全局性和基础性作用，对教育功能的认识和定位历经经济、科技、文化和社会视野的全面提升，从党的十二大报告中把教育作为"经济发展的战略重点"、党的十五大报告中把教育作为"文化建设的基础工程"、党的十六大报告指出教育"是发展科学技术和培养人才的基础"，到党的十七大把教育纳入以民生为重点的社会建设范畴、明确提出"办好人民满意的教育"，党的十八大报告指出"努力办好人民满意的教育"，党的十九大报告指出"办好人民满意的教育"。习近平总书记在全国教育大会上的讲话强调，教育是功在当代、利在千秋的德政工程，明确了教育以凝聚人心、完善人格、开发人力、培育人才、造福人民为工作目标，更加凸显了发展教育在党执政兴国大局中的重要性。

在现代化建设中，教育具有基础性、先导性、全局性地位和作用。教育是培养人的事业，是面向未来的基础工程。社会各项事业的发展，都植根于人才培养这一基础。教育具有前瞻性，既要满足当代需求，更要考虑未来需要。教育发展周期长，要适应社会主义现代化建设多方面要求，其效应的发挥具有一定的延迟性。因此，在社会发展中，教育应是先行和先导的。教育是关乎社会发展全局的事业，它对社会发展的各个领域都具有重要的全方位影响，从根本上影响和决定着一个国家和民族的前途命运。

[①] 习近平在全国教育大会上强调 坚持中国特色社会主义教育发展道路 培养德智体美劳全面发展的社会主义建设者和接班人. 人民日报, 2018-09-11.

中国特色社会主义进入新时代，教育的基础性、先导性、全局性地位和作用更加突显。现代化建设事业越是发展，对人才培养的要求就越高，教育的地位和作用也就越发突出。随着世界多极化、经济全球化、社会信息化、文化多样化的深入发展，教育与经济社会发展的结合更加紧密，教育现代化对推动国家现代化的作用日益突显。

习近平总书记在联合国"教育第一"全球倡议行动一周年纪念活动上发表视频贺词指出："中国将坚定实施科教兴国战略，始终把教育摆在优先发展的战略位置，不断扩大投入，努力发展全民教育、终身教育，建设学习型社会，努力让每个孩子享有受教育的机会，努力让13亿人民享有更好更公平的教育，获得发展自身、奉献社会、造福人民的能力。"[①] 优先发展教育事业是我们党确立的基本战略，体现了党对共产党执政规律、社会主义建设规律、人类社会发展规律的深刻把握。教育系统要始终把落实教育优先发展作为重要任务，积极争取全社会的关心、理解和支持，汇聚办好教育的强大合力。

习近平总书记在党的十九大报告中进一步强调："建设教育强国是中华民族伟大复兴的基础工程，必须把教育事业放在优先位置，深化教育改革，加快教育现代化，办好人民满意的教育。"[②] 习近平总书记站在中国特色社会主义事业全局高度，深刻洞察教育的基础性、先导性、全局性作用，强调要把教育摆在优先发展的战略地位。这几句话不仅提出了建设教育强国的战略目标和任务，

---

① 习近平主席在联合国"教育第一"全球倡议行动一周年纪念活动上发表视频贺词. 人民日报，2013-09-27.

② 习近平. 决胜全面建成小康社会 夺取新时代中国特色社会主义伟大胜利：在中国共产党第十九次全国代表大会上的报告. 人民日报，2017-10-28.

同时也为我们深刻领会习近平总书记优先发展教育事业的论断提供了很好的注脚。习近平总书记优先发展教育的论断具有鲜明的时代特色和丰富的理论内涵,对于社会主义现代化强国建设、教育现代化及教育强国建设具有重要的指导作用和深远的现实意义。

第二,优先发展教育是建设教育强国的必然要求。优先发展教育是建设人才强国的重要前提。要加强创新人才教育培养。国家科技创造力的源泉在于人。十年树木,百年树人。要把教育摆在更加重要的位置,全面提高教育质量,注重培养学生创新意识和创新能力。

提升一流人才培养与创新能力是《中国教育现代化2035》提出的十大重大战略任务之一。要聚焦教育发展的突出问题和薄弱环节,立足当前,着眼长远,分类建设一批世界一流高等学校,建立完善的高等学校分类发展政策体系,引导高等学校科学定位、特色发展。持续推动地方本科高等学校转型发展。加快发展现代职业教育,不断优化职业教育结构与布局。推动职业教育与产业发展有机衔接、深度融合,集中力量建成一批中国特色高水平职业院校和专业。优化人才培养结构,综合运用招生计划、就业反馈、拨款、标准、评估等方式,引导高等学校和职业学校及时调整学科专业结构。加强创新人才特别是拔尖创新人才的培养,加大应用型、复合型、技术技能型人才培养比重。加强高等学校创新体系建设,建设一批国际一流的国家科技创新基地,加强应用基础研究,全面提升高等学校原始创新能力。探索构建产学研用深度融合的全链条、网络化、开放式协同创新联盟。提高高等学校哲学社会科学研究水平,加强中国特色新型智库建设。健全有利于激发创新活力和促进科技成果转化的科研体制。

强国必先强教育。改革开放以来,特别是党的十八大以来,

坚持优先发展教育事业的基本任务(下)

我国提出了人才强国、科技强国、制造强国、文化强国等一系列强国建设的战略目标和任务。而无论什么强国,都需要强大的人力资本、强有力的人才队伍来支撑,都需要教育强国来支撑。习近平总书记指出:"教育兴则国家兴,教育强则国家强。"[1]"实现中华民族伟大复兴,教育的地位和作用不可忽视。我们对高等教育的需要比以往任何时候都更加迫切,对科学知识和卓越人才的渴求比以往任何时候都更加强烈。"[2]人才是创新的根基,是创新的核心要素。

习近平总书记进一步强调,创新驱动实质上是人才驱动。为了加快形成一支规模宏大、富有创新精神、敢于承担风险的创新型人才队伍,要重点在用好、吸引、培养上下功夫[3]。无论是经济建设、政治建设、文化建设、社会建设、生态文明建设,还是实施科教兴国战略、人才强国战略、创新驱动发展战略、乡村振兴战略、区域协调发展战略、可持续发展战略、军民融合发展战略,都离不开人,离不开人力资源开发和人才培养,离不开教育的支撑。

优先发展教育是提高国民素质的必然选择。一个国家的政治文明、物质文明、精神文明、社会文明、生态文明,归根结底都是建立在国民素质基础上的,国民素质是一个国家的核心竞争力。教育是提高国民素质、增强国家竞争力的有效途径。劳动者素质对一个国家、一个民族的发展至关重要。习近平总书记指出,我们要始终高度重视提高劳动者素质,培养宏大的高素质劳动者大军。提高包括广大劳动者在内的全民族文明素质,是民族发展的

---

[1] 习近平. 在北京大学师生座谈会上的讲话. 人民日报, 2018-05-03.
[2] 习近平在全国高校思想整治工作会议上强调 把思想政治工作贯穿教育教学全过程 开创我国高等教育事业发展新局面. 人民日报, 2016-12-09.
[3] 习近平主持召开中央财经领导小组第七次会议强调 加快实施创新驱动发展战略 加快推动经济发展方式转变. 人民日报, 2014-08-19.

坚持优先发展教育事业

长远大计。要深入实施科教兴国战略、人才强国战略、创新驱动发展战略,把提高职工队伍整体素质作为一项战略任务抓紧抓好,实施职工素质建设工程,推动建设宏大的知识型、技术型、创新型劳动者大军[①]。中国是发展中的人口大国,要把我国从人力资源大国建设成为人力资源强国,关键在教育。习近平总书记曾高屋建瓴地指出:"千秋基业,人才为先。实现中华民族伟大复兴,人才越多越好,本事越大越好。我国是一个人力资源大国,也是一个智力资源大国,我国13亿多人大脑中蕴藏的智慧资源是最可宝贵的。知识就是力量,人才就是未来。"[②]

优先发展教育是提升综合国力与国际竞争力的重要举措。教育发展水平决定一个国家的核心竞争力。习近平总书记曾指出:"当今世界,综合国力竞争日趋激烈……综合国力竞争说到底是人才竞争。人才资源作为经济社会发展第一资源的特征和作用更加明显,人才竞争已经成为综合国力竞争的核心。谁能培养和吸引更多优秀人才,谁就能在竞争中占据优势。"[③] 习近平总书记进一步强调:"中国这么多人,教育上去了,将来人才就会像井喷一样涌现出来。这是最有竞争力的。"[④]

第三,优先发展教育是中国特色社会主义进入新时代赋予的历史使命。新时代赋予教育新的历史使命,同时也对教育提出了更高要求。全面建设社会主义现代化国家,要求教育加快现代化步伐,建设教育强国,提供更加有力的人才及智力支撑;创造美

[①] 习近平. 在庆祝"五一"国际劳动节暨表彰全国劳动模范和先进工作者大会上的讲话. 人民日报, 2015-04-29.

[②] 习近平. 在中国科学院第十七次院士大会、中国工程院第十二次院士大会上的讲话. 人民日报, 2014-06-10.

[③] 习近平. 在欧美同学会成立100周年庆祝大会上的讲话. 人民日报, 2013-10-22.

[④] 中共中央文献研究室. 习近平关于科技创新论述摘编. 北京:中央文献出版社, 2016:107.

好生活、实现全体人民共同富裕，要求教育要为改善民生、促进人的发展和社会公平发挥更大作用，更好地满足人民日益增长的良好教育需求；实现中华民族伟大复兴的中国梦，要求教育为提高国民素质、知识、能力与技能水平做出更大贡献；走近世界舞台中央、对人类做出更大贡献，要求教育培养更多参与全球治理的国际化人才。完成教育的新使命和对教育的新要求，必须坚持教育优先发展战略。

（二）优先发展：加快推进我国教育现代化

第一，我国教育现代化的内涵是在优先发展教育基础上不断丰富和发展的。邓小平同志曾提出："教育要面向现代化，面向世界，面向未来。"中国特色社会主义教育事业经过长期的发展，被赋予了更丰富的内涵和机理。习近平总书记明确提出："我国是中国共产党领导的社会主义国家，这就决定了我们的教育必须把培养社会主义建设者和接班人作为根本任务，培养一代又一代拥护中国共产党领导和我国社会主义制度、立志为中国特色社会主义奋斗终身的有用人才。这是教育工作的根本任务，也是教育现代化的方向目标。"在这个方向目标之下，教育现代化要在培养学生的理想信念、爱国主义情怀、品德修养、知识见识、奋斗精神、综合素质上下功夫；要努力构建德智体美劳全面培养的教育体系，形成更高水平的人才培养体系；要深化教育体制改革，健全立德树人落实机制，扭转不科学的教育评价导向，坚决克服唯分数、唯升学、唯文凭、唯论文、唯帽子的顽瘴痼疾；要加强党对教育工作的全面领导；要形成家庭、学校、政府、社会的育人合力。

《中国教育现代化2035》进一步确立了下一阶段的奋斗目标，就是在全面建成小康社会的基础上，再经过15年努力，到2035

年，总体实现教育现代化，迈入教育强国行列，推动我国成为学习大国、人力资源强国和人才强国，为到本世纪中叶建成富强民主文明和谐美丽的社会主义现代化强国奠定坚实基础。至此，2035年教育现代化的施工蓝图展现出一个宏大愿景——社会主义现代化建设必须依靠教育现代化，教育现代化必须服务于社会主义现代化建设。

第二，优先发展教育为教育现代化中实现人的现代化提供支撑。中国特色社会主义现代化的本质是人的现代化，是以人为本的现代化，体现了马克思主义关于人的全面发展的学说，是现代化建设的出发点、落脚点、核心点。而教育现代化要体现人的现代化，教育现代化要支撑人的现代化，教育现代化要优先于人的现代化，因此教育现代化就是如何更好地体现以人民为中心的。我国发展已经迈入新的历史阶段，已经进入中上等收入水平阶段和高人类发展水平阶段，开始向高收入水平、极高人类发展水平迈进，极大地推动了中国特色社会主义现代化的历史进程，必然实现理论上的创新与飞跃。

教育现代化是全面现代化的核心内容，是以人民为中心的直接反映。进一步讲，就是充分利用社会主义制度优势、政治优势，创造人的发展机会，提高人的发展能力，激发人的发展活力和创造力，充分体现以人为本的新要求。教育现代化具体体现在以学生为中心、以受教育者为中心。

改革开放以来，我国提出和实施科教兴国战略、人才强国战略、创新驱动发展战略。教育在国计民生中的战略地位不断提升，今后还将提出教育现代化总体战略，以教育现代化引领促进全面现代化，构建覆盖人的全生命周期、教育全过程，涵盖全部人群、全体人口、现代化全局的现代化教育体系。放眼未来，中国现代化和教育现代化要在六个方面持续推进，并取得显著进展。第一，推进教育覆盖人的生命周期，促进人的全面发展；第二，推进教育创新发展，促进创新型国家建设；第三，优化教育结构，促进经济转型升级；第四，推进教育公平，促进共同富裕；第五，推进教育双向开放，促进国际竞争力提升；第六，开发人力资源红利，应对人口结构变化。

第三，教育现代化的推进需要优先发展教育。在建设社会主义现代化强国的进程中，教育系统始终具有大量贡献服务点。在经济建设中，教育系统需要深度融入创新驱动发展战略、乡村振兴战略、区域协调发展战略和对外开放；在政治建设中，教育系统应在治理现代化、依法治教办学、加强法治教育上扎实推进；在文化建设中，培育和践行社会主义核心价值观、加强思想道德建设、发展文化事业产业，教育系统都会大有作为；在社会建设中，促进就业、脱贫攻坚、提高收入和社会保障水平、实施健康中国战略、加强社会治理，教育系统将主动参与协作；在生态文明建设中，绿色学校与绿色家庭和社区相结合，积极投身生态环境保护，共同落实可持续发展战略。这些都是加快教育现代化的重要使命和重点任务。

建设教育强国是坚持优先发展教育事业的战略目标。教育现代化是推进国家治理现代化在教育领域的集中体现，是建设强国的基础和必然选择。因此，相比建设教育强国战略目标，教育现代化是坚持优先发展教育事业更为迫切的目标。社会主义现代化强国需要数以亿计的人才来建设，需要强大的人才队伍来支持。因此，强国必须先强教育，社会主义现代化强国必须以现代化的教育做支撑。开启全面建设社会主义现代化国家新征程，必须推进教育现代化。教育现代化需要从坚持教育的内涵式发展、提升一流人才培养质量和开创教育对外开放新格局等方面着手。

(三) 教育强国：新时代我国教育事业的发展目标

教育决定着人类的今天，也决定着人类的未来①。党的十八大以来，以习近平同志为核心的党中央站在实现中华民族伟大复兴中国梦和人类社会永续发展的高度，提出实施教育强国战略。这一战略意义深远，是习近平新时代中国特色社会主义思想的重要组成部分，是我国教育事业发展的重要引领，具有丰富的理论和实践内涵。

《中国教育现代化 2035》提出，推进教育现代化的总体目标是：到 2020 年，全面实现"十三五"发展目标，教育总体实力和国际影响力显著增强，劳动年龄人口平均受教育年限明显增加，教育现代化取得重要进展，为全面建成小康社会做出重要贡献。在此基础上，再经过 15 年努力，到 2035 年，总体实现教育现代化，迈入教育强国行列，推动我国成为学习大国、人力资源强国和人才强国，为到本世纪中叶建成富强民主文明和谐美丽的社会主义现代化强国奠定坚实基础。

20 世纪 80 年代，邓小平同志从社会主义现代化的高度看教育，强调"教育要面向现代化，面向世界，面向未来"，要求把沉重人口负担转化为人才资源巨大优势。党的十四大报告指出："我们必须把教育摆在优先发展的战略地位，努力提高全民族的思想道德和科学文化水平，这是实现我国现代化的根本大计。"② 此后

---

① 清华大学苏世民学者项目启动仪式在京举行　习近平奥巴马致贺信．人民日报，2013 - 04 -22．

② 江泽民．加快改革开放和现代化建设步伐　夺取有中国特色社会主义事业的更大胜利:在中国共产党第十四次全国代表大会上的报告．人民日报，1992 - 10 - 21．

坚持优先发展教育事业的基本任务（下）

的党代会报告和中央全会文件多次强调在社会主义现代化建设全局中优先发展教育，党的十七大报告提出"提高教育现代化水平"的重要要求[①]。

党的十九大报告明确指出："建设教育强国是中华民族伟大复兴的基础工程"[②]，用以体现"优先发展教育事业"的核心理念和宏大背景，非常振奋人心。我们体会到，党的十九大报告做出中国特色社会主义进入了新时代、我国社会主要矛盾发生转变的重大历史性判断，充分显示出我国优先发展教育事业的总方位、加快教育现代化的总方向、建设教育强国的总要求，这三者是融为一体的重大战略部署，需要从中国特色社会主义新时代的本质内涵出发，在全党全社会进一步凝聚共识，在教育系统和社会各界形成更大合力。

在此基础上，习近平总书记在党的十九大报告中进一步阐释："建设教育强国是中华民族伟大复兴的基础工程，必须把教育事业放在优先位置，深化教育改革，加快教育现代化，办好人民满意的教育。"[③] 2018年，在全国教育大会上，习近平总书记再次强调，加快推进教育现代化、建设教育强国、办好人民满意的教育[④]。可以说，我们党自改革开放以来对教育事业的定位，就是始终要求现代化建设必须优先发展教育，同时要求教育自身现代化水平不断提高。

---

① 胡锦涛.高举中国特色社会主义伟大旗帜　为夺取全面建设小康社会新胜利而奋斗：在中国共产党第十七次全国代表大会上的报告.人民日报，2007-10-25.

②③ 习近平.决胜全面建成小康社会　夺取新时代中国特色社会主义伟大胜利：在中国共产党第十九次全国代表大会上的报告.人民日报，2017-10-28.

④ 习近平在全国教育大会上强调　坚持中国特色社会主义教育发展道路　培养德智体美劳全面发展的社会主义建设者和接班人.人民日报，2018-09-11.

二、发展具有中国特色、世界水平的现代教育

中国特色社会主义是马克思主义基本原理与中国具体实际相结合的产物,是植根中国大地、反映中国人民愿望、适应中国发展进步要求的社会主义。对于我国教育的发展目标及发展途径、方式,习近平总书记 2013 年 9 月在第二十九个教师节慰问信中明确概括为"发展具有中国特色、世界水平的现代教育"。这一概括,是对教育发展普遍性与特殊性相互联结规律的高度总结,揭示了中国特色社会主义教育的特质,体现了新的历史时期教育发展新任务新思路新战略,具有重大的理论创新和实践引领意义。

(一) 具有中国特色、世界水平的现代教育的科学释义

第一,具有中国特色、世界水平的现代教育是一个完整的科学概念。首先,具有中国特色、世界水平的现代教育必然是传承中华文化血脉、扎根中国大地、践行中国特色社会主义道路、服务国家发展的教育。其次,具有中国特色、世界水平的现代教育必然具有国际视野,以宽广的胸怀和平等包容互鉴的态度对待其他国家教育,通过交流沟通和学习借鉴不断提升水平,通过国际合作解决面临的共同问题,推动人类文明进步。最后,具有中国特色、世界水平的现代教育必然具有鲜明的时代特征,是不断改革创新、与时俱进的现代教育。2014 年 5 月 4 日,习近平总书记在北京大学考察时,对发展具有中国特色、世界水平的现代教育作了进一步阐释。他指出,"办好中国的世界一流大学,必须有中国特色。""世界上不会有第二个哈佛、牛津、斯坦福、麻省理工、剑桥,但会有第一个北大、清华、浙大、复旦、南大等中国著名

学府。我们要认真吸收世界上先进的办学治学经验,更要遵循教育规律,扎根中国大地办大学"[①]。发展具有中国特色、世界水平的现代教育,就是要全面贯彻党的教育方针,坚持社会主义办学方向,扎根中国大地,瞄准世界前沿,遵循教育规律,创造性地推进教育发展。

第二,发展具有中国特色、世界水平的现代教育,指出了我国教育现代化建设的道路选择。抓教育就是抓发展、抓未来。建设好中国特色社会主义现代教育体系才能为加快推进社会主义现代化、实现中华民族伟大复兴的中国梦提供有力的人才保障和智力支持。教育现代化既是教育发展的世界先进水平,又是追赶或保持世界先进水平的行为和过程,是对传统教育的超越,包括教育观念、教育体系、教育制度、教育内容与方法、教育装备、教育治理等多方面内容。推进教育现代化,将使全民终身学习机会进一步扩大,教育质量全面提升,教育发展成果更多更公平惠及全体人民,教育创新能力明显提升,教育制度更加成熟定型。教育现代化是国家全面现代化不可缺少的组成部分,在促进国家现代化进程中起着基础性、先导性和全局性作用,是中华民族伟大复兴和科教兴国的战略支撑。在社会主义现代化建设过程中,教育既要面向现代化、服务现代化,更要率先实现现代化。

第三,党的十八大以来,我国发展具有中国特色、世界水平的现代教育步伐加快,取得了重大成就。党的十八大以来,在以习近平同志为核心的党中央坚强领导下,我国教育发展取得了重大成就,教育水平明显提升,站在了历史新起点。2015 年 10 月

[①] 习近平. 青年要自觉践行社会主义核心价值观:在北京大学师生座谈会上的讲话. 人民日报,2014-05-05.

24日，国务院印发《统筹推进世界一流大学和一流学科建设总体方案》，吹响了中国大学冲刺国际前沿、争创世界先进的"冲锋号"。党的十八届五中全会审议通过的《中共中央关于制定国民经济和社会发展第十三个五年规划的建议》，以"提高教育质量"为题进一步明确未来五年教育工作的重点任务，并明确提出教育现代化要取得重要进展。《中华人民共和国国民经济和社会发展第十三个五年规划纲要》设专章规划推进教育现代化。所有这一切，都是中央从全面建成小康社会的全局和我国教育发展的实际出发做出的新的战略部署、提出的新的目标要求。从"十三五"规划把"提高教育质量""促进教育公平"确立为教育发展的两大战略主题，到近年的政府工作报告多次强调教育公平和质量，再到党的十九大报告进一步提出深化教育政策，加快教育现代化，办好人民满意的教育，庄严承诺努力让每个孩子都能享有公平而有质量的教育，我国教育事业在兼顾公平和质量的同时不断发展壮大。站在中国共产党成立100年的新起点上，我国的教育资源配置进一步优化、教育治理能力和水平进一步提升，教育综合改革进一步深化，不断向着推进教育治理体系和治理能力现代化前进，朝着更加公平和更高质量的教育稳步发展。

（二）建成服务全民终身学习的现代教育体系

办好网络教育、继续教育，加快建设学习型社会，与改革开放以来我们党重视全民学习、终身学习的重要理念一以贯之，是为实现"两个一百年"奋斗目标夯实人力资源基础的必然要求。

1995年颁布的《中华人民共和国教育法》确认了终身教育在我国的法定地位，党中央文件多次部署学习型社会建设任务。习近平总书记明确指示，要构建衔接沟通各级各类教育、认可多种学习成果的终身学习立交桥，党的十八届三中、五中全会文件都强调拓宽和畅通终身学习通道。今后国民思想道德素质、科学文化素质、身心健康素质的提高，社会文明程度达到新的高度，都离不开拓宽终身学习通道，建设符合国情的学习型社会。在我国教育普及状况同高收入国家差距逐步缩小的态势下，更要重视把满足适龄青少年儿童的教育需求与适应从业人员及其他社会成员的学习愿望有机结合起来。

党的十九大报告首次单列网络教育，也具有长远战略意图。在一定意义上，网络教育置于学前教育、特殊教育之后，应超越基于互联网的在线学习，被赋予新的含义。也就是说，不仅继续教育，而且教育全域都需要运用广义的网络方式，加强传统技术与高新技术的融合，协调虚拟网络与实体平台的运作，涵盖以往的广播电视函授教育、新近的在线教育、移动学习以及人工智能相助的学习新生态，为各种各样的学习者提供更为便捷有效的教育与学习条件，确保当今的教育与学习更好地顺应未来人的谋生发展需要，更加适应为实现"两个一百年"奋斗目标深度开发人力资源的要求。

《中国教育现代化2035》要求"实现各级各类教育纵向衔接、横向沟通，基础教育、职业教育、高等教育和继续教育协调发展，学历教育和非学历教育、职前教育和职后教育、线上学习和线下学习相互融合，学校教育与社会教育、家庭教育密切配合、良性互动，形成网络化、数字化、个性化、终身化的教育体系。教育体系结构和人才培养结构更加合理。建成人人皆学、处处能学、时时可学的学习型社会"。这将是让"幼有所育、学有所教"切实惠及亿万人民群众的顶层设计方案。

(三) 涵盖国民教育体系各个关键阶段

党的十九大报告提出，义务教育要从均衡发展向城乡一体化发展转变，其中农村义务教育是重中之重，同时，强调办好学前教育、特殊教育和网络教育的重要性，向各级政府、教育系统和社会各界发出新的动员令。党的十九大报告还要求统筹职业教育与培训，在体系建设上使其更为融合；通过一流大学和一流学科建设引领，将"高等教育内涵式发展"任务从倡导性的"推动"提升为刚性的"实现"，这些均是义务教育全面普及后不同阶段教育需要牢牢把握的重点。党的十九大报告继续要求支持和规范社会力量兴办教育，多措并举建设高素质教师队伍，办好继续教育，加快建设学习型社会，可以说，对我国教育改革发展做出了全方位部署。

围绕"普及有质量的学前教育""实现优质均衡的义务教育""全面普及高中阶段教育""职业教育服务能力显著提升""高等教育竞争力明显提升""残疾儿童少年享有适合的教育"等六个重点，多方位进行细化部署。预计到 2035 年，我国在实现九年义务教育城乡一体化均衡发展、全面普及学前教育和高中阶段教育的基础上，职业教育与培训体系会进一步完善，高等教育普及程度和质量水平将迈上新的台阶，广大青年乃至其他成年人将有更为多样化的就学、深造、进修、培训机会，终身学习"立交桥"的"四梁八柱"将更加稳固。

(四) 形成全社会共同参与的教育治理新格局

办好教育事业全社会都有责任。教育关系到千家万户的切身利益，也关系到一个民族和国家的前途命运，是一项需要多方参与的系统工程。2018 年，习近平总书记在全国教育大会上指出，办好教育事业，家庭、学校、政府、社会都有责任。只有全社会都来关心教育、重视教育，家庭、学校、政府、社会密切配合，营造有利于青少年成长成才的健康大环境，才能更好地实现教育事业优先发展。

习近平总书记强调："各级党委和政府要坚持把教育放在优先发展的战略位置，强化责任意识，及时研究解决教育改革发展的重大问题和群众关心的热点问题。"[①] 各级党委和政府要把教育改革发展纳入议事日程，完善相关体制机制，深入改革创新，为学校办学安全托底，解决学校后顾之忧，维护老师和学校应有的尊严，保护学生生命安全。党政主要负责同志要熟悉教育、关心教育、研究教育，多关注和解决教育领域的重点难点热点问题，深化体制机制改革，充分激发教育事业发展活力。

教育系统应在依法治教、依法办学、依法治校的制度建设上先行，切实把法治教育纳入国民教育体系。随着行政体制改革的深入，公办学校在深化事业单位改革，强化公益属性，推进政事分开、事企分开、管办分离等方面将迈上新的台阶，着力提高教育治理体系和治理能力现代化水平。

期望到2035年，教育管理体制和制度体系更加系统完备、科学规范、运行有效，形成政府、学校、社会依法共同参与教育治理的制度保障，实现教育治理现代化。

三、优先发展教育事业，实现教育现代化

教育现代化是坚持优先发展教育事业和建设教育强国的阶

---

① 习近平在北京市八一学校考察时强调 全面贯彻落实党的教育方针 努力把我国基础教育越办越好．人民日报，2016 - 09 - 10．

段性目标。教育现代化是在贯彻落实党和国家"五位一体"总体布局、"四个全面"战略布局,全面建设社会主义现代化国家、实现中华民族伟大复兴中国梦的重要历史背景下,我国教育改革与发展的核心理念和总体方向。新时代,实现教育现代化,具体来说就是要推进教育内涵式发展、提升一流人才培养质量、扩大教育对外开放、加速实现新时代教师教育现代化。

(一)推进教育服务战略布局,实现教育内涵式发展

党的十八大报告提出"推动高等教育内涵式发展",党的十九大报告强调"实现高等教育内涵式发展"。2018年5月,习近平总书记在北京大学考察时深刻指出:"当前,我国高等教育办学规模和年毕业人数已居世界首位,但规模扩张并不意味着质量和效益增长,走内涵式发展道路是我国高等教育发展的必由之路。"[①] 高等教育内涵式发展是以习近平同志为核心的党中央站在战略全局高度提出的一个重大课题,是中国特色社会主义进入新时代、社会主要矛盾转变对高等教育提出的必然要求,也是中国高等教育实现全面、协调、可持续发展的内在需要。

教育的内涵式发展是以教育的内部发展规律为基本遵循,以提升教育的公平性和质量为核心,受教育自身需要支配的教育发展模式。教育的内涵式发展以教育制度、教育观念、教育文化、师资素养、教育方法等为主要内容。其中,公平与质量是教育发展的核心要义,是教育事业全面健康发展的深刻内涵。党的十九

---

① 习近平. 在北京大学师生座谈会上的讲话. 人民日报,2018-05-03.

大报告提出："努力让每个孩子都能享有公平而有质量的教育。"①公平而有质量的教育是人民群众对教育最大的刚性需求。接受公平而有质量的教育，能够显著地改善人的生存状态，是缩小、消除甚至超越每个人先天性差距的最有效手段，是实现教育现代化的"最伟大的工具，最有效的渠道"。

一是促进教育公平。坚持教育的内涵式发展，努力实现教育公平。教育公平是社会公平的重要基础，是维系社会公平正义的坚实基石。党的十八大以来，以习近平同志为核心的党中央高度重视教育公平问题，明确提出要不断促进教育发展成果更多更公平惠及全体人民，以教育公平促进社会公平正义。习近平总书记在党的十九大报告中指出："要全面贯彻党的教育方针，落实立德树人根本任务，发展素质教育，推进教育公平，培养德智体美全面发展的社会主义建设者和接班人。"②

教育公平主要是指为"每个公民提供平等学习发展的机会，包括入学机会的公平、公正，享受相对均衡的教育资源，使每个学习者都能发挥他们的潜在能力，将来获得事业的成功"③。实现教育公平，是坚持教育内涵式发展的关键。教育涉及人民群众的切身利益和社会发展的各个方面，历来被看作人们发展提高、缩小社会差别的重要手段。坚持教育的社会主义性质和公益性原则，保障人民享有接受良好教育的机会，促进教育公平，对保障社会公平具有重要意义。

以教育公平为核心的教育内涵式发展是促进社会公平正义的基本要求。教育是奠定社会公平的基石之一，也是影响民众公平

---

①② 习近平.决胜全面建成小康社会 夺取新时代中国特色社会主义伟大胜利：在中国共产党第十九次全国代表大会上的报告.人民日报，2017-10-28.
③ 顾明远.教育公平绝不是平均主义.人民日报，2016-06-16.

感最重要的因素之一。"改革开放以来，历次的教育政策文件都不同程度上体现了教育公平。从普及义务教育到高等教育大众化，从改革高考制度到兼顾少数民族、经济弱势群体，从更新学校硬件设施到提升教师专业素质，以及针对特定人群的特殊教育、职业教育、成人教育发展，都体现出国家重视教育公平，保护人民享有受教育的权利，这不仅促进教育的内涵发展，同时带来社会的稳定与发展。"[1] 教育公平是人生公平的起点，是社会的基础性公平，也是有效缩小收入差距，帮扶处境不利群体阻断贫困代际传递的重要手段。促进教育公平，不仅是影响社会公平的重要因素，而且是影响政府公信力的重要因素，还是影响人民获得感和社会安定的重要因素，必须引起全社会的高度重视。

二是提升教育质量。坚持教育的内涵式发展，不断提升教育质量。教育是人才培养的主要方式，教育的发展和教育的质量从根本上决定着我国能否从一个人口大国转变为人力资源强国，直接关系到我国全面建成小康社会和现代化建设总体战略目标的实现。习近平总书记站在党和国家事业全局的高度，在会见清华大学经管学院顾问委员会海外委员时，明确提出要推进教育改革，提高教育质量，培养更多、更高素质的人才，把提高教育质量摆在了更加突出的战略位置。

以教育质量为核心的教育内涵式发展是推动经济社会发展的必然要求。近年来，教育资源下沉体现出教育资源均衡发展趋势，有利于保证教育质量全面均衡提升。只有经济发达地区的教育质量提升不能算是教育质量的全面提升，在提升经济发达地区教育水平的同时也应该注重经济欠发达地区的教育质量提升。局部区

---

[1] 袁利平，师嘉欣. 改革开放以来中国教育现代化的三维向度. 河北师范大学学报（教育科学版），2018（6）.

域的教育质量提升有利于教育质量全面协调向上提升发展，局部优化发展有利于带动整体全面优化发展；注重各阶段教育发展质量的水平提升，教育各个阶段的教育水平提升有利于提高总体教育质量水平；基础教育阶段水平的提高为今后高等教育培养高素质人才打下了坚实的基础。教育质量的提升和培养高素质人才绝不是单纯依靠某一个阶段或者某一个地区的教育质量发展，而是全面整体凭借各个阶段和区域的教育综合发展。

（二）做好教育现代化战略部署，提升一流人才培养质量

提升一流人才培养质量，是提高国家创新能力的需要，是提高综合国力的需要。人是生产力中最活跃最重要的因素。一个国家的发展需要教育源源不断地培养一代又一代所需人才。当前，中国的发展进入新的历史方位，党和国家事业发展对教育的需要、对科学知识和优秀人才的需要比以往任何时候都更为迫切。只有下好这招重要先手棋，党和国家的发展才有强大的人力资源后盾。建设教育强国，加快建设教育现代化，必须提升教育的质量，提升一流人才培养的质量。

第一，一流人才培养质量的提升是增强国家综合国力的需要。提高国家核心竞争力需要人才支撑，需要其在智力、创新、技术方面的贡献，人才是科学技术的传承者、创造者、应用者，是创新发挥、健全制度的重要力量，也是国家经济实力、科技实力、文化实力、国防实力和民族凝聚力的实现力量。习近平总书记在中国科学院第十七次院士大会、中国工程院第十二次院士大会上高屋建瓴地指出："千秋基业，人才为先。实现中华民族伟大复兴，人才越多越好，本事越大越好。我国是一个人力资源大国，也是一个智力资源大国，我国13亿多人大脑中蕴藏的智慧资源是

最可宝贵的。知识就是力量，人才就是未来。"①各国纷纷把人才工作提到了战略高度，制定和实施了一系列新的人才策略，不断加大对人才工作的力度，开展了激烈的人才竞争大战。要想在激烈的人才竞争中占据主导地位，我们必须适时调整人才策略，制定更加合理的人才政策措施，改善人才环境，培养建设一流人才队伍，为我国的综合国力竞争提供人才支撑。

人才是衡量一个国家综合国力的重要指标。习近平总书记强调："当今世界，综合国力竞争日趋激烈，新一轮科技革命和产业变革正在孕育兴起，变革突破的能量正在不断积累。综合国力竞争说到底是人才竞争。人才资源作为经济社会发展第一资源的特征和作用更加明显，人才竞争已经成为综合国力竞争的核心。谁能培养和吸引更多优秀人才，谁就能在竞争中占据优势。"②世界新一轮科技革命和产业变革给所有国家都提供了机遇，对所有国家都是一次巨大的挑战。而真正能够抓住机遇、乘势而上的国家，是有充足的人才储备并为人才作用的发挥提供了良好体制机制的国家。一句话，有效应对世界新一轮科技革命和产业变革的最重要的战略资源和战略手段就是人才，是能够紧跟和引领世界科技潮流的创新型高端人才。不论哪个国家，只要造就和凝聚了一大批这样的人才，就能够占领世界新一轮科技革命和产业变革的战略制高点，掌握新一轮科技革命和产业变革的主导权，发挥先发优势，立于不败之地。

第二，一流人才培养质量的提升需要提高国家创新能力。提

---

① 习近平. 在中国科学院第十七次院士大会、中国工程院第十二次院士大会上的讲话. 人民日报，2015－04－29.

② 中共中央文献研究室. 习近平关于科技创新论述摘编. 北京：中央文献出版社，2016：112.

升一流人才质量是提高国家创新能力的需要。改革开放以来,特别是党的十八大以来,我国提出了人才强国、科技强国、制造强国、文化强国等一系列强国建设的战略目标和任务。它们都需要强大的人力资本、强有力的人才队伍来支撑,都需要教育强国来支撑。所以,强国必先强教育。今天的时代特征就是,谁在自主创新方面具有优势,谁就在国际竞争中掌握了战略主动权。习近平总书记指出:"创新是一个民族进步的灵魂,是一个国家兴旺发达的不竭动力,也是中华民族最深沉的民族禀赋。在激烈的国际竞争中,惟创新者进,惟创新者强,惟创新者胜。"[①] 中华民族能否实现伟大复兴、能否自立于世界先进民族之林,取决于我们的自主创新能力和水平。单纯地模仿别人,不能建成领先于世界的强国。这就要求增强学生的批判性和创造性思维能力,将培养学生独立思维能力置于教学活动中心,突出学生的独立思维能力训练,增强学生学习的自主性与创造性。

一流人才是具有独立思考和批判性思维能力的人才。培养学生的独立思考和批判性思维能力是提高国家创新能力的奠基工程。知识创新和科技创新领军人才的最终养成和知识创新与科技创新成果的产生,则是在高等教育阶段,特别是在研究型大学中。尽管各国科研体制有所不同,但研究型大学在一个国家的基础研究中通常都占有主导性地位,在国家自主创新中发挥着不可替代的重要作用。基础研究是企业技术创新和产品创新的源头活水,正是因为有这些基础性研究成果,才有一切战略性、原创性重大科技进步和产业升级。创新人才是新知识的创造者、新技术的发明者和开拓者、新学科的创建者。战略性的科技创新人才和团队,

---

[①] 习近平. 习近平谈治国理政:第1卷. 北京:2版. 外文出版社,2018:59.

坚持优先发展教育事业

决定着一个国家科技事业的发展和国家的未来。国势之强在于人，人才之成出于学，创新人才主要依靠教育特别是高等教育来培养。学校承担着人才培养、科学研究、服务社会、文化传承创新、国际交流合作的任务，是科技进步和人才培养的结合点，在推进创新中肩负着不可替代的使命。

（三）扩大教育对外开放

教育对外开放是建设教育强国的重要组成部分，也是我国改革开放事业的重要组成部分。教育既在对外开放中发展壮大，又在对外开放中走向世界。党的十八大以来，习近平总书记对做好教育对外开放工作高度重视，对教育对外开放工作多次做出重要批示，有力推动了我国教育对外开放工作大步前行。坚持优先发展教育事业需要中国的教育走向世界，扩大世界影响力，同时，扩大教育对外开放也是建设教育强国的时代要求。

一是主动肩负教育新使命。新时代赋予教育新的历史使命，同时对教育提出了更高要求。教育对外开放是我国改革开放事业的重要组成部分，肩负着培养优秀人才、促进人文交流、服务国家现代化的重要使命。在党的十九大报告中，习近平总书记指出，"中国共产党是为中国人民谋幸福的政党，也是为人类进步事业而奋斗的政党。中国共产党始终把为人类做出新的更大的贡献作为自己的使命"[1]。他进一步提出"坚持和平发展道路，推动构建人类命运共同体"[2]。统筹国内国际两个大局，坚持扩大开放，做强中国教育，为实现"两个一百年"奋斗目标和中华民族伟大复兴

---

[1][2] 习近平．决胜全面建成小康社会 夺取新时代中国特色社会主义伟大胜利：在中国共产党第十九次全国代表大会上的报告．人民日报，2017-10-28．

中国梦提供有力支撑，是中国教育应该承担的责任与使命。只有敢于担当，坚守中国责任，才能在中国走近世界舞台中央，推动国际经济新秩序构建过程中，更好地与其他国家开展国际合作，开创教育对外开放新局面。

我国的教育事业在对外开放中发展壮大，也要在对外开放中走向世界。党的十八大以来，我国全面推进中国特色大国外交，形成了全方位、多层次、立体化的外交布局，为我国发展营造了良好的国际环境，为进一步做好教育对外开放工作奠定了坚实基础。习近平总书记在致清华大学苏世民学者项目启动仪式的贺信中提道："今天的世界是各国共同组成的命运共同体。战胜人类发展面临的各种挑战，需要各国人民同舟共济、携手努力。教育应该顺此大势，通过更加密切的互动交流，促进对人类各种知识和文化的认知，对各民族现实奋斗和未来愿景的体认，以促进各国学生增进相互了解、树立世界眼光，激发创新灵感，确立为人类和平与发展贡献智慧和力量的远大志向。"[①] 面向未来，教育要服务党和国家工作大局，统筹国内国际两个大局，综合运用国内国际两种资源，在始终坚持扎根中国大地的同时，要更加积极开展国际教育、科技、人才交流合作，在更广范围和更高层次上整合、用好国内国际两种资源，不断提升教育对外开放质量和水平，以更加积极主动的姿态担当起新时代的新使命。

二是加强国际教育交流与合作。国际经贸合作需要高素质的国际化人才。党的十八大以来，习近平总书记有关来华留学事业的一系列重要指示，对新时代来华留学的教育教学和服务管理工

---

① 清华大学苏世民学者项目启动仪式在京举行 习近平奥巴马致贺信. 人民日报，2013-04-22.

作提出了更高更严更实的标准和要求。2016年,《关于做好新时期教育对外开放工作的若干意见》印发,教育部据此制定了涉及来华留学教育教学管理的配套文件《推进共建"一带一路"教育行动》,以此作为国家《推动共建丝绸之路经济带和21世纪海上丝绸之路的愿景与行动》在教育领域的落实方案。

随着"一带一路"倡议的提出,中国与相关国家的经贸合作发展更为迅速。中国与沿线国家相互扩大市场开放,提高贸易便利化水平,构建区域内良好的营商环境,积极同沿线相关国家建设经贸合作区。我国与"一带一路"沿线国家和地区的国际教育交流与合作日趋频繁和深入,"一带一路"沿线国家和地区来华留学活动的定位不断提高、来华留学人数持续增加,成为来华留学生规模不断增大的主体区域。

同时,我们必须认识到,全球科技与教育事业的发展是极不平衡的,存在一种中心-边缘的格局。边缘国家的教育主要消费中心国家的创造性知识成果,并且边缘国家的优秀人才会向中心国家流动。如果我们不打开教育对外开放的新格局,那么会发生知识产权受制于人、优秀人才大规模流失的危险局面。研究表明,苏联解体以后,俄罗斯综合国力的迅速衰落,很大程度上是因为人才的流失。根据美国国家科学基金会的数据,自1990年以来,70%~80%的数学家和50%处于国际水平的物理学家离开了俄罗斯,每年永久迁移出俄罗斯的科学家大概有3 500人。美国高等教育学者阿特巴赫研究全球大学教师的薪酬发现,俄罗斯大学的薪酬在被调查的28个国家中位列倒数第二,这被认为是造成俄罗斯人才流失的一个重要原因[1]。俄罗斯的教训告诉我们,如果教

---

[1] 吕文晶,刘进."一带一路"国家如何走出"人才陷阱":以俄罗斯、印度和以色列为研究对象.江苏高教,2018(5).

坚持优先发展教育事业的基本任务（下）

育机构缺乏吸引力，缺乏交流与合作，最宝贵的人才将会流失。事实上，我国长期面临高端人才流失的压力。研究表明，美国本土约有220万名科学与工程学位获得者，其中16%来自印度、11%来自中国。在拥有博士学位的高级科学家和工程师中，22%来自中国大陆，4%来自中国台湾。因此，避免这种危险局面的唯一选择是优先发展教育、建设教育强国，开创教育对外开放的新格局。加强国际交流与合作，我们才能留住优秀人才、吸引其他国家的优秀人才，我们才能为人类文明做出创造性的贡献。

（四）加速实现新时代教师教育现代化

2018年1月，中共中央、国务院印发《关于全面深化新时代教师队伍建设改革的意见》，提出"到2035年，教师综合素质、专业化水平和创新能力大幅提升，培养造就数以百万计的骨干教师、数以十万计的卓越教师、数以万计的教育家型教师"的发展目标[1]。2018年，习近平总书记在全国教育大会上强调要"坚持把教师队伍建设作为基础工作"。

一是以"四有好老师"为标准，加强师德师风建设。2014年教师节前夕，习近平总书记在同北京师范大学师生代表座谈时提出"四有好老师"要求。2018年，在全国教育大会上，习近平总书记提出："做老师就要执着于教书育人，有热爱教育的定力、淡泊名利的坚守。"[2] 2019年4月，教育部举办以师德师风建设为专题的研修班。同时，积极开展师德师风专项治理。2018年4月以

---

[1] 中共中央国务院关于全面深化新时代教师队伍建设改革的意见. 北京：人民出版社，2018：6.

[2] 习近平在全国教育大会上强调 坚持中国特色社会主义教育发展道路 培养德智体美劳全面发展的社会主义建设者和接班人. 人民日报，2018-09-11.

来，教育部组织各地各校开展师德建设长效机制贯彻落实情况专项督查，并对8个省份进行实地抽查；全国各地加大师德师风建设，如上海探索建立教师师德荣誉等级制度，探索建立教师以德立身、以德立学、以德施教、以德育德的考核机制，探索教师对学生失范行为合理惩戒办法；江西推进"万师访万家"活动常态化制度化。

二是创新教育领域编制改革，完善教师资格体系和准入制度，优化教师资源配置。针对教师总量不足，结构性、阶段性、区域性短缺等突出问题，中共中央、国务院印发的《中国教育现代化2035》要求加大教职工统筹配置和跨区域调整力度。中共中央、国务院印发的《关于深化教育教学改革全面提高义务教育质量的意见》要求各地在义务教育领域按照中小学教职工编制标准做好编制核定工作，并制定小规模学校编制核定标准和通过政府购买服务方式为寄宿制学校提供生活服务的实施办法。对普通高中而言，《关于新时代推进普通高中育人方式改革的指导意见》要求各地要进一步加大编制统筹调配力度，于2020年底前完成普通高中教职工编制核定，适应选课走班教学需要。

三是加强教师教育，促进教师专业发展。《中国教育现代化2035》要求，培养高素质教师队伍，健全以师范院校为主体、高水平非师范院校参与、优质中小学（幼儿园）为实践基地的开放、协同、联动的中国特色教师教育体系，协调部属师范大学根据各地实际需求，增加公费师范生的供给，加强普通高校师范类专业认证的能力建设。

针对学前教育短板，中共中央、国务院要求到2020年，基本形成以本专科为主体的幼儿园教师培养体系，建立幼儿园教师专业成长机制，健全培训课程标准，建立普通高等学校学前教育专业质量认证和保障体系，保障幼儿园教师队伍综合素质和科学保教能力得到整体提升。要求大力提高义务教育学校教师的教育教学能力，以新时代教师素质要求和国家课程标准为导向，改革和加强师范教育，提高教师培养培训质量，与此同时，强化职前教师培养和职后教师发展的有机衔接。夯实教师专业发展体系，推动教师终身学习和专业自主发展。

四是改革教师评价制度，依法保障教师权益和待遇。《关于深化教育教学改革全面提高义务教育质量的意见》和《关于新时代推进普通高中育人方式改革的指导意见》都提及，要树立正确政绩观和科学教育质量观，严禁下达升学指标或单纯以升学率评价学校和教师。在教师评价过程中，应把师德放在评价首位，突出对教育教学工作业绩的评价，注重考察教育教学一线经历。

五是保障教师权益，完善教师待遇保障制度，坚持教育投入优先保障并不断提高教师待遇。目前，我国教师工资有了显著提高。《关于深化教育教学改革全面提高义务教育质量的意见》首次提出"制定教师优待办法"，在公共服务领域尽可能给教师创造一些优待条件，保障教师享有健康体检、旅游、住房、落户等优待政策。

四、优先发展教育事业，迈入教育强国行列

在党的十九大报告中，习近平总书记在"提高保障和改善民生水平，加强和创新社会治理"部分首先强调的就是教育，明确提出"优先发展教育事业"[①]。回顾过往，习近平总书记历来高度

---

① 习近平. 决胜全面建成小康社会 夺取新时代中国特色社会主义伟大胜利：在中国共产党第十九次全国代表大会上的报告. 人民日报，2017-10-28.

重视教育工作,在当选十八届中共中央总书记后的中外记者见面会上,就把"更好的教育"放在人民对美好生活的十大期盼之首提出,并多次强调教育发展的重要意义。在联合国"教育第一"全球倡议行动一周年纪念活动上,习近平总书记发表贺词指出,中国将坚定实施科教兴国战略,始终把教育摆在优先发展的战略位置[①]。

这些论述都是一脉相承的,充分体现了教育对我国发展的深远战略意义,必须把教育摆在首要、优先发展的位置予以重视和坚持。具体实践中,就是要集中资金资源、人力物力、政策项目,努力发展全民教育、终身教育,建设学习型社会,努力让每个孩子享有受教育的机会。特别是要紧盯"公平"二字,把更多的精力投入到贫困落后地区和弱势群体,优先改善贫困地区义务教育薄弱学校基本办学条件,尽快健全覆盖各级各类教育的家庭经济困难学生资助体系,逐步建立进城务工人员随迁子女就学保障和农村留守儿童关爱服务体系等,以实际举措把教育的优先性、重要性真正体现出来。

(一) 70多年来从教育大国迈向教育强国的发展历程

党的十九大报告站在历史的新高度,鲜明指出了中国特色社会主义进入新时代,全面深刻阐释了新时代中国特色社会主义思想,是马克思主义中国化的最新成果,是一篇马克思主义的纲领性文献。报告做出一个科学的判断,就是我国社会的主要矛盾已经转化为人民日益增长的美好生活需要和不平衡不充分的发展之间的矛盾。这个历史性的变化,对包括教育在内的党和国家各项

---

① 习近平主席在联合国"教育第一"全球倡议行动一周年纪念活动上发表视频贺词. 人民日报,2013-09-27.

工作提出了新要求。我们要认真学习、深刻领会报告精神，扎实办好人民满意的教育。

中国特色社会主义进入新时代，教育的基础性、先导性、全局性地位和作用更加凸显。加快向创新型国家迈进，建设现代化经济体系，建设富强民主文明和谐美丽的社会主义现代化强国，实现中华民族伟大复兴的中国梦，满足人民美好生活需要，必须加快教育现代化，把我国建设成为教育强国。从全球来看，当前新一轮科技革命和产业革命正在孕育兴起，重大科技创新正在引领社会生产新变革，互联网、人工智能等新技术的发展正在不断重塑教育形态，知识获取方式和传授方式、教和学关系正在发生深刻变革。人民群众对教育的需求更为多样，对更高质量、更加公平、更具个性的教育需求也更为迫切。必须抓住机遇，超前布局，以更高远的历史站位、更宽广的国际视野、更深邃的战略眼光对加快推进教育现代化、建设教育强国做出战略部署和总体设计，推动我国教育不断朝着更高质量、更有效率、更加公平、更可持续的方向前进。

改革开放以来，党中央、国务院先后颁布《中国教育改革和发展纲要》《国家中长期教育改革和发展规划纲要（2010—2020年）》等纲领性文件，在不同历史时期有力指导推动了教育改革发展。2035年是我国基本实现社会主义现代化的重要时间节点，面向2035年目标描绘好教育发展的远景蓝图，为新时代开启教育现代化建设新征程指明方向，培养造就新一代社会主义建设者和接班人，具有重要的现实意义和深远的历史意义。编制《中国教育现代化2035》，也是我国积极参与全球教育治理、履行我国对联合国2030年可持续发展议程承诺，为世界教育发展贡献中国智慧、中国经验、中国方案的实际行动。

（二）建设教育强国，培养创新人才

建设教育强国、培养创新人才，是使中国强起来的重要力量。奋力实现中华民族伟大复兴中国梦的新时代，是中华民族从富起来迈向强起来的时代，这种历史性变革首先体现在经济方面。我国经济已由高速增长阶段转向高质量发展阶段，正处在转变发展方式、优化经济结构、转换增长动力的攻关期，建设现代化经济体系是跨越关口的迫切要求，也是解放和发展社会生产力、推动我国经济持续健康发展、夯实中华民族伟大复兴经济根基的内在要求。"创新是引领发展的第一动力，是建设现代化经济体系的战略支撑。"[①] 实施创新驱动发展战略根本要靠人才。培养创新人才，归根结底还是要靠教育，教育质量决定了人才培养质量的高低。为经济转型升级培育新动能，离不开教育；为建立现代化经济体系提供人才和智力支撑，更离不开教育。坚持优先发展教育事业，推动我国从教育大国向教育强国迈进，是夯实中华民族伟大复兴经济根基的基础工程。

投资于人力度持续加大，教育发展基础全面夯实。"十三五"时期，积极推动落实"一个不低于、两个确保"，教育投入保障体系更加完善。2019 年国家财政性教育经费超过 4 万亿，占 GDP 比例连续 8 年在 4% 以上。全国 6.4 万个教学点实现数字教育资源全覆盖，98.7% 的中小学（含教学点）接入互联网，慕课总量位居世界前列。抗击新冠肺炎疫情期间成功实现大规模停课不停学，满足了 2 亿多学生居家学习需求。2019 年各级各类专任教师达 1 732 万人，较 2015 年增长 12.5%，有力支撑起世界上最大规

[①] 习近平. 决胜全面建成小康社会 夺取新时代中国特色社会主义伟大胜利：在中国共产党第十九次全国代表大会上的报告. 人民日报，2017 - 10 - 28.

模的教育体系。出台新时代教师职业行为十项准则和违规处理办法系列文件，师德师风建设进入制度化、法治化轨道。小学、初中本科及以上学历教师比例持续提高，职业院校"双师型"教师数量持续增长。依法保障教师福利待遇，推动义务教育教师平均工资收入水平不低于当地公务员。统筹规范督查检查评比考核事项、社会事务进校园、精简相关报表填写工作等，切实减轻中小学教师负担，为教师潜心教书、静心育人营造良好环境。

（三）建设教育强国，推进教育公平

建设教育强国、推进教育公平，是实现全体人民共同富裕的重要基石。党的十九大报告为实现全体人民共同富裕的奋斗目标安排了进度表、设定了路线图。不断创造美好生活、逐步实现全体人民共同富裕，是社会主义的本质要求，是社会主义制度优越性的重要体现。作为社会主义的价值追求，共同富裕的实现又是以平等和公平为价值前提的。教育公平具有起点公平的意义，是社会公平的重要基础，是实现社会公平"最伟大的工具"。让每个群体公平地获得接受良好教育的机会，是促进社会公平正义的内在要求。良好的教育可以使人们通过自身努力，提升参与平等竞争的能力，进而可以让每个人享有公平的成功机会。让孩子受教育并且受到良好教育，是每个家庭的共同愿望。

2012年11月，十八届中央政治局常委首次集体亮相，习近平总书记以"10个更"回应人民关切，"更好的教育"排在首位。建设教育强国，必须深化教育改革，解决教育领域发展不平衡不充分的突出问题，大力推进教育公平，努力让14亿多人民享有更好更公平的教育。建设教育强国，让每个孩子都能享有公平而有质量的教育，是促进社会公平、实现全体人民共同富裕奋斗目标的重要基石。

（四）建设教育强国，落实立德树人

建设教育强国、落实立德树人，是中华民族伟大复兴凝心聚力的重要保障。实现中华民族伟大复兴中国梦，必须弘扬中国精神，必须凝聚中国力量。增进共识、凝聚力量，是我们党领导人民在革命、建设、改革中取得的宝贵经验。我们党领导人民不断从胜利走向胜利，靠的就是全党全国各族人民的团结奋斗。建设教育强国，落实好立德树人的根本任务，进一步增强民族凝聚力、巩固全党全国人民团结奋斗的共同思想基础，是把中华民族伟大复兴事业不断推向前进的重要保障。"立什么德""树什么人"是教育的根本问题。"立德"就是要引导学生培育和践行社会主义核心价值观，扣好人生的第一粒扣子。习近平总书记指出，教育就是要培养中国特色社会主义事业的建设者和接班人，而不是旁观者和反对派。"树人"就是要培养"中国特色社会主义事业的建设者和接班人"，要培养"担当民族复兴大任的时代新人"。

全面落实立德树人根本任务，德智体美劳全面培养的体系加快构建。"十三五"时期，教育系统认真贯彻落实习近平总书记提出的"六个下功夫"要求，聚焦人才培养体系薄弱环节，有针对性地抓重点、补短板。深化新时代学校思想政治理论课改革创新，构建循序渐进、螺旋上升的大中小学思政课一体化育人体系。将价值塑造、知识传授、能力培养融为一体，全面推进课程思政建设。全面落实教材建设国家事权，严把教材政治关、质量关。深入开展党史、新中国史、改革开放史、社会主义发展史教育，引导学生树立高远志向，在民族复兴征程中创造青春业绩。面对突如其来的新冠肺炎疫情，教育系统干部师生积极投身抗疫斗争。

习近平总书记给北京大学援鄂医疗队全体"90后"党员的回信是对青年大学生的充分肯定。聚焦破解"小胖墩""小眼镜"问题，加强和改进学校体育美育，大力发展校园足球。完善劳动教育课程体系，广泛开展劳动教育，历练学生艰苦奋斗精神和本领。治理校外培训机构，完成线上培训机构排查整改，大幅削减面向中小学生的竞赛，努力解决"三点半难题"，为学生健康成长营造良好环境。

（五）建设教育强国，扩大民心相通

建设教育强国、扩大民心相通，是中国走向世界舞台中央的重要桥梁。奋力实现中华民族伟大复兴中国梦的新时代，是我国日益走近世界舞台中央、不断为人类做出更大贡献的时代。党的十八大以来，中国特色大国外交积极倡导、主动作为，"一带一路""构建人类命运共同体"等共享共赢的中国方案，赢得了国际社会的广泛认同和积极响应。在中国日益走近世界舞台中央的新时代，中国教育的责任和使命同样越来越重要。"国之交在于民相亲。"扩大民心相通，不断增进中国人民与世界人民的相互了解和友谊，是中国不断走向世界舞台中央的重要文化基础。深化对外交流合作，加深了解和信任，教育在中国特色大国外交中的"软实力"作用更加凸显，成为让世界了解中国、让中国走向世界的重要窗口，成为联接中外、沟通世界的重要桥梁。建设教育强国，让中国的教育和文化在更大范围、更深层次和更高境界上走向世界，让我们教育工作者的身影越来越多地出现在国际舞台上，对于展示我国国家形象、提升我国国际话语权、增强我国文化软实力和国际影响力具有重要意义。

教育发展代表了最广大人民的根本利益，其核心是实现人的全面发展,目标是让人人获得最大福祉,让社会得到进步。教育发展必须不断满足人民群众日益增长的教育需要,特别是要满足人民群众渴望子女接受优质特色教育的需要。办好人民满意的教育,在于办好每一所学校,上好每一节课,教好每一位学生,让教育发展的成果惠及全体人民。2035年将总体实现教育现代化宏伟目标,教育总体发展水平达到发达国家平均水平,面向人人提供更加公平、优质、多样的教育,实现14亿多人民享有更好更公平教育的梦想。

坚持优先发展教育事业的实践要求

教育是提高人民综合素质、促进人的全面发展的重要途径，是民族振兴、社会进步的重要基石，是对中华民族伟大复兴具有决定性意义的事业。进入新时代，以习近平同志为核心的党中央高度重视教育，把关心关注教育发展作为常态，始终把优先发展教育事业摆在战略位置，持续加强教育战线党的领导，坚定社会主义办学方向，加快教育现代化，建设教育强国，办好人民满意的教育，不断满足人民日益增长的美好生活需要，增进人民群众的获得感、幸福感、安全感，行动的方向更加明确，前进的步伐更加铿锵有力。

一、强化对教育事业的战略认识和总体设计，确保优先发展教育事业稳步推进

2018年，习近平总书记在全国教育大会上深刻指出："新时代新形势，改革开放和社会主义现代化建设、促进人的全面发展和社会全面进步对教育和学习提出了新的更高的要求。"[①] 习近平总书记的重要讲话赋予了中国特色社会主义教育新的历史使命与历史责任，凸显了教育在党和国家事业发展全局中至关重要的地位和作用，为新时代优先发展教育事业战略举措提供了根本依据。我们正在从教育大国向教育强国迈进，办好人民满意的教育任重道远、责任在肩，必须始终坚持教育优先发展的战略地位不动摇，

---

① 习近平在全国教育大会上强调 坚持中国特色社会主义教育发展道路 培养德智体美劳全面发展的社会主义建设者和接班人.人民日报，2018－09－11.

切实把优先发展教育事业落到位、落到实处。

(一) 优先发展教育事业的战略认识不断深化

强调"优先位置",是为了突出教育在人类社会发展中举足轻重的地位。对国民而言,通过教育传递知识,培养全面发展的人,个人能够以良好的姿态应对未来知识经济的挑战以及日益激烈的市场竞争。从国家来看,当今世界国家间综合国力的竞争归根究底是科学技术的竞争,科学技术需要人才,人才的培养则在于教育。作为人口大国,我国只有坚持优先发展教育才能化人口压力为人才优势,跻身教育强国,以此提高国际竞争力。对民族来讲,优先发展教育有利于促进教育公平、改善民生。教育公平是社会公平的基础,教育亦是脱贫致富的根本途径,当教育成果更多更公平地惠及全体人民时,实现中华民族伟大复兴的中国梦就更近了一步。

在宏观规划上优先设计。党的十九大报告提出"推动城乡义务教育一体化发展,高度重视农村义务教育","办好学前教育、特殊教育和网络教育",强调保基本、补短板,统筹各级各类教育事业的发展,深化教育领域综合改革。其中,推动城乡一体化发展,重视农村义务教育是重中之重,是促进教育公平、缩小城乡差距的良方。还要抓住人民群众最关心的问题,包括在学前教育中扩大普惠性资源,规范相关管理制度,提高保育教育质量;办好特殊教育,更好地保证残疾人受教育的基本权利;普及高中阶段教育,巩固并提高中等职业教育发展水平,促进高中阶段合理分流;等等。

在财政投入上优先保障。一方面,继续加大对教育的投入,其中义务教育要全面纳入公共财政保障范围,在此基础上加大对非义务教育阶段的投入；另一方面，教育财政经费应当合理向欠发达地区和弱势群体倾斜，完善学生资助制度，实现政府与社会资助全面覆盖，努力让每个孩子都能享受公平而有质量的教育，真正为其提供发展自身、服务社会的能力与机会。

在公共资源上优先配置。学校设施设备、师资队伍建设是当前办好教育的重要因素。应当立足现实，打造符合国情实际的网络化、数字化的教育体系，将优质教育资源进一步与欠发达地区师生共享，以教育信息化带动教育现代化。提高教师地位，提倡全社会尊师重教，加强师德师风建设，提高教师队伍整体水平，进而为实现教育现代化、建设教育强国奠定坚实基础。

（二）优先发展教育事业的共识不断增强

把教育摆在优先发展的战略地位，是党和国家提出并长期坚持的指导思想和重大方针。党的十三大强调"必须坚持把发展教育事业放在突出的战略位置"，党的十四大提出"必须把教育摆在优先发展的战略地位"，党的十五大、十六大、十七大反复强调这一指导方针。2013年9月，习近平总书记在联合国"教育第一"全球倡议行动一周年纪念活动上指出："中国将坚定实施科教兴国战略，始终把教育摆在优先发展的战略位置，不断扩大投入，努力发展全民教育、终身教育，建设学习型社会，努力让每个孩子享有受教育的机会，努力让13亿人民享有更好更公平的教育，获得发展自身、奉献社会、造福人民的能力。"[①]

党的十八大以来，以习近平同志为核心的党中央提出"教育是国之大计、党之大计"的重要论断，并用实际行动倡导优先发

---

① 习近平主席在联合国"教育第一"全球倡议行动一周年纪念活动上发表视频贺词. 人民日报，2013-09-27.

展教育事业的思想，推动中国教育事业总体发展水平迈入世界中上行列。习近平总书记在党的十九大报告中指出："建设教育强国是中华民族伟大复兴的基础工程，必须把教育事业放在优先位置，深化教育改革，加快教育现代化，办好人民满意的教育。"[①] 这体现了我们党在不同时期对教育优先发展重要性和紧迫性的认识都是高度一致的。实践也充分证明，教育优先发展的战略决策是完全正确的。我们必须长期坚持、一以贯之、不断深化，使教育优先发展真正成为全党全社会的思想共识和统一行动，真正成为推动党和国家各项事业发展的重要先手棋。

（三）优先发展教育事业的制度不断健全

健全保障教育优先发展的体制机制，在组织领导、发展规划、资源保障上把教育摆在优先发展地位。健全组织领导机构，充分利用教育工作领导小组，争取更多支持，主动创造性作为。科学制定教育发展规划，做到经济社会发展规划中优先安排教育发展。教育发展规划总体部署要融入国家重大战略、经济社会发展规划和政策之中。以习近平同志为核心的党中央站在国家全局和战略的高度，对我国教育事业进行了务实精准的顶层设计。

2019年初，中共中央、国务院印发了《中国教育现代化2035》，聚焦教育发展的突出问题和薄弱环节，立足当前，着眼长远，描绘了教育现代化的未来前景，绘就了优先发展教育的蓝图。随后，中共中央办公厅、国务院办公厅印发了《加快推进教育现代化实施方案（2018—2022年）》，从具体实施层面进行部署。各级党委和政府要强化规划引领，推动教育议题进入国家和地方发

---

① 习近平. 决胜全面建成小康社会 夺取新时代中国特色社会主义伟大胜利：在中国共产党第十九次全国代表大会上的报告. 人民日报，2017-10-28.

展规划，将党中央优先发展教育的决策部署落到实处。健全教育投入持续稳定增长机制，做到财政资金投入优先保障教育投入。围绕《中国教育现代化2035》提出的"确保财政一般公共预算教育支出逐年只增不减，确保按在校学生人数平均的一般公共预算教育支出逐年只增不减，保证国家财政性教育经费支出占国内生产总值的比例一般不低于4%"目标，以政策设计、制度设计、标准设计带动投入，落实财政教育支出责任。健全公共资源配置制度机制，做到公共资源配置优先满足教育和人力资源开发需要。加大投资于人的力度，加速人力资本积累，统筹利用好、布局好各类教育资源，突出保基本、补短板、促公平，推动公共教育资源配置向薄弱地区、薄弱学校、薄弱环节和困难人群倾斜。

推进育人方式、办学模式、管理体制改革，破除制约教育优先发展的顽瘴痼疾。要扭转唯分数、唯升学、唯文凭、唯论文、唯帽子等不科学的教育评价导向，深化办学体制和教育管理改革，为学校减少压力、释放活力，强化从严治校机制，不断健全教育管理制度体系。

（四）优先发展教育事业的责任不断夯实

教育是一项需要多方参与的系统工程。办好教育事业，需要政府主导，家庭、学校、社会各方力量共同努力、形成合力。压实政府责任。地方各级党委和政府坚持把教育放在优先发展的战略位置，强化责任意识，及时研究解决教育改革发展的重大问题和群众关心的热点与难点问题，为学校办学安全托底，解决学校后顾之忧，维护学校和老师应有的尊严，保护学生生命安全。强调家庭的教育责任。家庭是人生的第一所学校，家长是孩子的第一任老师，要给孩子讲好"人生第一课"，帮助他们扣好人生的第一粒扣子。着力强化学校的育人功能。各级各类学校要紧紧围绕立德树人这个根本任务，坚决贯彻落实党的教育方针，着力培养德智体美劳全面发展的社会主义建设者和接班人。充分发挥社会各方面力量的作用。社会是大课堂，生活是教科书。社会各方面都要关心、关注和重视、支持教育，营造良好的育人环境，共同担负起学生成长成才的责任。

（五）优先发展教育事业的重点任务不断推进

站在新的历史起点上，坚持教育优先发展，就要不断适应新时代新形势提出的新要求，面向现代化，面向世界，面向未来，以创新、协调、绿色、开放、共享的发展理念统领教育改革发展，始终坚持通过深化教育改革创新，着力提高教育质量，着力优化教育结构，着力促进教育公平，补齐教育短板，促进各级各类教育事业发展。坚持不懈推进教育信息化，努力以信息化为手段扩大优质教育资源覆盖面，充分利用网络信息技术，消除不同收入人群、不同地区间的数字鸿沟，努力实现优质教育资源均等化，让亿万孩子同在蓝天下共享优质教育，通过知识改变命运。推动城乡义务教育一体化发展，紧紧抓住教育这个脱贫致富的根本之策，高度重视农村义务教育，确保贫困家庭的孩子也能受到良好的教育；办好学前教育、特殊教育和网络教育，普及高中阶段教育，努力让每个孩子都能享有公平而有质量的教育。

完善职业教育和培训体系，深化产教融合、校企合作，健全德技并修、工学结合的育人机制，推动职业院校和行业企业形成命运共同体，培养各行各业需要的高素质产业生力军，建设一支宏大的知识型、技术型、创新型劳动者大军。始终坚持扎根中国大地办大学，把坚持办学的正确政治方向、建设高素质教师队伍、

坚持优先发展教育事业

形成高水平人才培养体系三项基础性工作做好，坚持走内涵式发展道路，在人才培养、科学研究、社会服务、文化传承与创新、国际交流合作等方面当好教育改革发展的排头兵。

坚持把教师队伍建设作为基础性工作，不断加强师德师风建设，按照"四有好老师"标准，着力引导教师当好学生的"四个引路人"，承担起传播知识、传播思想、传播真理、塑造灵魂、塑造生命、塑造新人的重任和使命，培养造就一支师德高尚、业务精湛、结构合理、充满活力的高素质专业化教师队伍，同时倡导全社会大力弘扬尊师重教的良好风尚，使教师成为最受社会尊重的职业。

二、加强党的全面领导，确保优先发展教育事业方向坚定

中国共产党是中国特色社会主义事业的领导核心，处在总揽全局、协调各方的地位。这从根本上决定了我们的教育事业是党领导下的教育事业，是中国特色社会主义教育事业；我们的学校是党领导下的学校，是中国特色社会主义学校。党的领导是引领中国特色社会主义教育事业不断前进的最大政治优势，是办好人民满意的教育，办好具有中国特色、世界水平的现代教育的根本政治保证。只有持续加强党的领导，我们的教育才能越办越好，才能更好地培养德智体美劳全面发展的社会主义建设者和接班人。

（一）全面贯彻党的教育方针，始终坚持社会主义办学方向

一所学校一旦在办学方向上走错了，在培养人的问题上必定会走偏。办好我们的学校，必须坚持把政治建设摆在首位，以思想建设作为根基，以马克思主义为指导，全面贯彻党的教育方针，

坚定不移地走中国特色社会主义教育发展道路。因此，加强党对教育工作的领导，最重要的就是在事关办学方向的问题上站稳立场，这是事关我国教育发展方向的根本问题，是事关能否满足人民对教育的美好期待的根本问题。各级各类学校是重要的教育阵地和思想文化阵地，要确保学校始终成为坚持党的领导的坚强阵地和培养社会主义建设者和接班人的坚强阵地。而要成为这两个"坚强阵地"，关键在于牢牢掌握学校意识形态工作的领导权，将强化思想引领与价值塑造作为牢牢掌握党对学校工作领导权的重要抓手，确保学校党建和思想政治工作全覆盖。我们既要对各种错误思潮保持警惕、有效防范，防止其以各种形式在学校抢滩登陆，同我们争夺阵地、争夺师生、争夺人心；又要加强对课堂、讲座、论坛、报告会、研讨会以及境外非政府组织在学校活动的管理，有效防范校园传教，防范敌对势力渗透，确保学校和谐稳定；还要联系学生思想实际，有针对性地回答一些学生感到困惑的综合性、深层次理论认识问题，让立德树人工作更扎实。

（二）落实好立德树人根本任务，确保党和国家事业后继有人

"理想指引人生方向，信念决定事业成败。"[①] 青少年的价值取向决定了未来整个社会的价值取向，而青少年又处在价值观形成和确立的时期，要扣好第一粒扣子。实现中华民族伟大复兴的中国梦必须着力培养青少年学生牢固树立远大理想，打造一支中华民族"梦之队"，为实现中国梦增添力量。党的十九大报告提出："要全面贯彻党的教育方针，落实立德树人根本任务，发展素质教育，推进教育公平，培养德智体美全面发展的社会主义建设

---

① 习近平. 在实现中国梦的生动实践中放飞青春梦想 在为人民利益的不懈奋斗中书写人生华章. 人民日报，2013-05-05.

者和接班人。"[①] 我们要牢牢把握坚持党的领导、坚持社会主义办学方向的根本要求，把立德树人工作落到实处，切实为党和国家教育事业培养人，让党和国家教育事业薪火相传，更加辉煌。要坚持社会主义核心价值观导向，深入开展理想信念教育、爱国主义教育、中华优秀传统文化教育和革命传统教育，加强法治教育、国防教育和可持续发展教育，促使学生将其内化为精神追求、外化为行动自觉。要把握好素质教育时代特征，重点抓好大中小学教材建设和教学改革，强化学校体育工作，帮助学生养成自觉科学锻炼的良好习惯，全面推进艺术教育，提升学生审美素养，促进教育与生产劳动和社会实践紧密结合，提高勤工俭学、志愿服务、实习实践活动的成效，以知促行、以行促知，学以致用。

（三）推进各级学校全面从严治党，确保党的路线方针政策及重大决策部署落地见效

教育领域推进全面从严治党，是坚持社会主义办学方向的必然要求。教育领域要成为坚持党的领导的坚强阵地，首先要完善党对教育工作的领导体制和工作机制。必须准确理解和贯彻高校党委领导下的校长负责制。高校党委要有坚强有力的领导班子，成为坚持社会主义办学方向、善于领导高校科学发展、团结奋进的领导集体。高校重要干部任免、重要人才使用、重要阵地建设、重大发展规划等，都要经党委集体研究决定。高校党委书记和校长都应当成为讲政治的教育家、办教育的政治家、办学治校的管理专家。其次，要落实好党风廉政责任。党要管党，才能管好党；从严治党，才能治好党。要落实好党风廉政建设的"两个责任"，

[①] 习近平. 决胜全面建成小康社会 夺取新时代中国特色社会主义伟大胜利：在中国共产党第十九次全国代表大会上的报告. 人民日报，2017-10-28.

用好党内监督"利器"，发挥巡视"利剑"作用，建立有力的督查督办制度，做到有责必问、有责必查、有责必究。要把加强学校基层党组织建设和党员队伍建设结合起来，同全面提升党的建设科学化水平结合起来。最后，要发挥基层党组织力量。要坚持把党支部建在教研团队上、建在班级课堂上、建在学生社区上、建在学生社团上，充分发挥党支部的战斗堡垒作用，把党对教育的领导落实到办学治校全过程，为办好中国特色社会主义学校提供坚强组织保证。

三、强化政府履行教育职责担当，确保优先发展教育事业落到实处

加快推进教育现代化、建设教育强国、办好人民满意的教育，是党中央提出的战略目标，也是大势所趋、人心所向。要实现这样的目标，就必须继续推进教育改革，坚持优先发展教育事业不动摇。推进教育发展，政府必须承担第一责任。要强化政府的公共职能，坚持教育公益属性，履行好政府的公共职能，努力办人民满意的教育。

（一）认识到位，把教育作为最大的民生工程和关系群众福祉的根本之策

我们党开创的事业是人民的事业，教育也不例外。办好人民满意的教育，就是始终把人民放在心中最高位置，把人民是否满意作为检验教育工作是否成功的最高标准，解决好人民关心的重点难点问题，实现好、维护好、发展好最广大人民的根本利益，使人民的获得感、幸福感、安全感更加充分、更有保障、更可持续。

坚持优先发展教育事业

只有认识到位，才能确保优先发展教育事业地位不变。坚持优先发展教育事业的深层次原因在于，教育是人民最关心的事，是人民最在乎的事，关系人民群众切身利益。只有办好人民满意的教育，才能满足人民群众所期所盼，才能不辱党的使命。中国共产党始终高度重视教育事业发展，在艰苦的革命战争年代，就举办了大量的农民运动讲习所、工人夜校、地方性的党校等。党办教育的历史充分说明我们党是为人民办教育的政党，我们党始终坚持教育是国计，也是民生，民生连着民心，民心牵系国运，把兴办教育作为党的头等大事。改革开放以来，党的历次全国代表大会报告有关教育的表述也在不断演化，党的十二大报告将教育作为"经济发展的战略重点"，党的十三大报告提出"坚持教育为社会主义现代化建设服务的方针"，党的十四大报告指出要"实现我国现代化的根本大计"，党的十五大报告指出了教育是"文化建设的基础工程"，党的十六大报告提出教育是"发展科学技术和培养人才的基础"，到党的十七大把教育纳入以民生为重点的社会建设范畴、明确提出"办好人民满意的教育"，党的十八大报告指出要"努力办好人民满意的教育"，党的十九大报告站在新的历史起点，提出要"办好人民满意的教育"，充分反映了党和国家对教育战略地位的认识逐步深化，越来越重视教育，优先发展教育事业的理念日益深化。

党的十八大以来，以习近平同志为核心的党中央从实现"两个一百年"奋斗目标和确保中国特色社会主义事业后继有人的战略高度，强调重视教育就是重视未来、重视教育才能赢得未来，把人民对美好生活的向往作为中国共产党的奋斗目标，把教育摆在优先发展的战略地位，将更好的教育列为人民群众的期盼之首，落实以人民为中心的发展思想，全面推动教育深化改革，加大教育投入力度，确保发展为了人民、发展依靠人民、发展成果由人民共享。党的十九大报告把教育放在"提高保障和改善民生水平，加强和创新社会治理"的首位，提出"优先发展教育事业"，强调要"建设教育强国是中华民族伟大复兴的基础工程，必须把教育事业放在优先位置，深化教育改革，加快教育现代化，办好人民满意的教育"[①]，充分体现了党中央对保障和改善民生的重大关切，对优先发展教育和推进教育公平的高度重视。党的十九大报告在阐释新时代坚持和发展中国特色社会主义的基本方略时，强调坚持以人民为中心，坚持在发展中保障和改善民生，在幼有所育、学有所教持续取得新进展方面提出更高要求，对优先发展教育事业相关重点任务进行新的重大部署。

（二）重视到位，确保优先发展教育事业行动有力

党的十八大以来，以习近平同志为核心的党中央以宽广的全球视野和深邃的历史眼光，坚持扎根中国、融通中外、立足时代、面向未来，大力推进和发展具有中国特色、世界水平的现代教育，用实际行动践行优先发展教育的思想，使优先发展教育的理念和战略落到了实处。习近平总书记关心教育，从全国高校思想政治工作会议到全国教育大会，再到学校思想政治理论课教师座谈会，他亲自出席并发表重要讲话，围绕如何办教育、如何培养人等问题，做出了一系列重要论述，发出了一系列重要指示，指出了优先发展教育事业的关键和精髓。

党的十八届三中全会以来，涉及教育的有关重要文件有多份，包括《乡村教师支持计划（2015—2020年）》《关于深化教育体制

[①] 习近平.决胜全面建成小康社会 夺取新时代中国特色社会主义伟大胜利：在中国共产党第十九次全国代表大会上的报告.人民日报，2017-10-28.

机制改革的意见》《统筹推进世界一流大学和一流学科建设总体方案》《关于统筹推进城乡义务教育一体化改革发展的若干意见》《关于全面深化新时代教师队伍建设改革的意见》《关于规范校外培训机构发展的意见》《关于学前教育深化改革规范发展的若干意见》《国家职业教育改革实施方案》《关于扩大高校和科研院所科研相关自主权的若干意见》《关于减轻中小学教师负担进一步营造教育教学良好环境的若干意见》《关于全面加强新时代大中小学劳动教育的意见》《关于深化新时代教育督导体制机制改革的意见》《关于深化体教融合 促进青少年健康发展的意见》《深化新时代教育评价改革总体方案》《关于新时代振兴中西部高等教育的若干意见》《关于规范民办义务教育发展的实施意见》等，这些文件直指改革难点，着眼解决政策痛点，触及改革深层次问题，有力推动了教育事业发展，充分体现了坚持优先发展教育事业的理念。

（三）责任到位，确保在经济社会发展规划上优先安排教育发展

一是落实党委领导责任。各级党组织承担着办学办教育的领导责任，必须认识到我们党所肩负的重要历史使命，举全力办教育，确保教育优先发展不折不扣落实。要加强党对教育工作的全面领导，坚持党管办学方向、党管改革，充分发挥党委总揽全局、协调各方的领导核心作用；要把教育改革发展纳入重要议事日程，在经济社会发展规划中优先安排教育发展，协调动员各方面力量共同推进教育现代化；要建立健全党委统一领导、党政齐抓共管、部门各负其责的教育领导体制；要完善推动教育改革的工作机制，建立健全教育改革统筹决策、研究咨询、分工落实、督查督办、总结推广的改革工作链条，完善各级教育改革领导体制；要健全

教育改革的试点、容错、督查、推广机制；要加强教育改革干部队伍建设，配齐配强教育改革力量，建设高素质专业化教育系统干部队伍；要加强各级各类学校党的领导和党的建设工作，深入推进教育系统全面从严治党、党风廉政建设和反腐败斗争。

二是强化政府教育职责。各级政府承担着领导、管理、保障、推进本行政区域内教育事业改革发展的重要职责，要深刻认识职责所在，认真落实职责使命，把优先发展教育事业转化为切切实实的行动。（1）要认真贯彻党的教育方针，牢固树立德智体美劳全面发展的教育观念。坚持教育以人为本，以学生为主体，以人的全面发展为目标。坚持教育为国家现代化服务、为人民大众服务的方向，下功夫解决教育资源分配不公、城乡差距过大和高校负债过重、运行艰难等问题，努力办好人民满意的教育。（2）要加强教师队伍建设，吸引大批优秀人才加强教师队伍。要提高教师工资待遇，大力改善教师的工作环境和生活条件，建立吸引优秀人才长期从事教育工作的激励机制。要加强教师培训，严明岗位职责，推进教学创新，提高教师整体水平。（3）要坚持教育规划优先，确保教育投入不打折扣。各级政府要在制定经济社会发展规划时，在统筹兼顾的基础上优先对教育发展进行规划安排，将教育工作放在政府工作的重要战略地位上，从而保证教育优先发展战略真正体现在经济社会发展的过程中。（4）要不断推进教育公平，不断优化教育资源配置。从加强政策导向和经费投入等方面入手，解决教育发展中存在的不公平、不公正问题。要建立科学合理的办学条件和教育质量评价机制，使考核评价工作制度化、科学化、规范化。通过优化资源配置和提高教学质量，使人人都能享受到正规的、良好的学校教育。（5）要深入推进素质教育，不断提高人才培养质量。要把立德树人作为教育的根本任务，切实加强学生思想政治工作,培养学生热爱国家、关心集体、尊重差异、包容多样、恭谦忍让、不懈进取的良好品德,引导学生树立正确的世界观、人生观、价值观。

(四)保障到位,在财政资金投入上优先保障教育

"再穷也不能穷教育"是共识,更要转化为行动。重视教育投入是坚持优先发展教育事业最直接的体现。2018年,李克强总理在全国教育大会上强调,要以习近平新时代中国特色社会主义思想为指导,准确把握教育事业发展面临的新形势新任务,全面落实教育优先发展战略,在经济社会发展规划上优先安排教育、财政资金投入上优先保障教育、公共资源配置上优先满足教育和人力资源开发需要。党的十八大以来,党和国家高度重视教育事业。2012年我国财政性教育经费支出占当年国内生产总值比例首次超过4%,突破2万亿元,并且连续多年保持在4%以上,有力保障了教育优先。

一是财政资金投入上优先保障教育。财政资金投入是实现教育优先发展战略的物质保证。有了发展战略,落实和发展规划,还必须有坚实的物质保障,这就要求在财政资金投入上优先保障教育。没有资金投入的优先保障,再好的规划也难以实施落地。国家在教育上的投入力度越来越大,但是各级政府都要有清晰的认识,真正做到优先保障教育。教育说起来重要但是做起来重视不够的情况还是大量存在的,资金使用质量也是个问题。能不能在财政资金投入上优先保障教育,是各级政府是不是真把教育放在了优先发展的战略地位上的"试金石"。各级政府要想方设法为教育筹集资金,把办好教育作为头等大事,真正落实党中央要求,确保这项民生事业深得民心。

二是完善教育现代化投入支撑体制。教育事业的投入要有系统化、常态化的机制。各级政府要健全保证财政教育投入持续稳定增长的长效机制，确保财政一般公共预算教育支出逐年只增不减，确保按在校学生人数平均的一般公共预算教育支出逐年只增不减，确保国家财政性教育经费支出占国内生产总值的比例一般不低于4%的目标。要依法落实各级政府教育支出责任，完善多渠道教育经费筹措体制，完善国家、社会和受教育者合理分担非义务教育培养成本的机制，支持和规范社会力量兴办教育。要优化教育经费使用结构，全面实施绩效管理，建立健全全覆盖全过程全方位的教育经费监管体系，全面提高经费使用效益。

三是深化教育保障机制改革。要把钱花在刀刃上，用在关键处。各级政府要坚持加大财政投入与教育保障机制改革创新相结合，推动形成有利于改革的正向激励。要完善公办民办双轮驱动、普惠健康发展的学前教育体制，加大对普惠性民办幼儿园的财政支持力度，完善成本分担机制，提高普惠性幼儿园的造血功能。要以智慧教育为切入点，创新义务教育均衡优质发展的体制机制。要以"双一流"建设为重点，逐步建立与质量挂钩的高校学费标准动态调整机制，促进高等教育内涵式发展。要推进教育"管办评"分离改革，在规范管理的基础上，给予学校充分的用人权和经费使用权，提升学校和教师活力，推动形成政府宏观管理、学校自主办学、社会广泛参与的教育格局。

四、推进教育治理体系和治理能力现代化，确保优先发展教育事业保障有力

经过改革开放40多年的建设，我国教育事业迈上了新台阶，

坚持优先发展教育事业

教育发展总体水平明显提升,服务经济社会发展能力显著提高,国际影响力稳步增强,人力资源强国建设加快推进,为提高全民族素质和全面建成小康社会做出了重要贡献。在充分肯定教育事业发展成就的同时,我们也要清醒地认识到,教育优先发展地位仍需进一步巩固,教育发展还存在不平衡、不协调的问题,学前教育、职业教育、继续教育仍是教育体系中的突出短板,教师队伍还不能适应提升质量与促进公平的新要求,教育对外开放的水平不够高,等等。这些都是我国教育事业面临的新问题、新挑战,需要在全面深化教育领域综合改革、推进教育治理体系和治理能力现代化的进程中加以解决。

(一) 从传统教育管理转向现代教育治理

教育治理体系和治理能力是国家治理体系和治理能力的组成部分,体现着一国教育制度和制度执行力。党的十八届三中全会通过的《中共中央关于全面深化改革若干重大问题的决定》指出:"全面深化改革的总目标是完善和发展中国特色社会主义制度,推进国家治理体系和治理能力现代化。"[1] 党的十九届四中全会通过了《中共中央关于坚持和完善中国特色社会主义制度 推进国家治理体系和治理能力现代化若干重大问题的决定》。推进国家治理体系和治理能力现代化,关键在于抓好从传统的管理向现代化治理的转变。习近平总书记指出:"治理和管理一字之差,体现的是系统治理、依法治理、源头治理、综合施策。"[2] 优先发展教育事业,推进传统的教育管理转向教育治理,就是要按照固根基、扬

---

[1] 中共中央关于全面深化改革若干重大问题的决定. 人民日报, 2013-11-16.
[2] 中共中央文献研究室. 习近平关于社会主义社会建设论述摘编. 北京:人民出版社, 2017:127.

优势、补短板、强弱项的要求，聚焦全党共同推进的改革、教育系统专责推进的改革、需要教育系统协同推进的改革、需要教育系统率先探索的改革等重点任务，明确哪些是需要坚持和巩固的制度、哪些是需要完善和发展的制度、哪些是需要立足教育实际创新的制度，分层分类、有序推进，加快提升教育治理体系和治理能力现代化水平。

一是把坚持党的全面领导摆在首位。中国共产党的领导是中国特色社会主义最本质的特征，是中国特色社会主义制度的最大优势。新时代的中国教育必须坚持和深化党的全面领导，坚持以习近平新时代中国特色社会主义思想为指导，增强"四个意识"，坚定"四个自信"，做到"两个维护"。不断健全党委统一领导、党政齐抓共管、部门各负其责的教育领导体制，提升教育系统干部队伍专业化素质，加强各级各类学校党的领导和党的建设工作。党的领导制度统领和贯穿其他方面制度，教育系统更要作为贯彻党的领导的典范，把党的领导落实到位，健全完善各项规章制度。要建立和落实不忘初心、牢记使命的制度，坚决维护党中央权威和集中统一领导，坚持党管办学方向、管改革发展、管干部、管人才，把党的领导贯穿教育工作的各方面各环节，使教育领域成为坚持党的领导的坚强阵地。要加强高校院系、民办学校、中外合作办学和中小学党建工作，实现"纵向到底、横向到边"全覆盖。要落实意识形态工作责任制，决不给错误思想言论提供传播渠道。要完善巡视巡察全覆盖机制，持之以恒正风肃纪，营造风清气正的良好政治生态。

二是完善教育现代化投入支撑体制。要健全保证财政教育投入持续稳定增长的长效机制，确保财政一般公共预算教育支出逐年只增不减，确保按在校学生人数平均的一般公共预算教育支出逐年只增不减，保证国家财政性教育经费支出占国内生产总值的比例一般不低于4%。要依法落实各级政府教育支出责任，完善多渠道教育经费筹措体制，完善国家、社会和受教育者合理分担非义务教育培养成本的机制，支持和规范社会力量兴办教育。要优化教育经费使用结构，全面实施绩效管理，建立健全全覆盖全过程全方位的教育经费监管体系，全面提高经费使用效益。

三是把服务终身学习作为基础工作。党中央提出构建服务全民终身学习的教育体系，对国民教育体系建设提出了更高要求。当前，要着力构建更加科学的服务终身学习的教育体系。（1）要实现多样化的教育。要推动学前教育公益普惠发展，深化义务教育城乡一体化发展，加强控辍保学，进一步普及特殊教育和高中阶段教育，巩固职业教育百万扩招成果，加快发展继续教育、成人教育和老年教育，解决好教育供给能力问题。（2）要实现多层次的教育。要促进各级各类教育高质量发展，推动城乡义务教育一体化发展，健全学前教育、特殊教育和普及高中阶段教育保障机制，完善职业技术教育、高等教育、继续教育统筹协调发展机制，搭建沟通各级各类教育、衔接多种学习成果的全民终身学习立交桥。（3）要实现信息化教育。要发挥网络教育和人工智能优势，创新教育和学习方式，打造适合每个人的教育。在构建终身学习的教育体系时，要充分利用新技术的优势，不断创新教育和学习方式，从而加快发展面向每个人、适合每个人、更加开放灵活的教育体系，全面建设学习型社会。（4）要合理配置教育资源。要重点缩小城乡、区域、校际、群体教育发展差距，加快补齐教育发展短板，打造惠及每个人的教育。要支持和规范民办教育发展以及合作办学，同时构建覆盖城乡的家庭教育指导服务体系。

四是把推进依法治教作为重要遵循。建设中国特色社会主义法治体系、建设社会主义法治国家是坚持和发展中国特色社会主义的内在要求。全面推进教育法治建设,是落实党的十九届四中全会精神、推进教育治理体系和治理能力现代化的重要抓手,能够为我国加快推进教育现代化保驾护航,为构建服务全民终身学习的教育体系提供支撑,为深化教育领域综合改革提供支撑,为办好人民满意的教育提供支撑。新时代加快推进教育现代化、建设教育强国,需要教育法治建设水平的全面提升。在此关键时期,深入落实党的十九届四中全会精神,全面推进教育法治建设具有重要而深刻的意义。教育法治在教育现代化进程中具有引领性、基础性、规范性、保障性的重要地位和作用,全面推进依法治教是贯彻落实习近平总书记全面依法治国新理念新思想新战略的重大政治任务,是加快教育现代化、建设教育强国的迫切要求。

《中共中央关于坚持和完善中国特色社会主义制度 推进国家治理体系和治理能力现代化若干重大问题的决定》要求,坚持和完善中国特色社会主义法治体系,提高党依法治国、依法执政的能力,为教育系统推进依法治教、依法治校指明了方向。要加快教育立法修法,完善教育制度实施体系,提升学校治理水平;出台具体意见,加强教育行政执法工作,推进高校法治建设;加强青少年宪法法治教育,提升普法水平;深化教育领域"放管服"改革,转变政府职能,优化管理方式;完善教育政策决策、执行、评估机制,提高政策制定的科学性;深化新时代教育督导体制机制改革,推动督导"长牙齿",提高督导权威性实效性。

全面推进教育法治建设,要求加快推进教育立法。教育是国民经济社会发展的优先领域,为适应我国教育改革和发展提出的需求,需要加快推进教育立法,增加制度供给,构建完备的教育法律法规体系,覆盖教育的重要领域和重要环节,研究制定学前教育法，推动修订教育法、职业教育法、教师法、学位条例等。在立法过程中要加强部门协调，创新立法方式，提高立法技术现代化水平。同时，要鼓励部门和地方先行先试，在具备立法基础条件下，针对重要教育领域和环节发展需求，制定部门规章、地方性法规及地方政府规章。

全面推进教育法治建设，要加强教育行政执法工作，健全依法行政机制，完善教育制度实施体系。面对目前教育行政执法力量不足和依法行政存在体制机制障碍等问题，加强教育行政执法工作、创新依法行政机制，是提高教育治理体系和治理能力现代化的重要任务。与一般的行政执法不同，教育行政执法要尊重教育规律，积极探索解决教育热点难点问题的综合执法和联合执法机制，逐步建立高素质的教育执法队伍，依法纠正学校和其他教育机构的违法违规行为，并加大行政处罚力度，从而为规范教育秩序、办好人民满意的教育提供保障。伴随人民群众参与立法意识意愿的逐渐增强，要完善教育立法听证和相关公示制度，健全教育决策机制，完善多方论证、风险评估与合法性审查机制。同时，要站在教育法治生态高度，努力形成依法治校环境，全面推进依法治校，完善学校法人治理结构，提升学校内部治理水平，健全学校师生申诉制度、社会参与和监督的有效机制，构建预防和惩治"校园欺凌"的有效机制，切实保障师生合法权益。

全面推进教育法治建设，关键要提高运用法治思维和法治方式深化改革、推动发展、化解矛盾、维护稳定、应对风险的能力。这不仅要增强广大干部师生尊法学法守法用法的意识，加强青少年宪法法治教育，提高教育系统普法水平，更要善于用法治思路落实教育现代化发展目标，厘清政府和市场、政府和社会的关系，实行政府依法履行教育职责和权责清单制度，完善教育发展规划目标分解、统筹协调实施、监测评估及改进机制,健全行政问责和公共问责机制。

五是把完善教育制度作为重要根本保障。要着力提升教育管理效能,完善教育保障制度。在完善教育保障制度方面,要重点保障涉及广大一线教师切身利益的工资问题,各级各地政府要真正把教育摆在优先发展的战略位置,确保教育支出"一个不低于、两个只增不减",并不断拓展教育投入渠道,支持鼓励更多社会资本投入教育。《中共中央关于坚持和完善中国特色社会主义制度推进国家治理体系和治理能力现代化若干重大问题的决定》要求,坚持和完善统筹城乡的民生保障制度,满足人民日益增长的美好生活需要;坚持教育优先发展,健全优先发展教育事业体制机制,健全财政教育投入稳定增长长效机制;拓宽投入政策渠道,逐步提高社会教育投入占教育投入比例;进一步完善中小学教师工资财政保障机制,推动落实国家关于教师地位待遇的各项举措,切实减轻中小学教师负担,让教师潜心教书、静心育人。

(二)构建服务全民终身学习的教育体系

构建服务全民终身学习的教育体系,必须毫不动摇坚持党的领导,全面贯彻党的教育方针,坚持教育优先发展,聚焦办好人民满意的教育,始终扎根中国大地办教育,满足人民对更好教育的需求。

一是坚持师资队伍建设优先。学校教育中教师作用至关重要,没有好的教师队伍,就很难保障教育教学质量。加强师资队伍建设是构建服务全民终身学习的教育体系的基础。要持续加强高水平教师队伍建设,加强教师队伍培训培养,开展多层次再教育体系,及时给教师队伍充电,提升教师队伍学历层次。要加强教师队伍待遇保障，解决教师后顾之忧，在全社会营造尊师重教的氛围。要切实加强师德师风建设，让各级各类教师成为先进思想文化的传播者，确保全民终身学习的教育质量。从质量上来看，由于教育经费投入不足、工资标准过低，教师收入水平持续下降，难以真正吸引到优秀人才加入进来。加之由于当前教师工作的干扰较大，社会对教师工作的专业性肯定不够，导致教师群体的职业倦怠现象比较严重。未来发展中，在保证教师数量充裕的前提下，还需要继续加强师德师风建设，培养教师树立终身学习的理念，大力营造全社会尊师重教的氛围，引导每一位教师争做有理想信念、有道德情操、有扎实学识、有仁爱之心的好老师。

政策法规优先支持。在推行全面依法治国的过程中，依法治教也取得了新进展，《教育法》《民办教育促进法》等一系列法律完成了修订。从基层的教育实践工作来看，仍然需要强调法律法规执行与落实，一方面各级教育主管部门和学校在日常的管理和实施教育的过程中，要依法治教、依法治校；另一方面，社会各界和政府相关部门也要遵守相关法律法规，保障各级办学主体的合法权益，保护教育者和受教育者的权利不受侵犯。

二是健全终身学习机制。终身学习涵盖了人生的各个阶段，不仅需要学校教育优化设计，还要求社会教育体系能够有效衔接。要构建更加开放畅通的人才成长通道，完善招生入学、弹性学习及继续教育制度，畅通转换渠道。要建立全民终身学习的制度环境，建立国家资历框架，建立跨部门跨行业的工作机制和专业化支持体系。要强化职业学校和高等学校的继续教育与社会培训服务功能，开展多类型多形式的职工继续教育。要扩大社区教育资源供给，加快发展城乡社区老年教育，推动各类学习型组织建设。

《中共中央关于坚持和完善中国特色社会主义制度　推进国家

坚持优先发展教育事业的实践要求

治理体系和治理能力现代化若干重大问题的决定》提出构建服务全民终身学习的教育体系，为教育升位赋能，对国民教育体系建设提出了更高要求。要朝着建设一个更大规模的体系而努力。推动学前教育公益普惠发展，深化义务教育城乡一体化发展，加强控辍保学，进一步普及特殊教育和高中阶段教育，巩固职业教育百万扩招成果，加快发展继续教育、成人教育和老年教育，解决好教育供给能力问题，打造面向每个人的教育。要朝着建设一个更加多样化的体系而努力。促进各级各类教育高质量发展，完善职业技术教育、高等教育、继续教育统筹协调发展机制，搭建沟通各级各类教育、衔接多种学习成果的全民终身学习"立交桥"。支持和规范民办教育、中外合作办学。发挥网络教育和人工智能优势，创新教育和学习方式，打造适合每个人的教育。要朝着建设一个更加公平的体系而努力。要合理配置教育资源，重点缩小城乡、区域、校际、群体教育发展差距，加快补齐教育发展短板，坚决打赢打好教育脱贫攻坚战，打造惠及每个人的教育。

　　三是充分运用现代教育技术。新一代信息技术的发展为中国教育带来了新的发展契机，要走好普及之路、融合之路、变革之路、创新之路。随着现代网络技术的发展，教育技术和手段日益现代化，为新时代构建服务全民终身学习的教育体系带来了机遇。以"互联网＋"推动构建服务全民终身学习的教育体系也是实现教育信息化的必然要求。要充分发挥高等院校、职业院校、科研院所、各级党校、各类教育基地的资源供给优势，将其有效转化为网络教育优质资源。要统筹社会资源，建立网络化、立体化的全民终身学习的教育平台，缩减地域和城乡之间的教育资源配置差异。中国制定了《教育信息化十年发展规划（2011—2020年）》和《教育信息化2.0行动计划》，以教育信息化支撑和引领教育现代化。随着近年来大数据、物联网、区块链等技术的发展，又相继发布《新一代人工智能发展规划》《高等学校人工智能创新行动计划》，对促进人工智能与教育融合发展作了一些新的思考和规划，进行了一些积极的探索和尝试。

四是加大供给补齐教育短板。终身学习体系建设要从薄弱环节入手，补齐教育短板。要以农村为重点提升学前教育普及水平，建立更为完善的学前教育管理体制、办园体制和投入体制，大力发展公办园，加快发展普惠性民办幼儿园。要提升义务教育巩固水平，健全控辍保学工作责任体系。要提升高中阶段教育普及水平，推进中等职业教育和普通高中教育协调发展，鼓励普通高中多样化有特色发展。要着力振兴中西部地区高等教育，提升民族教育发展水平，增强教育发展的协同性。

党的十九大报告指出，要推动城乡义务教育一体化发展，高度重视农村义务教育，办好学前教育、特殊教育和网络教育，普及高中阶段教育，努力让每个孩子都能享有公平而有质量的教育。推进城乡义务教育一体化改革发展，最根本的是要解决"乡村弱、城镇挤"这个突出问题。

落实"四个统一"标准，是重中之重。要修订颁布统一的《中小学建设标准》，推进学校标准化建设；落实统一后的城乡教师编制标准，健全编制动态管理与统筹配置机制；落实统一生均公用经费基准定额标准，鼓励地方提高公用经费水平；健全统一的学校基本装备标准，提高装备应用水平。同时，要认真督促各地实施消除大班额计划。还要进一步补短板、强弱项，统筹加强乡村小规模学校和乡镇寄宿制学校建设，着眼处理好就近入学与合理寄宿、保障质量的关系，统筹布局规划、办学条件、师资队伍、经费保障、教育教学，实施底部攻坚，全面提升农村办学水平。

另外，当前高中阶段教育，也存在着区域发展不平衡、普职结构不协调和保障条件不完善。中央将继续实施攻坚项目，地方要建好项目库，抓紧新建、改扩建一批学校，逐步消除普通高中大班额。强保障，集中力量保基本、补短板、促公平，各地应制定普通高中生均拨款或生均公用经费标准，建立合理的成本分担机制。抓管理，坚持普职招生规模大体相当，着力规范招生行为，严禁公办普通高中学校违规跨区域、超计划和擅自提前招生、掐尖招生。

（三）深化教育评价改革

深化教育评价改革，关乎教育发展方向，关乎党的教育方针的全面贯彻，关乎教育发展的良好环境。2020年10月，中共中央、国务院印发《深化新时代教育评价改革总体方案》（简称《总体方案》），这是深入贯彻落实习近平总书记关于教育的重要论述和全国教育大会精神的重要举措，是新中国第一个关于教育评价系统改革的文件。《总体方案》的出台实施，对于全面贯彻党的教育方针，完善立德树人体制机制，破除"五唯"顽瘴痼疾，引导全党全社会树立科学的教育发展观、人才成长观、选人用人观具有重大意义。

《总体方案》具有突出的时代性、系统性和针对性。教育评价改革是一项世界性、历史性、实践性难题，涉及多重因素、不同主体，牵一发而动全身。《总体方案》针对教育评价的突出问题做出精准设计，从党中央关心、群众关切、社会关注的问题入手，着力破除不科学、不合理的教育评价导向和做法，对学校不再简单以升学率来评价，对教师不再简单以考分排名来评价，对学生不再简单以考试成绩来评价，党政机关、企事业单位对用人不再简单"唯名校""唯学历"是举。针对党委和政府、学校、教师、学生、社会五类关键主体，分类设计，充分考虑不同教育领域、不同学段、不同对象的特点，提出相关改革思路、措施和实施路径。紧扣举措落实落地做出统筹设计，坚持长远结合、稳步推进，提出"两步走"的改革目标，同时强调各级党委和政府要加强组织领导，各级各类学校要狠抓落实、加强专业化建设、营造良好氛围等，努力做到上下结合、左右结合、内外结合，确保改革形成合力。《总体方案》这些政策设计体现了攻坚克难的决心，做到了目标导向与问题导向相结合，具有突出的时代性、系统性和针对性。

把落实立德树人根本任务作为主线。培养社会主义建设者和接班人是教育工作的根本任务，也是教育现代化的方向目标。《总体方案》把落实立德树人根本任务、培养德智体美劳全面发展的社会主义建设者和接班人作为主线，贯穿于教育评价改革各项任务始终。在学校评价上，坚持把立德树人成效作为根本标准，将落实党的全面领导、坚持正确办学方向、加强和改进学校党的建设以及党建带团建队建、做好思想政治工作和意识形态工作等作为重要评价内容，坚决克服重智育轻德育、重分数轻素质等片面办学行为。在教师评价上，坚持把师德师风作为第一标准，把师德表现作为教师资格定期注册、业绩考核等的首要要求，推动师德师风建设常态化、长效化。在学生评价上，坚持以德为先、能力为重、全面发展，坚持面向人人、因材施教、知行合一，完善德育评价，强化体育评价，改进美育评价，加强劳动教育评价，严格学业标准。这些举措都进一步明确和强化了全面贯彻党的教育方针的任务要求，有利于加快德智体美劳全面培养的教育体系和更高水平的人才培养体系的形成。

形成破立结合、全面发力的举措。唯分数、唯升学、唯文凭、唯论文、唯帽子的顽瘴痼疾严重违背教育规律、人才成长规律，是教育评价改革的重点和难点。《总体方案》紧扣破除"五唯"，妥善处理"破"与"立"的辩证关系，形成一整套破立结合、全面发力的改革举措。完善过程性考核与结果性考核有机结合的学业考评制度，改进高校教师科研评价，探索长周期评价等，体现的是强化过程评价，尊重客观规律。完善政府履行教育职责评价，在对省级政府评价上，既评估最终结果，也考核努力程度及进步发展。学生评价上，要求探索开展学生各年级学习情况全过程纵向评价，体现的是探索增值评价，挖掘发展潜能。构建引导学生德智体美劳全面发展的考试内容体系，逐步转变简单以考试成绩为唯一标准的招生模式等，体现的是健全综合评价，力避片面倾向。这些改革举措有机统一，构成一个整体，形成全新的评价理念和方法，系统构建起科学的、符合时代要求的教育评价制度和机制。

新时代教育评价改革的号角已经吹响。这是在习近平新时代中国特色社会主义思想指引下，立足中国实际解决中国教育问题的一次重大制度突破和体制创新，充分彰显了中国智慧，展现了中国自信。相信《总体方案》的出台实施，必将显著提升我国教育治理能力和水平，推动具有中国特色、世界水平的现代教育迈出有力步伐。

（四）发展优质均衡的教育督导

教育督导是保障教育法律法规和方针政策贯彻落实的重要手段。要深入贯彻党的十九届五中全会精神和习近平总书记关于教育的重要论述，落实中共中央办公厅、国务院办公厅印发的《关于深化新时代教育督导体制机制改革的意见》部署，改革管理体制，由过去教育行政部门的督导转变为上级政府对下级政府履行教育职责的督导，督导的重点是德智体美劳全面发展教育方针贯彻落实情况、教育评价实施情况、教育经费投入情况等，推动党和国家的教育方针政策落实到位。优化管理体制和运行机制、提升督导权威性是教育督导改革的重点，要创新督导方式，健全和落实问责机制，加强督学队伍建设，建立常态化和专项化相结合的教育督导机制，久久为功，推动问题解决。各地区各部门要加强机构设置，充实督导力量，强化工作保障，确保负责教育督导的机构独立行使职能。

2019年，在全国县域义务教育优质均衡发展督导评估认定启动现场会上，教育部部长赋予义务教育优质均衡发展"四个工程"重大意义。他表示，启动优质均衡督导评估，这是一个上台阶的工程，能更好地满足人民群众"上好学"的需求，更好地支撑人才强国、创新驱动等国家重大战略；这是一个抓引领的工程，作为义务教育的龙头和统领，指引我国义务教育的发展；这是一个促内涵的工程，围绕提高质量，推动我国义务教育工作重心尽快从硬件建设转移到内涵式发展上来；这是一个贴民心的工程，回应了群众关切，有利于推动解决义务教育突出问题，进一步提高群众教育满意度和获得感。

强化督导与问责，确保优质与公平的有机统一。教育督导是促进各项教育改革发展政策措施落实到位的有效方法。要进一步加强教育督导队伍建设，建立一支热爱教育事业、专业水平较高、工作严肃认真的专兼职相结合的教育督导队伍；将教育督导工作常规化、制度化，做到时时督导、时时监控；重点对违背教育规律、热衷政绩工程的现象坚决纠正和严肃处理，真正做到有问题能够及时发现，发现问题能够及时解决，建立有利于优质公平教育发展的教育环境和生活环境。要把督学与督政结合起来，加大督政的力度，确保各级政府将优质资源与公平教育有机统一，树立优质与公平并重的教育政绩观和教育发展观；建立督导报告发布制度，及时发布督导工作中发现的各种问题，以引起有关各方面和公众的关注，促使问题及时解决。

要构建教育质量评估监测机制，健全人才培养质量监测体系；建立更科学公正的考试评价制度，坚决克服唯分数、唯升学的顽疾。要改革考试招生制度，更加科学设计，精细实施，实行分类考试、综合评价，真正解决"一考定终身"的局面，达到公平、科学选才的目的。以2017年《县域义务教育优质均衡发展督导评估办法》的颁布为标志，我国义务教育由基本均衡阶段进入优质均衡阶段。

强化督导考核，守住质量底线。有时限意识，也要坚守项目质量和施工安全这根"红线"。守住质量底线，还在于摒弃数字脱贫、功利扶贫的思想，确保"全面改薄"不折不扣真落实。根据国家对各省份义务教育均衡检查的反馈意见，以及各地全面改薄的专项督导结果，"大班额""大校额"仍然是各地"全面改薄"的痛点，超标准班额的现象仍较多，在一些地区甚至存在超过6 000人的学校。这背后折射出学校布局不合理、学校资源不足等深层次问题。而一些地区也存在项目进展缓慢、农村体音美等教师数量不足、教师结构不合理、生活设施配置不足等问题。这些均成为2018年"全面改薄"的改革着力点。面对"全面改薄"和"20条底线"达标中存在的问题，要进一步增强"等不起"的紧迫感、"慢不得"的危机感、"坐不住"的责任感。

等不起、坐不住的焦虑，来自"全面改薄"的特殊性。它是一项奠基工程、达标工程，而在达标背后，是我国义务教育从基本均衡阶段走向优质均衡阶段的大跨越，这场战役里谁都不允许掉队。但我们同时看到，在一些极度贫困、自然条件恶劣的"末梢"地区，仍呼唤扶贫攻坚的持续发力。城乡、优质学校与薄弱学校硬件上的差距正越来越小，但教育教学质量上的差距并没有得到根本改善。一些边远地区的教育教学质量与发达地区相比还有明显差距，与百姓们对优质教育的需求尚有距离。老问题叠加新现象、新要求，"全面改薄"需要以改革的姿态，全面摸清病情症结，精准开方、下药，确保不留后遗症。

五、加快推进教育现代化，确保优先发展教育事业行稳致远

2019年2月，中共中央、国务院印发了我国第一个以教育现代化为主题的中长期战略规划，这一规划是新时代推进教育现代化、建设教育强国的纲领性文件，具有全局性、战略性、指导性，与以往的教育中长期规划相比，时间跨度更长，重在目标导向，对标新时代中国特色社会主义建设总体战略安排，从"两个一百年"奋斗目标和国家现代化全局出发，在总结改革开放以来特别是党的十八大以来教育改革发展成就和经验基础上，面向未来描绘教育发展图景，系统勾画了我国教育现代化的战略愿景，明确了教育现代化的战略目标、战略任务和实施路径。

（一）树立新的教育理念和思想

中共中央、国务院印发的《中国教育现代化2035》，提出了推进教育现代化的八大基本理念：更加注重以德为先，更加注重

全面发展，更加注重面向人人，更加注重终身学习，更加注重因材施教，更加注重知行合一，更加注重融合发展，更加注重共建共享。该文件明确了推进教育现代化的基本原则：坚持党的领导、坚持中国特色、坚持优先发展、坚持服务人民、坚持改革创新、坚持依法治教、坚持统筹推进。我国教育现代化要坚持以习近平新时代中国特色社会主义思想为指导，坚定实施科教兴国战略、人才强国战略，紧紧围绕统筹推进"五位一体"总体布局和协调推进"四个全面"战略布局，坚定"四个自信"，在党的坚强领导下，全面贯彻党的教育方针，坚持马克思主义指导地位，坚持中国特色社会主义教育发展道路，坚持社会主义办学方向，立足基本国情，遵循教育规律，坚持改革创新，以凝聚人心、完善人格、开发人力、培育人才、造福人民为工作目标，培养德智体美劳全面发展的社会主义建设者和接班人，加快推进教育现代化、建设教育强国、办好人民满意的教育。要将服务中华民族伟大复兴作为教育的重要使命，坚持教育为人民服务、为中国共产党治国理政服务、为巩固和发展中国特色社会主义制度服务、为改革开放和社会主义现代化建设服务，优先发展教育，大力推进教育理念、体系、制度、内容、方法、治理现代化，着力提高教育质量，促进教育公平，优化教育结构，为决胜全面建成小康社会、实现新时代中国特色社会主义发展的奋斗目标提供有力支撑。

（二）加速实现新时代教师队伍现代化

没有教师队伍的现代化就没有教育的现代化。只有狠抓队伍建设，才能扭住关键，实现教育现代化。一是要建设高素质专业化创新型教师队伍。要建立从培养、上岗、发展、再教育的完善体系。培养高素质教师队伍，健全以师范院校为主体、高水平非师范院校参与、优质中小学（幼儿园）为实践基地的开放、协同、联动的中国特色教师教育体系。加大教职工统筹配置和跨区域调整力度，切实解决教师结构性、阶段性、区域性短缺问题。完善教师资格体系和准入制度。健全教师职称、岗位和考核评价制度。强化职前教师培养和职后教师发展的有机衔接。夯实教师专业发展体系，推动教师终身学习和专业自主发展。提高教师社会地位，完善教师待遇保障制度，健全中小学教师工资长效联动机制。加大教师表彰力度，努力提高教师政治地位、社会地位、职业地位。二是要强化师德师风建设。要大力加强师德师风建设，将师德师风作为评价教师素质的第一标准，推动师德建设长效化、制度化。严格贯彻执行教师职业行为准则，深入推进师德师风长效机制建设，强化对学术不端行为的监督查处。贯彻落实新时代教师职业行为十项准则，深化师德师风综合整治。严肃查处学术不端、招生考试弄虚作假等违反十项准则的行为。三是要深化教师管理与教师教育改革。要深化教师管理和教师教育各环节改革，促进教师专业化发展。深入推进中小学校长教师交流轮岗制度。完善教师资格考试政策。重点办好一批师范院校和师范专业，支持高水平综合大学开展教师教育。四是要营造教师安心、静心从教的环境。要减少各类检查评估事项，让教师静心从教、潜心育人。出台进一步优化中小学教师教育教学工作环境的政策文件，明确地方责任，全面清理和规范针对教师的各类检查、考核、评比、填表及各类社会性事务，切实减轻教师负担。

（三）推进信息技术与教育教学深度融合

2016年4月19日，习近平总书记在网络安全和信息化工作座谈会上指出："可以发挥互联网在助推脱贫攻坚中的作用，推进精准扶贫、精准脱贫,让更多困难群众用上互联网,让农产品通过互联网走出乡村,让山沟里的孩子也能接受优质教育。"[1] 精准扶贫需要借助信息技术,教育精准扶贫同样也需要借助信息技术。

信息化是当代教育的重要机遇,在教育现代化进程中扮演着重要的角色。一方面,信息技术发展有利于打破时空的限制,对解决我国教育发展面临的瓶颈问题具有重大意义,利用信息化手段改造传统课堂,可以提升教育吸引力,增强教育效果;另一方面,信息技术发展有效地提升了教育管理能力,充分运用现代化信息技术,诸如大数据、云计算等,把现代化的信息技术运用到教育管理的方方面面,形成有效的信息支撑系统。在教育现代化进程中,要建设智能化校园,统筹建设一体化智能化教学、管理与服务平台。要利用现代技术加快推动人才培养模式改革,实现规模化教育与个性化培养的有机结合。要创新教育服务业态,建立数字教育资源共建共享机制,完善利益分配机制、知识产权保护制度和新型教育服务监管制度。要推进教育治理方式变革,加快形成现代化的教育管理与监测体系,推进管理精准化和决策科学化。

一是转变教育理念。只有现代的、科学的教育理念,才能推动高等教育的高质量发展,才能培养担当民族复兴大任的时代新人。为此,要积极推进信息化时代教育理念的深刻变革,构建以学习者为中心的教育生态。一方面,要转变知识传授模式。通过信息技术强化对教育环境的智能构建和对教育过程的全方位感知,突破以教育者为中心的传统教育理念边界限制,破除教育者对知识的垄断,引导教育理念向认知建构转变。另一方面,要构建广

---

[1] 习近平.在网络安全和信息化工作座谈会上的讲话.北京:人民出版社,2016:5.

泛的学习环境。利用信息技术在突破时空、快速传播、手段丰富等方面的优势，跳出传统教育实现方式的局限性，增强教育理念功能在纵横两个维度的拓展延伸，实现全民终身学习。特别是，要推动个性定制化精准教育。依托信息新技术，增强对教育数据信息的立体感知和无缝流通，提升个体的精准分析能力，实现优质教育资源的智能获取和个性化供给。

二是加强学科和专业建设。信息技术对各行业领域的革新将促生相关学科专业的优化转变，并带动新兴学科专业的衍生发展，强化信息技术对新时代学科专业建设的深入赋能与高度参与。第一，要促进学科专业建设与人才培养目标相适应。借助信息技术及其相关技术的优势，不断优化学科专业与人才培养的匹配度，满足人才培养的个性化需求和面向未来的适应性。第二，要促进学科专业建设与经济社会发展需求相结合。充分挖掘信息技术对制造、交通、医疗、公共服务等垂直行业及人工智能、虚拟现实、大数据等关联技术的支撑辐射作用，并深度融入学科专业建设全过程。第三，要促进学科专业之间的跨界融合。围绕信息技术及其相关群体技术布局和建设一批新兴学科专业，打破学科壁垒，推动学科专业深度交叉，建立学科专业发展新的增长极。

三是深化教育教学改革创新。教育教学改革是人才培养机制改革的核心，要以信息化时代为牵引深化教育教学改革创新，提高人才培养质量。要在三个方面下功夫：着力推动教学内容的改革，立足信息智能互联环境的提供，不断进行知识更新迭代，使高校教学内容充分反映学科专业研究新进展、相关实践新经验、人的全面发展新需要；着力推动教学方法的改革，发挥信息技术在营造沉浸式、跨区域、虚拟化教学环境方面的优势，鼓励采用参与式、讨论式、交互式的教学方法，促进教师丰富教学手段、提高教学效果；着力推动教学管理服务提升，加强信息技术在教学管理过程中的应用，建立更加灵活精准的教学管理服务体系，构建全方位、全过程、全天候的支撑保障体系。

四是推进教育治理体系和治理能力现代化。教育治理体系和治理能力现代化，是国家治理体系和治理能力现代化的重要内容，也是新时代深化教育改革的重大命题。要借助信息化优势，构建多元参与的教育治理新机制，形成多元主体、大规模意见交互，提升科学决策、民主决策水平，提升教育治理的多元性、参与性。要借助信息化优势，提升教育公共服务能力，加强对信息技术无差别、低延时连接特性的运用和把握，破解教育管理服务存在的障碍，实现资源共享，让数据多跑路、师生少跑腿，提升人民群众幸福感、获得感。要借助信息化优势，提升高校办学治校水平，推进信息技术及其群体技术与教育教学融合，打造智慧化的工作、学习和生活一体化环境。合理布局信息网络基础设施和感知终端设备，强化数据的采集、处理、计算、共享能力，加强业务协同，促进流程再造和优化，增强服务师生效能，提升办学治校水平。

参考文献

著作类

习近平．决胜全面建成小康社会 夺取新时代中国特色社会主义伟大胜利：在中国共产党第十九次全国代表大会上的报告．北京：人民出版社，2017．

习近平．习近平谈治国理政．北京：外文出版社，2014．

习近平．做党和人民满意的好老师：同北京师范大学师生代表座谈时的讲话．北京：人民出版社，2014．

教育部课题组．深入学习习近平关于教育的重要论述．北京：人民出版社，2019．

童世骏．建设社会主义教育强国研究．北京：人民出版社，2019．

陈子季．办人民满意教育的理论与实践．武汉：湖北教育出版社，2018．

曲青山．共产党执政规律认识新境界．北京：中共党史出版社，2018．

陈子季．开启教育新征程．北京：教育科学出版社，2018．

本书编写组．党的十九大报告辅导读本．北京：人民出版社，2017．

卢铁城，谢安邦．扩大对外开放　建设高等教育强国．北京：高等教育出版社，2016．

曹寄奴．教育优先发展的理论与实践．北京：人民出版社，2014．

褚宏启．教育现代化的路径：现代教育导论．北京：教育科学出版社，2013．

刘利民．推进可持续发展教育　提高教育质量．北京：教育科学出版社，2011．

孙霄兵．教育优先法理研究．北京：教育科学出版社，2010．

中共中央关于制定国民经济和社会发展第十一个五年规划的建议．北京：人民出版社，2005．

田正平，周谷平，徐小洲．教育交流与教育现代化．杭州：浙江大学出版社，2005．

王焕勋．马克思教育思想研究．重庆：重庆出版社，1988．

文章类

陈宝生．推进教育治理体系和治理能力现代化．旗帜，2019（11）．

赵继，谢寅波．中国高等教育高质量发展的若干问题．中国高教研究，2019（11）．

刘世清，严凌燕．把教育公平作为国家基本教育政策．中国教育学刊，2019（9）．

迟艳杰．"进步即质量"：指向学生成长过程的教育质量观与价值追求．教育研究，2019（7）．

李伟胜．基础教育均衡发展所需的优质资源从哪里来？．中国教育学刊，2019（7）．

眭依凡．关于一流大学建设与大学治理现代化的理性思考．中国高教研究，2019（5）．

顾明远，滕珺．《中国教育现代化2035》与全球可持续发展教育目标实现．比较教育研究，2019（5）．

檀慧玲，刘艳，罗良．面向人类命运共同体的基础教育发展特征及启示．中国教育学刊，2019（2）．

吴凡．面向2030的教育质量：核心理念与保障模式：基于联合国教科文组织等政策报告的文本分析．教育研究，2018（1）．

黄书光．立人兴邦：强国的教育动力．教育发展研究，2018（19）．

蒲蕊．法治视角下的教育治理现代化．中国教育学刊，2018（11）．

马健生，蔡娟．教育改革是一项社会系统工程：顾明远教育改革观探析．教育学报，2018（4）．

刘铁芳．培养担当民族复兴大任的时代新人：论新时代我国教育目的的蕴含．教育学报，2018（5）．

周谷平，韩亮．"一带一路"倡议与教育外交．比较教育研究，2018（4）．

陈宝生．开启建设教育强国历史新征程．求是，2018（3）．

王战军，乔刚．大数据驱动的教育研究新范式．北京大学教育评论，2018（1）．

李胜利，解德渤．金砖国家高等教育质量比较：基于2009—2015年《全球竞争力报告》的分析．高等教育研究，2016（10）．

习近平．坚持中国特色社会主义教育发展道路　培养德智体美劳全面发展的社会主义建设者和接班人：在中国共产党第十九次全国代表大会上的报告．人民日报，2018-09-11．

参考文献

习近平在全国教育大会上强调　坚持中国特色社会主义教育发展道路　培养德智体美劳全面发展的社会主义建设者和接班人．人民日报，2018－09－11．

习近平在北京大学考察时强调　抓住培养社会主义建设者和接班人根本任务　努力建设中国特色世界一流大学．人民日报，2018－05－03．

习近平．在北京大学师生座谈会上的讲话．人民日报，2018－05－03．

习近平会见清华大学经济管理学院顾问委员会海外委员和中方企业家委员．人民日报，2017－10－31．

习近平在全国高校思想政治工作会议上强调　把思想政治工作贯穿教育教学全过程　开创我国高等教育事业发展新局面．人民日报，2016－12－09．

习近平在北京市八一学校考察时强调　全面贯彻落实党的教育方针　努力把我国基础教育越办越好．人民日报，2016－09－10．

习近平给"国培计划（二〇一四）"北师大贵州研修班参训教师回信．人民日报，2015－09－10．

习近平．在中国科学院第十七次院士大会、中国工程院第十二次院士大会上的讲话．人民日报，2015－04－29．

庆祝"五一"国际劳动节暨表彰全国劳动模范和先进工作者大会隆重举行．人民日报，2015－04－29．

习近平主持召开中央全面深化改革领导小组第十一次会议强调　深刻把握全面深化改革关键地位　自觉运用改革精神谋划推动工作．人民日报，2015－04－02．

习近平在北京师范大学考察时号召全国广大人民教师做党和人民满意的好老师．人民日报，2014－09－10．

习近平. 在欧美同学会成立 100 周年庆祝大会上的讲话. 人民日报，2013-10-22.

习近平主席在联合国"教育第一"全球倡议行动一周年纪念活动上发表视频贺词. 人民日报，2013-09-27.

习近平. 习近平向全国广大教师致慰问信. 人民日报，2013-09-10.

杨伟坤. 构建职业教育成才"立交桥". 人民日报，2019-08-29.

中国教育现代化 2035. 人民日报，2019-02-24.

王炳林，郝清杰. 全面深化教育领域综合改革. 中国教育报，2017-09-15.

清华大学苏世民学者项目启动仪式在京举行 习近平奥巴马致贺信. 人民日报，2013-04-22.

后 记

《坚持优先发展教育事业》终于完成书稿写作、定稿，就要与读者见面了。我们写作团队的同志们都感到十分欣慰，同时也很惶恐。欣慰的是我们在学习、宣传、阐释习近平总书记关于教育的重要论述方面尽了一份心力，惶恐的是限于我们的能力，本书可能还有很多不足之处。

教育是人类永恒的事业，是人类社会现象之一。人类社会生产力的发展，推动教育工作成为专门的职业；由于人类文明的不断发展，特别是科学技术的不断发展，发展教育日益受到人们的重视。在知识创新对于推动人类社会可持续发展的作用空前凸显的时代条件下，一个国家的发展能力越来越依靠优先发展教育事业来培育和加强。

习近平总书记指出，为中国人民谋幸福，为中华民族谋复兴是中国共产党的初心和使命。在西方列强入侵、清朝统治者昏庸导致的国家、民族千年未有的危局面前，在一代代中华儿女奋起抗争迭遭失败的彷徨无路之际，先进的中国人拿起了马克思列宁主义这个新的理论武器，建立了中国共产党，肩负起历史的责任，率领中国人民开启了实现民族复兴的新的历史阶段。在这个新的历史时期，在马克思主义普遍真理的指导下，我们完成了推翻帝国主义、封建主义、官僚资本主义三座大山压迫的新民主主义革命，建立了中国历史上从未有过的人民真正当家作主的中华人民共和国；我们进行了社会主义革命、建设、改革，探索和积累了在中国这样一个东方大国建设和发展社会主义的经验，成功开辟了中国特色社会主义道路。

在这个实现民族伟大复兴的长征中，我们诞生了毛泽东思想和中国特色社会主义理论体系，实现了从站起来、富起来到强起来的伟大飞跃；在这个实现民族伟大复兴的长征中，中国共产党在百年的奋斗中，始终坚持大力发展教育事业实现人民受教育的权益、让教育在实现中华民族伟大复兴的伟业中充分发挥独特的不可替代的战略作用，创造了中国教育的新辉煌。在全面建设社会主义现代化国家新征程中，在中国特色社会主义进入新时代之时，高度重视坚持优先发展教育事业，是对中国国情的深刻把握，也是对当代世界的深刻把握。

习近平总书记面向中华民族千秋伟业，着眼坚持和发展中国特色社会主义，对中国特色社会主义教育事业一系列根本性、方向性、战略性问题做出了重要论述，为新时代我国教育事业的改革发展指明了方向，明确了目标，提供了根本遵循。其中，习近平总书记在全国教育大会上的重要讲话中提出的教育"九个坚持"把我们党对如何办好社会主义教育的认识提升到了新的时代水平。学习、宣传、贯彻习近平总书记关于教育的重要论述（包括教育"九个坚持"），是在世界正经历百年未有之大变局、中国特色社会主义进入新时代这个新形势下发展好中国教育事业的重大任务，也是我们作为教育工作者的神圣责任与义务。因此，我们以高度的自觉和满腔的热情承担了《坚持优先发展教育事业》书稿写作的任务。

2020年是决战脱贫攻坚、全面建成小康社会之年，又是全党

后　记

全国人民抗击突如其来的新冠肺炎疫情之年，编写组的同志们仍然以饱满的热情、认真的态度和坚定的意志进行书稿的写作。本书的每一位执笔者都重新学习研读了习近平总书记关于教育的重要论述的相关文献以及已经发表的研究成果，在研读中提高自己、厘清思路、落到笔端。本书即将付梓，恰逢我们党的百年华诞，本书是我们献给我们伟大的党的生日的一瓣心香。

本书的执笔者都是北京化工大学马克思主义学院和文法学院的老师。第一章，坚持优先发展教育事业的战略要义：车辕、杨琳；第二章，坚持优先发展教育事业的时代意蕴：马超林、梁燕亮；第三章，坚持优先发展教育事业的理念遵循：于颖、丁贞栋；第四章，坚持优先发展教育事业的基本任务（上）——发展新时代公平而有质量的教育事业：陈顺伟；第五章，坚持优先发展教育事业的基本任务（下）——开启建设教育强国新征程：陈顺伟；第六章，坚持优先发展教育事业的实践要求：毕文锐、杨琳。

最后，作为本书的主编，我要特别感谢靳诺同志、翟博同志的信任，要衷心感谢中国人民大学出版社的支持，以及策划编辑王雪颖同志多次对书稿目录和内容提出宝贵的修改意见，要感谢参与编写的各位老师的努力与付出；我也要郑重说明，我这个主编更多是名义性的，尽管也尽了一份力，但实际工作都是其他同志做的。常江同志协助我做了本书起草工作早期阶段的组织工作，曾开富同志参与了前期的部分研究工作；张馨同志、于文博同志则是接替常江同志协助我做了组织与统稿工作，对本书稿的形成做了突出贡献，还要感谢杨琳、丁贞栋、梁燕亮、邹立娜同志贡献宝贵建议。同时，我要强调，这本书不仅是写给教育战线的读者们看的，也是写给其他战线特别是各级党委和政府的同志们看的，期望阅读了本书的同志都能够更加积极主动地贯彻落实习近平总书记关于坚持优先发展教育事业的要求，进一步把我国教育事业发展好、改革好、提高好，使我国教育真正能够有能力、有水平履行好"四个服务"。

此时此刻，《习近平谈治国理政》第三卷已经出版，党的十九届五中全会胜利闭幕，中国教育战线的同志们正和全党全国人民一道阔步迈入全面建设社会主义现代化国家新征程。我们相信，只要全党和全国各族人民进一步用习近平新时代中国特色社会主义思想统一思想和行动，更加自觉地用习近平新时代中国特色社会主义思想统领我国教育事业发展，全面贯彻落实全国教育大会的决策部署，我国教育事业就一定能够在中国特色社会主义新时代更好地得到优先发展，创造出无限美好灿烂的明天！

袁自煌
2020年8月于北京

图书在版编目（CIP）数据

坚持优先发展教育事业/袁自煌主编．—北京：
中国人民大学出版社，2021.10
（新时代马克思主义教育理论创新与发展研究丛书/
靳诺总主编）
ISBN 978-7-300-29958-7

Ⅰ.①坚… Ⅱ.①袁… Ⅲ.①教育事业-发展-研究
-中国 Ⅳ.①G521

中国版本图书馆 CIP 数据核字（2021）第 206439 号

国家出版基金项目
新时代马克思主义教育理论创新与发展研究丛书
总主编 靳　诺
执行主编 翟　博　张　剑
坚持优先发展教育事业
袁自煌　主编
Jianchi Youxian Fazhan Jiaoyu Shiye

出版发行	中国人民大学出版社			
社　　址	北京中关村大街 31 号	邮政编码	100080	
电　　话	010-62511242（总编室）	010-62511770（质管部）		
	010-82501766（邮购部）	010-62514148（门市部）		
	010-62515195（发行公司）	010-62515275（盗版举报）		
网　　址	http://www.crup.com.cn			
经　　销	新华书店			
印　　刷	涿州市星河印刷有限公司			
规　　格	170 mm×240 mm　16 开本	版　次	2021 年 10 月第 1 版	
印　　张	17.5 插页 2	印　次	2021 年 10 月第 1 次印刷	
字　　数	176 000	定　价	78.00 元	

版权所有　侵权必究　　印装差错　负责调换